스마트미디어시대

뉴스 편집의
스토리텔링

스마트미디어시대
뉴스 편집의
스토리텔링

초판인쇄 2014년 10월 9일
초판발행 2014년 10월 9일

지은이 윤여광
펴낸이 채종준
기 획 조현수
편 집 한지은
디자인 이효은
마케팅 황영주

펴낸곳 한국학술정보(주)
주 소 경기도 파주시 회동길 230(문발동)
전 화 031) 908-3181(대표)
팩 스 031) 908-3189
홈페이지 http://ebook.kstudy.com
E-mail 출판사업부 publish@kstudy.com
등 록 제일산-115호(2000.6.19)

ISBN 978-89-268-6123-3 13070

이담
Books 한국학술정보(주)의 지식실용서 브랜드입니다.

스마트미디어시대

뉴스 편집의
스토리텔링

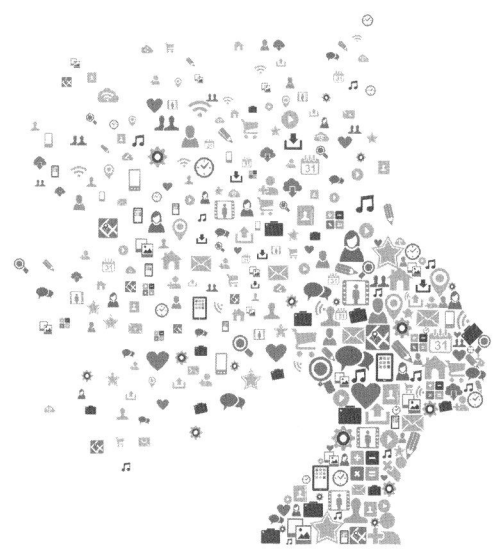

윤여광 지음

프롤로그:
데드라인(deadline) 앞에 서서!

🐦 ♪~ story one!

독자가 떠나가고 있습니다.
신문산업이 기울어가고 있습니다.
저널리즘이 죽어가고 있습니다.

신문업계는 뉴미디어가 독자를 빼앗아갔다고 '네 탓'을 하지만 독자는 읽을거리가 없어서 신문을 스스로 떠나왔다고 냉정하게 외면합니다. '똑똑한 독자'들은 더 이상 새롭지도 않고, 분석적이지도 않고, 심층적이지도 않은 신문 콘텐츠를 인정하려 들지 않습니다. 비슷한 무료정보가 넘쳐나는데 굳이 돈을 내고 신문을 사서 볼 필요가 있겠느냐고 반문합니다. 이렇게 독자가 떠나가다 보니 신문의 영향력은 줄어들고, 광고주는 지갑을 닫고, 저널리즘은 위축되고 있습니다.

그렇다면 '떠나가는 독자'를 붙잡아 다시 불러들일 방법은 없을까요?

우선 절대 필요조건은 '좋은 콘텐츠'를 많이 생산하는 것이고, 그다음 충분조건은 '좋은 콘텐츠'를 제대로 편집하는 것입니다. 이때 편집은 스쳐가는 독자의 시선을 멈칫하게 해서 헤드라인과 이미지, 그리고 인포그래픽 등으로 기사를 읽게 만들고, 열독과 구독으로 유도하는 일종의 내비게이션(navigation) 같은 역할입니다.

새로운 미디어 생태계 속에서 뉴스 편집은 활자미디어가 갖는 시간의 제약과 공간의 한계를 극복하고 독자들을 강력하게 흡입할 수 있는 새로운 편집스타일을 요구받고 있습니다.

 story two!

정보의 홍수시대,

누군가는 정보의 진위를 가려줘야 하고(coordinator),

누군가는 정보의 가치를 매겨줘야 하고(curator),

누군가는 정보의 지도를 그려줘야 합니다(navigator).

이러한 역할을 하는 사람이 신문의 편집기자입니다.

이제 뉴스 편집이 변해야 합니다. 편집교과서는 다시 쓰여야 합니다. 편집의 정의는 다시 내려져야 합니다. 더 이상 편집은 취재의 종속개념도 아니고 지면(紙面)의 제우스도 아닙니다. 스마트미디어시대 편집기자는 편집의 스토리텔러일 뿐입니다. 뉴스 편집은 어떤 신문사, 어떤 편집기자가 어떻게 헤드라인을 뽑고, 어떻게 사진을 쓰고, 어떻게 레이아웃을 하느냐에 따라 메시지의 전달력과 독자의 태도가 달라집니다. 뛰어난 편집기자는 독자를 판단과 선택의 과정으로 이끌지만 그렇지 못한 편집기자는 독자를 지루하게 하고 콘텐츠의 가치를 떨어뜨립니다.

스토리텔링에 대한 현대 사회의 광범위한 요구는 스마트미디어의 특성에 기인합니다. 스마트미디어 환경의 수용자들은 '정보가 곧 힘'이라고 외치고 있지만 실시간 쏟아지는 정보 속에서 허우적대고 있습니다. 단편적이고 조각난 정보들을 자신의 지식으로 활용 못 하고 정보의 노예가 되어가고 있는 것입니다. 따라서 미디어는 새로운 '정보 가공' 방법을 찾게 되었고 그중 하나의 대안으로 대두되고 있는 것이 '스토리텔링'입니다. 스토리텔링은 혼란스러워하는 수용자들에게 정보의 가치를 측정해주고 일목요연하게 정보의 지도를 그려줍니다.

소셜네트워크서비스(Social Network Service: SNS) 등을 통한 디지털 스토리텔링은 모노미디어(mono media)와 달리 상호작용(interactivity)을 할 수 있어서 송신자와 수신자의 구분이 없어지고 오직 참여자만 존재하게 됩니다. 따라서 디지털 스토리텔링은 모두가 이야기 구성의 참여자가 될 수 있는 것입니다. 이런 의미로 보면 스토리텔링 편집에서 독자는 참여자가 됩니다.

🐦 ♬~ story three!

미디어 환경이 이렇게 급변하는데도 뉴스 편집은 여전히 올드미디어시대의 단편적인 형태에 머물러 있습니다. 대다수의 신문사 편집부 역할은 주어진 기사에 헤드라인이나 제목을 달고, 정형화된 틀에 맞게 기사를 배치하는 수준에 그치고 있습니다.

또한 편집교육은 1990년대 도제식으로 이루어지고 있으며, 새로운 미디어 생태계를 반영한 편집 관련 서적도 드문 실정입니다. 그나마 출간된 책들도 일방적으로 '편집은 이런 것이다'라고 외치고만 있어 편집을 소비하는 독자의 입장은 무시되고 있습니다.

'편집이 변해야 신문이 산다'는 명제는 지금도 유효합니다. 2000년대식 화려한 컬러나 이미지 과잉을 통한 형식적인 차별화가 아니라 의제설정부터 디자인까지 독자 중심의 스토리텔링 편집을 해야 합니다.

🐦 ♬~ story four!

스토리(정보)가 있는데 이것을 '어떻게 독자들에게 이야기할래?'라고 물음표를 던지는 것이 뉴스 편집의 스토리텔링입니다.

스토리텔링은 편집기자가 기사 내용을 간추려서 일방적으로 독자들에게 던져주는 '스트레이트(straight) 편집'이 아니라 기사에 나열된 여러 정보를 일관된 하나의 이야기로 재가공해서 새로운 뉴스 가치를 만들어 내는 '뉴에디팅(new editing)'입니다.

새로운 편집스타일로서의 스토리텔링은 네 단계 과정을 거치는데, 첫째는 기사에서 편집 스토리를 찾아내고(story finding: 기사의 핵심 요소), 둘째는 편집 스토리를 구성(story building: 레이아웃에 필요한 헤드라인과 이미지, 그리고 인포그래픽 요소)하고, 셋째는 편집 스토리를 완성(story setting: 사사나 뉴스정책 반영)하고, 마지막으로 독자에게 말을 거는 것(story telling)입니다.

이러한 스토리텔링은 독자들에게 일방적으로 정보를 강요하지 않습니다. 독자의 감성을 통해 접근하고 이성에 호소하는 열린 편집스타일입니다. 궁극적으로는 어떤 이슈에 대한 궁금증을 풀어주고 그 이슈가 어떻게 진행될 것인가를 한눈에 예측해줌으로써 독자의 공감을 이끌어내고 서로 소통하는 것입니다. 독자가 듣고 싶어 하는 말과, 하고 싶은 말을 '명료하게' 대신해주는 기능을 합니다.

스토리텔링은 뉴스 편집의 셀링포인트(selling point)입니다. 시각적 '매력타점'을 만들어서 독자의 지적 호기심을 자극하고 그들을 다시 충성스러운 수용자로 만드는 것입니다.

더 알기 쉽고, 더 보기 좋고, 더 생생한 '독자 중심의 편집스타일'을 제시하는 것이 이 책의 목적입니다.

🐢♫~ story five!

이 책은 스마트미디어시대 뉴스 편집이란 무엇이며, 어떻게 편집을 해야 하며, 어떤 효과를 노리는가에 대해 말하고 있습니다. 현장감 없는 '탁상 이론서'가 아니라 실천 편집 방법론을 제시하고 있습니다. 실무에 대한 이해를 돕기 위해 다양한 사례와 인포그래픽, 그리고 도표를 제시했습니다.

저는 이 책에서 스마트미디어시대 독자들의 니즈(needs: 왜? 그리고 어떻게?)를 반영한 스토리텔링 편집이라는 실천적 대안을 제시하고자 합니다. 온-오프라인을 넘나드는 스토리텔링 편집에 이끌려 떠나가던 독자들이 발길을 다시 돌리길 소망합니다.

2014년 9월
윤여광

차 례

/

Chapter 1

스마트미디어시대,
신문이 사는 법

1 스마트미디어시대의 신문

iBrothers(iPhone+iPad) 혁명!

아이폰으로 대별되는 스마트미디어의 등장은 모든 기기(device)를 기능적으로 융합시켜 오프라인(offline)과 온라인(online), 온라인과 모바일(mobile)의 경계를 허물고 있다. 그동안 매체 간 특성이라는 '닫힌 정원(walled garden)'에 안주하던 신문과 방송은 '열린 정원(open garden)'에서 새로운 크로스미디어 생태계를 만들어 가고 있는 중이다.

주로 '거실'에서 소비되던 TV 콘텐츠는 온라인＋모바일(스마트폰－태블릿PC 등)＋케이블TV＋IPTV 등 다양한 플랫폼으로 영역이 확장되고 있으며, 신문 콘텐츠도 하루 한 번 발행이라는 '종이'의 한계를 뛰어넘어 온라인과 모바일 등을 통해 실시간 유통되고 있다.

수용자들이 미디어를 접촉하는 방식도 달라졌다. 수용자들은 그들이 원하는 정보를 언제(anytime), 어디서나(anywhere), 원하는 시간에 능동적으로 선택하고 편집한다. 미디어의 세분화된 확산으로 수용자들도 다양한 미디어 플랫폼으로 나뉘고 커뮤니케이션은 '매스(mass)'에서 '포인트(point)'로 변화하고 있다.

물론 이런 경향의 중심에는 웹(web: 온라인＋모바일)이라는 가장 통합적인 매체가 자리 잡고 있다. 웹은 오프라인 전략의 단순한 복제품이 아니라 통합 커뮤니케이션을 할 수 있게 해주는 필요충분조건이 되는 것이다. 웹의 커뮤니케이션 특성은 상호작용성(interactivity)이다. 공급자와 수용자가 긴밀하게 커뮤니케이션할 수 있는 '핫라인(hot line)'을 만들어준다.

1) 모든 미디어는 스마트폰으로 통한다

스마트폰은 모바일 플랫폼 영역에서 디지털 콘텐츠의 유통 및 소비 구조, 더 나아가 미디어 시장의 경쟁구조를 변화시키고 있다. IT제품의 '스마트' 개념은 시간에 따라 다소 변해 왔다. 과거에는 '지능성(intelligent)'과 '다기능(multi functional)'의 의미가 강했다면 요즘 들어서는 '맞춤형(customized)'과 '사회적 연결(social networked)'의 기능이 더 부각되고 있다. 스마트폰은 똑똑하고 기능이 많은 것은 물론이고 수용자들에게 수많은 애플리케이션(application: 응용 프로그램)을 자유롭게 다운로드할 수 있게 해줌으로써 '나만의 휴대전화'를 가질 수 있게 해준다. 또한 수용자가 다양한 소셜네트워크(social network)를 통해 실시간으로 자유롭게 소통하며 공론장의 중심에 설 수 있는 기회도 제공해준다.

이에 따라 공급자 측면에서는 무선 인터넷망을 통해 모든 종류의 콘텐츠를 무제한 제공할 수 있게 되었고, 수용자 측면에서는 다양한 단말기를 통해 언제, 어디서나 멀티미디어 이용이 가능해졌다. 또한 스마트의 의미는 과거 공급자가 일방적으로 제공하는 콘텐츠를 수동적으로(lean back) '받아먹던 방식'에서 수용자가 다양한 기능을 선택적이고 능동적으로(lean forward) '찾아먹는 방식'으로 진화하고 있다.

2) 스마트폰의 특성과 신문의 위협

스마트폰으로 모든 미디어가 통합되고 있다. 신문과 방송, 그리고 인터넷이 융합되어 손바닥 안으로 들어왔다. 모노미디어와 뉴미디어를 블랙홀처럼 빨아들여 하나의 멀티미디어로 재탄생시킨 것이다. 이러한 스마트폰의 커뮤니케이션적 특성은 크게 다섯 가지로 정리할 수 있다.[1]

[표 1]
미디어별 특성

특 성	기기 및 매체				
	PC	피처폰 (feature phone)	휴대용 멀티미디어 기기	스마트폰	신 문*
① 이동성(mobility)	×	O	O	O	O
② 연결성(connectivity)	O	△	×	O	×
③ 개인화(personalization)	× or △	O	O	O	×
④ 혼종성(hybridity)	×	×	×	O	×
⑤ 다목적성 미디어 (multipurpose media)	O	×	×	O	×

출처: 황주성 외(2010). 디지털 컨버전스 기반의 미래 연구(II): 총괄 보고서. 서울: 정보통신정책연구원 재구성
*표시는 기존 연구에 추가한 부분

(1) 이동성(mobility)

스마트미디어의 이동성은 인터넷 케이블(online)로부터의 해방이다. 즉, 데스크톱 PC가 놓여 있는 고정 공간을 벗어나 언제, 어디서나 호주머니에 넣고 다니면서 자유롭게 인터넷을 이용하는 것이다.

① 이동성의 가장 큰 특징

이동성은 옮겨 다니면서 사용할 수 있는 휴대성과, 공간을 옮겨도 제약받지 않는 편재성(ubiquity)으로 나눌 수 있다.

② 신문이 받는 위협 정도: 상

신문 매체의 차별성은 '이동성'이었다. 수용자들은 지하철이나 버스 안에서, 또는 여행 중에 휴대 매체인 신문을 통해 정보를 소비했다. 하지만 모바일 커뮤니케이션시대에 신문은 가장 원초적인 장점마저 스마트폰 등에 내어주고 기능이 약화되고 있다. 결과적으로 스마트미디어의 이동성은 신문에 가장 위협적인 요소로 작용하고 있다.

(2) 연결성(connectivity)

스마트미디어의 연결성은 통신 기술 및 인터넷의 발달로 지식·정보·인간·사회 네트워크를 확장하고 상호작용하는 것이다. 황주성 외(2009)에 따르면 미디어를 통해 형성되는 네트워크는 크게 사회적 연결성(social connectivity)과 정보적 연결성(informational connectivity)으로 구분한다. 모바일 인터넷의 경우에는 두 가지 연결성의 특징을 동시에 가지면서 더욱 확장된 모습을 나타낸다. 개인과 개인을 서로 연결하여 사회적 상호작용을 촉진시키고, 사람과 정보를 연결시켜 정보를 손쉽게 획득할 수 있게 할 뿐만 아니라 개인과 집단의 상호작용을 가능하게 한다.

① 연결성의 가장 큰 특징

스마트미디어 등장 후 정보를 검색하거나 뉴스를 읽기 위해 번거롭게 인터넷이 연결된 공간으로 옮겨가 데스크톱 PC를 부팅하고, 포털 사이트를 헤매는 수고를 덜 수 있게 됐다. 즉시 손바닥 안에서 스크린터치 한 번으로 모든 것이 해결된다.

② 신문이 받는 위협 정도: 상

하루 한 번 발행이라는 시간적 제약과 가판이라는 공간적 한계는 수용자들로 하여

금 신문에서 더 멀어지게 하고 있다. 스마트미디어는 24시간 연결된 인터넷을 통해 정보를 생산하고 소비한다. 수용자들은 신문이 발행되고 배달되는 시간까지 기다려 주지 않는다. 즉각적으로 정보를 소비한다. 연결성은 신문이 속보 매체의 지위를 내 준 결정적 요소이다.

(3) 개인화(personalization)

개인화는 미디어로서의 기기를 타인과 공유하는 것이 아니라 나 혼자만의 기기로 이 용하는 것이다. 개인화 기술의 발달은 누구에게나 똑같고 정적인 정보만을 제공하던 기존 방식에서 벗어나 개인의 특성과 위치에 따라 동적인 정보를 제공받고 활용할 수 있게 된 것을 의미한다. 이는 기존의 휴대전화(피처폰: feature phone)와 모바일 기기에는 있었으나 PC에서는(특히 가족과 공유하는 경우) 완전하게 보장받지 못했던 부분이다.

① 개인화의 가장 큰 특징

스마트폰의 개인화 특성은 '개인 미디어의 실현'이라는 측면에서 의미가 있다. 예를 들면 과거의 텔레비전은 가족 미디어로 이해되었으나, 모바일 기기의 발전은 이를 점 점 개인 미디어로 전환시키고 있다. 스마트폰은 가족과 공유했던 TV 시청과 컴퓨터 이용 패턴에서 벗어나 이동 등 아웃도어 환경의 미디어 이용을 담당하게 되었다. 즉, '매체 이용의 탈영토화'를 촉진시키고 있는 것이다.

② 신문이 받는 위협 정도: 중

신문의 소비 특성은 개인화가 아니라 공동화였다. 새벽에 집으로 신문이 배달되면 모든 식구가 돌려보는 공공재적 성격을 띠고 있다. 스마트미디어의 개인화 특성은 맞 춤형 미디어를 통해 맞춤형 콘텐츠 소비를 가속화시키고 있다.

(4) 혼종성(hybridity)

혼종성이란 스마트폰 사용자가 존재하는 물리적 공간과 스마트폰을 통한 가상공간 이 융합 또는 중첩되는 것을 의미한다. 이 특성은 스마트폰 이전의 기기에서는 찾아볼 수 없었던 새로운 것이다. 과거 실체가 없는 가상공간(cyber space)은 고정적 실체를 지 닌 현실 공간(real space)과 엄격히 분리되는 개념이었으나 혼종적 공간은 시간과 공간 을 초월하는 범세계적인 공동체를 만든다.

① 혼종성의 가장 큰 특징

혼종성을 실현할 수 있는 가장 대표적인 기술은 GPS(Global Positioning System)이다. 대부분의 스마트폰에는 GPS 수신기가 장착되어 있어 현재의 위치를 알려 준다. GPS는 구글맵(google maps)과 같은 소프트웨어와 만나 사용자가 위치 기반 검색을 하고 근처의 위치 정보를 파악할 수 있게 한다. GPS는 나를 알고 상대방을 알게 해주는 '지피지기(知彼知己)' 시스템인 것이다.

② 신문이 받는 위협 정도: 중

스마트미디어의 혼종성은 신문과는 무관한 전혀 새로운 기능이지만 독자 이탈을 가속화시키는 요인으로 작용하고 있다. 과거 신문은 정보를 알려주는 '게시판' 역할을 했다. 맛집이나 여행지 등 소개를 통해 수용자와의 접점을 넓혀 왔으나 이제는 신문의 그러한 기능마저 스마트미디어에 넘겨주었다. '나(수용자 정보)'를 모르고 '상대(신문에서 일방적으로 제공한 정보)'만 어렴풋이 알기 때문이다.

(5) 다목적성 미디어(multi purpose media)

디지털 테크놀로지의 사회적 확산은 매체 간 경계를 무너뜨리고, 방송과 통신으로 대표되는 미디어 간 상호융합을 촉진시킴으로써 '융합미디어'라는 새로운 미디어 환경을 낳았다. 이러한 융합미디어는 시간과 공간의 제한을 벗어남은 물론, 상호작용성과 비동시성, 정보의 무한성을 극대화시켜 미디어 양식의 변화를 초래하고 있다. 이러한 융합미디어의 가장 대표적인 것이 모바일이다. 오늘날 모바일미디어는 방송과 통신이 융합된 대표적 미디어로 거듭나고 있다.

① 다목적성의 가장 큰 특징

미디어로서 스마트폰의 가장 큰 특성은 기존의 미디어가 가지지 못했던 콘텐츠의 다양성과 소셜미디어로서의 기능이라 할 수 있다. 첫째, 현재 스마트폰은 기기에 탑재된 기계적 기능 외에도 다양한 애플리케이션을 활용하여 사용자 마음대로 멀티미디어로 탈바꿈할 수 있다. 둘째, 모바일 인터넷을 통해 언제든지 상호작용이 가능한 미디어에 접속할 수 있다.[2]

② 신문이 받는 위협 정도: 상

스마트폰의 '다목적성 미디어' 요소는 신문에 복합적이고 가장 치명적인 위협요소로 작용하고 있다. 스마트폰 하나로 지구촌에서 생산되는 온갖 정보를 소비할 수 있고, 신문·방송·라디오·잡지 등 모든 미디어를 구현할 수 있기 때문이다.

3) 스마트폰이 가져온 미디어의 변화

스마트폰의 확산으로 콘텐츠 소비 습관과 인터넷 이용 방식이 획기적인 전환점을 맞고 있다. 미디어 이용 패러다임이 공급자 중심에서 수용자 중심으로 변하고 있는 것이다.

(1) 1990년대 이전: 신문과 방송 시대

1990년대 이전까지만 해도 수용자의 눈과 귀는 아침에 배달되는 신문과 밤 9시 TV 뉴스에 의해 지배당했다. 매스미디어는 보편적이고 대중적인 이슈를 일방적으로 만들어 정보시장을 독과점하고 지배한 것이다. 신문과 9시 뉴스에 보도되면 대한민국 국민 다수가 이를 알 수 있을 만큼 파급력이 뛰어난 게 매스미디어의 특징이다. 신문과 TV에 의해 만들어진 미디어 의제는 사회적 의제가 되어 정치·경제·사회·문화 등에 지대한 영향력을 행사한다. 하지만 신문과 TV는 지면이나 시간의 제약 때문에 세상의 모든 이슈를 담지 못하는 한계를 지니고 있다. 뉴스 밸류 측정이라는 언론사 내부의 잣대에 의해 취사선택된다. 아무리 중요한 이슈라도 뉴스 밸류 측정 과정에서 밀리면 주목받을 기회를 놓치게 된다.

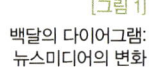

[그림 1]
백달의 다이어그램:
뉴스미디어의 변화

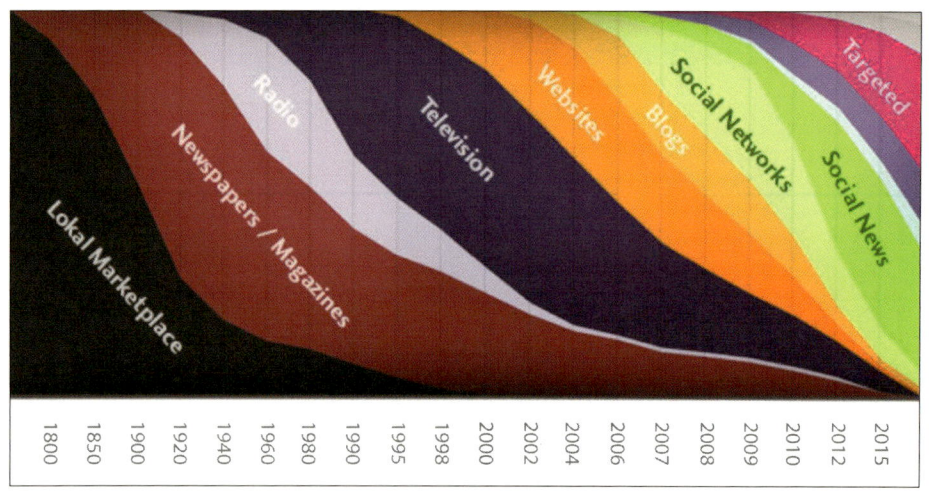

http://www.youtube.com/watch?v=WRS9cpOMYvO&feature=channel.
출처: 공훈의(2010). 『소셜미디어시대 보고 듣고 뉴스하라』. 서울: 한스미디어의 재인용

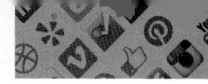

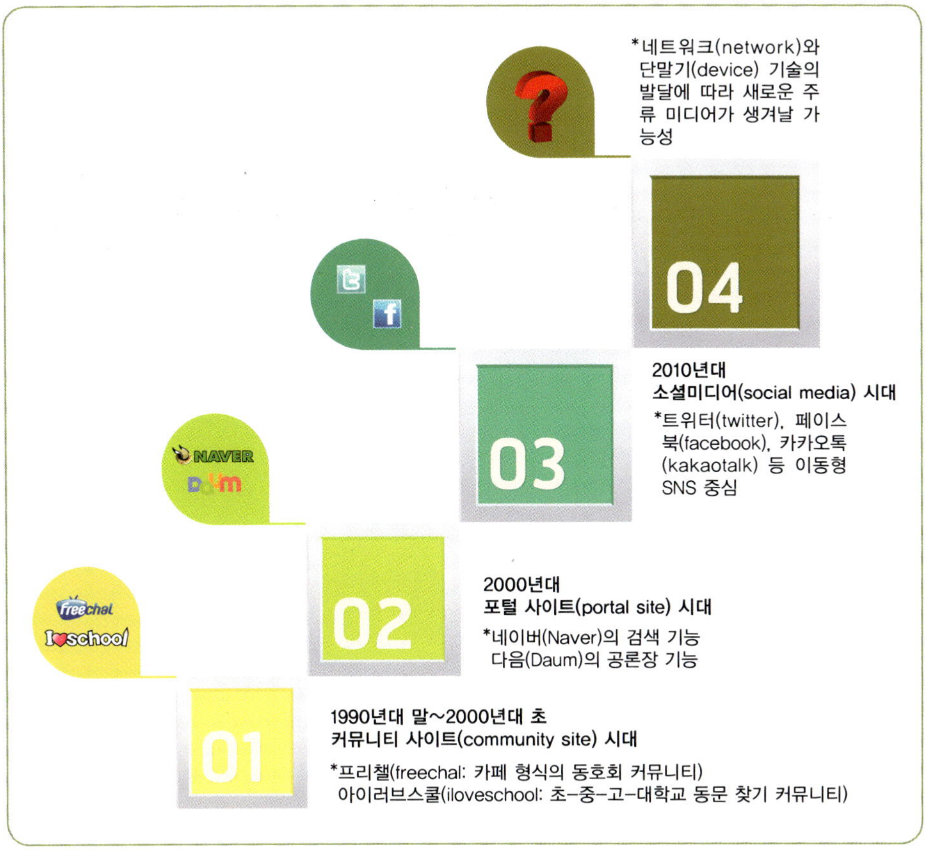
*네트워크(network)와 단말기(device) 기술의 발달에 따라 새로운 주류 미디어가 생겨날 가능성
04
2010년대
소셜미디어(social media) 시대
*트위터(twitter), 페이스북(facebook), 카카오톡(kakaotalk) 등 이동형 SNS 중심
03
NAVER
Daum
2000년대
포털 사이트(portal site) 시대
*네이버(Naver)의 검색 기능
다음(Daum)의 공론장 기능
02
Freechal
I♥school
1990년대 말~2000년대 초
커뮤니티 사이트(community site) 시대
*프리챌(freechal: 카페 형식의 동호회 커뮤니티)
아이러브스쿨(iloveschool: 초-중-고-대학교 동문 찾기 커뮤니티)
01

[그림 2]
시대별 주류 미디어

(2) 1990년대 이후: 온라인을 통한 '포털(portal) 시대'

1990년대 PC가 등장하면서 미디어를 소비하는 수용자 습관도 변하기 시작했다. 온 가족이 거실에 앉아 TV를 함께 시청하던 '안방극장 문화'가 사라지고 각자의 방에서 PC모니터를 통해 세상과 소통하는 '나홀로 문화'로 바뀌게 되었다. 초고속 인터넷 시대가 오면서 이러한 변화에 더욱 가속도가 붙게 된다. 그 변화의 중심에 포털(portal)이라는 막강한 멀티미디어 플랫폼이 들어서게 된다. 검색, 카페, 블로그, 이메일, 각종 신문과 방송 콘텐츠 등을 총망라하는 온라인 미디어 백화점이 오픈한 것이다.

[표 2]
플랫폼별 콘텐츠 특성

구 분	신문(Newspaper)	모바일(Mobile)	온라인(Online)
수용자 이용	수동적	수동적+능동적	능동적
콘텐츠 유통 방식	공급자 중심	공급자+생산자 중심	검색 중심
기 능	오락적	오락적	오락적+생산적
속 성	분석 지향적	속보 지향적	참여 지향적

온라인 미디어는 디지털이 주는 무제한의 접근성 덕분에 누구나 자유자재로 콘텐츠를 올릴 수 있게 되었다. 지면과 시간의 제한이 사라져 모든 콘텐츠를 담을 수 있게 된 것이다. 수용자들은 검색 등을 통해 콘텐츠를 쉽게 찾아볼 수 있게 됨으로써 콘텐츠의 생산과 소비에 들어가는 비용을 줄일 수 있었다. 또한 온라인 미디어는 누구나 참여할 수 있는 열린 공간으로서 다수는 물론 소수의 관심사도 담을 수 있게 되었다. PC 기반의 웹은 '모든 것'을 담는 플랫폼이 되었다. 수용자들은 더 이상 아침에 배달되는 종이신문을 기다리지 않고 방송사의 밤 9시 뉴스에 채널을 고정하지 않는다. 포털에서 모든 언론사의 콘텐츠를 소비한다. 드라마나 예능 프로 역시 방송시간에 맞추어 TV 앞에서 기다리지 않아도 된다. IP(Internet Protocol) TV나 방송국 홈페이지의 다시보기 코너를 통해 원하는 시간에 볼 수 있다. 갈수록 고(高)사양으로 진화하는 PC와 초고속 네트워크 덕분에 콘텐츠의 형태가 텍스트·이미지·동영상 등 멀티미디어화하고 있다. 매스미디어보다 더 강력하고 탄탄한 콘텐츠를 담을 수 있는 플랫폼이 온라인 미디어이다.[3]

(3) 2010년 이후: 모바일을 통한 '소셜미디어(Social media) 시대'

스마트폰은 PC와 달리 항시 우리 주머니와 가방 그리고 침대 머리맡에 위치해 있다. 시계나 안경처럼 신체의 일부가 된 것이나 다름없다. 24시간 인터넷에 연결되어 있는 스마트폰 덕분에 우리는 언제, 어디서나 인터넷에 연결되어 콘텐츠를 접할 수 있게 되었다.

특히 스마트폰 애플리케이션인 트위터(twitter), 페이스북(facebook), 카카오톡(kakaotalk) 등 SNS가 뉴스의 흐름을 근본적으로 바꾸고 있다. 수용자들은 이제 신문이나 방송 같은 미디어를 거치지 않고 직접 뉴스를 주고받는다. 수용자들이 단지 뉴스 소비에만 머물지 않고 뉴스를 직접 생산하고 직접 전달하는 참여자로 바뀌었다. SNS는 '참여'와 '공유'를 키워드로 전통 매체들이 빠뜨려 놓았던 뉴스미디어의 공백을 빠른 속도로 메워나가고 있다.[4]

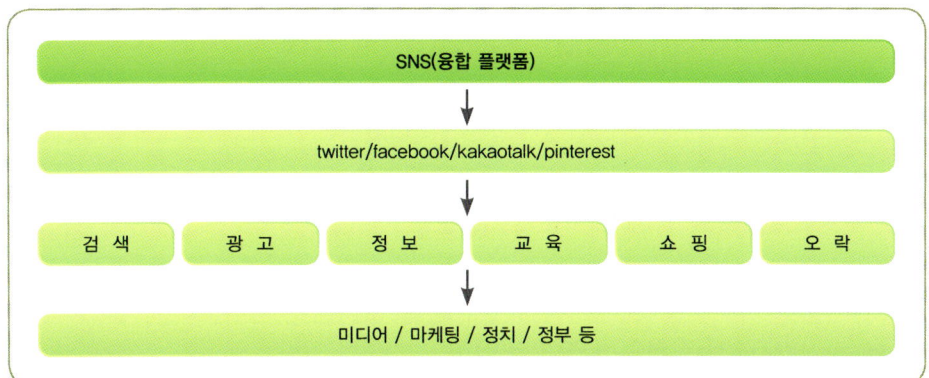

[그림 3]
융합 플랫폼으로서
SNS의 영역 확장

[표 3]
미디어 발달에 따른
뉴스 가치의 변화

미디어 혁명	언론사의 변화
제1차 혁명: 1990년대 컴퓨터 보급 ① 납활자의 종말 ② 컴퓨터로 기사 입력 ③ CTS(computerized typesetting system) 도입	① 올드미디어 세대와 뉴미디어 세대로 구분되기 시작: 일부 기자들 컴퓨터 활용 능력 기름 ② 일부 신문사 컴퓨터 조판: 지면 제작 시간을 줄이고 다양한 레이아웃 가능해짐
제2차 혁명: 2000년대 인터넷 발달 ① 개인 노트북 지급 ② 포털(portal) 시대 ③ 시간과 공간의 제약으로부터 해방 　(공간의 확장과 시간의 압축)	① 포털의 권력화: 언론사들은 포털에 텍스트, 사진, 동영상 등 모든 콘텐츠를 헐값에 제공 　– 콘텐츠 소비의 무게중심이 포털로 이동 　– 개별 언론사는 콘텐츠 공급자로 전락 　– 개별 언론사 영향력 급감 ② 정보의 범람: 인터넷에서 유통되는 거의 모든 정보가 무료 ③ 인터넷 매체 등장: 연예 · 스포츠 · 경제 중심의 인터넷 매체 설립 경쟁 　– 속보의 개념을 '하루(day)'에서 '초(second)' 단위로 바꿈 ④ 마감시간 파괴: 인터넷의 특성상 실시간으로 콘텐츠 업로드 　– 기존 신문사들은 여전히 마감시간에 맞춰 콘텐츠 생산 → 제작 ⑤ 다매체 다채널시대: 카페 · 블로그 등 다양한 경로를 통해 콘텐츠를 생산하고 소비
제3차 혁명: 2010년 이후 모바일 열풍 ① 스마트폰으로 미디어 파워시프트(power shift) ② 1인 미디어인 SNS 확산 ③ 이동성과 휴대성의 혁명	① 1인 미디어시대 개막: 수용자끼리 SNS 등을 통해서 실시간으로 콘텐츠를 생산하고 소비 　– 신문과 방송 등 기존 미디어에 대한 진입 장벽 무너짐 　– 콘텐츠 생산뿐만 아니라 유통까지 논스톱으로 이루어짐 ② 공급자 중심에서 수용자 중심으로 미디어 생태계 변화: 수용자가 더 이상 기존 미디어에 의존하지 않게 됨 　– 단순 소비자에 머물렀던 독자들이 실시간 콘텐츠를 생산하고 유통하는 참여적 수용자로 진화 ③ 파레토 법칙(Pareto's Law: 상위 20% 고객이 매출의 80%를 창출)에서 롱테일 법칙(Long Tail Theory: 80%의 다수가 20%의 핵심 소수보다 뛰어난 가치를 창출)으로 변화: 참여하고 공유하는 다수의 수용자에 의해서 콘텐츠 유통이 이루어짐

2 S-M-C-R-E 모델로 본 미디어의 변화

인간은 태생적으로 뭔가를 알고 싶어 한다. 알고 싶은 것을 수집하는 습성이 있고, 새로운 소식을 들었을 때 그것을 다른 사람에게 알려주고 싶어 하는 욕망이 있다. 내가 아는 것을 다른 사람에게 전해주는 것, 이것이 바로 미디어의 속성이다. 우리가 갖고 있는 정보·소식·사진·이야기·데이터 등을 누군가에게 전달할 때 거치는 모든 것을 우리는 미디어라고 부른다. 모든 사람들은 '미디어'를 통해 알고 싶은 욕망과 알리고 싶어 하는 욕망을 해소한다. 온라인과 모바일로 이어지는 뉴미디어 기술의 발전은 미디어 생산 비용은 낮추고 더 많은 정보가 더 빠른 시간 안에 유통되는 상황을 만들어 내는데 이 과정에서 정보 과잉 현상이 발생한다. 『큐레이션: 정보과잉시대의 돌파구』저자인 스티븐 로젠바움(Steven Rosenbaum)은 매스미디어가 수용자의 필요에 의해 생겨났음에도 불구하고 궁극적으로는 수용자의 필요를 만들어내고 있는 현재 상황에 대해 이렇게 설명하고있다.

"데이터가 넘쳐나는 시대인 만큼, 이제 희소한 것은 인간의 취향이다. 과거에는 소수 미디어와 대기업이 정치적 담론, 대중문화, 새로운 트렌드 등의 헤게모니를 장악하고 어젠다를 설정했다. 매스미디어는 우리가 똑같은 청바지나 치약을 원했기 때문에 생겨난 것이 아니라 철저히 기술 발전의 산물이다."

이러한 미디어 기술의 발전은 메시지 내용과 메시지 생산자인 기자의 역할을 변화시키고 있다. 정보가 희소하던 시절에는 기자의 가치중립적 판단이 최고의 콘텐츠였으나 정보 과잉시대에는 기자의 의도가 중요하게 작용된다. 즉, 수용자들은 기자들에게 '사실의 나열'에서 '해설'을 요구하고 있는 것이다. 기본적 커뮤니케이션 모델인 'S-M-C-R-E'로 봤을 때 미디어 곧 채널의 발전은 공급자와 수용자의 관계를 쌍방향 관계로 수평화시키고, 공급자가 생산하는 콘텐츠의 내용을 다양하게 변화시키고 있다.

1) S(Sender/Source): 공급자

(1) Before: 올드미디어시대의 뉴스 생산자

① 거대 미디어 기업에서 정보 독점

② 공급자 입맛(news policy/ideology 등)에 맞게 이슈 메이킹(issue making)

• 수많은 뉴스 중에서 몇 개만을 취사선택하고 공급자의 뉴스 틀에 맞게 재가공

• 따라서 세상을 보는 '창(window)'인 미디어가 왜곡 시비에 휘말릴 수 있다. '창틀'

이 어떤 모양이냐에 따라 세상의 모양이 달라 보일 수 있고 '창'이 어떤 색깔로 채색(tinting)되어 있느냐에 따라 세상의 색깔이 달라 보일 수 있다.

③ 미디어의 '강효과(强效果) 시대'에는 공급자의 역할이 가장 중요

- 미디어가 만들어 낸 의제(agenda setting)가 '총알처럼 날아가' 수용자들의 생각과 태도를 변화시켜 여론(public agenda)으로 확산

(2) After: 멀티미디어시대의 뉴스 생산자

① 공급자의 위기

- 매체가 폭발적으로 늘어나 콘텐츠의 희소성이 떨어지고 있다.
- 미디어의 구독률과 열독률, 그리고 시청률이 급락하는 등 영향력이 줄어들고 있다.

② 공급자의 변신은?

- '어깨에 힘주는' 기자가 아니라 '서비스맨' 기자가 되어야 한다. 수용자 입장에서, 수용자 편에서, 수용자 눈높이로 수용자에게 사실과 진실을 전달해야 한다.
- 육하원칙 중심의 단순 정보가 아니라 해설과 분석, 그리고 앞날을 예측할 수 있는 예상 종합 콘텐츠(기사, 사진, 영상, 인포그래픽 등)를 제공해야 한다. 아니, 서비스해야 한다.
- 콘텐츠도 자동차처럼 '무한리콜' 해야 한다. 과거 '생명주기'가 고작 하루 남짓한 신문 콘텐츠의 오류는 24시간만 지나면 잊혔다. 매일 발행되는 새로운 신문에 밀려 오류가 덮어지는 것이다. 또한 팩트(fact)가 잘못 전달되고 사진설명이나 헤드라인이 틀렸어도 그 다음 날 신문 2면 하단 귀퉁이에 '바로잡습니다'라는 일방적인 알림을 통해 오류를 얼버무리고 책임을 회피했다. 그러나 스마트미디어시대, 한 번 잘못된 콘텐츠는 사이버 세상에서 오보라는 '주홍글씨'가 박힌 채 지워지지 않고 영원히 떠돌아다닌다. 이제는 시간이 해결해주지 않는다. '잊혀질 권리'가 사라진 시대, 기자들은 적극적으로 기사의 잘못을 바로잡고 '리콜(recall)'을 해야 한다. 그래야만 콘텐츠와 기자와, 그 기자가 속한 언론사의 신뢰성이 높아진다.
- 지속적으로 진전된 기사(follow up)로 업데이트해야 한다. 하나의 이슈는 생성과 성장, 그리고 소멸의 단계를 거친다. 기자는 이러한 기사의 '생명 사이클'을 책임져야 한다. 속보부터 마무리까지 '따라잡기'를 해야 한다.

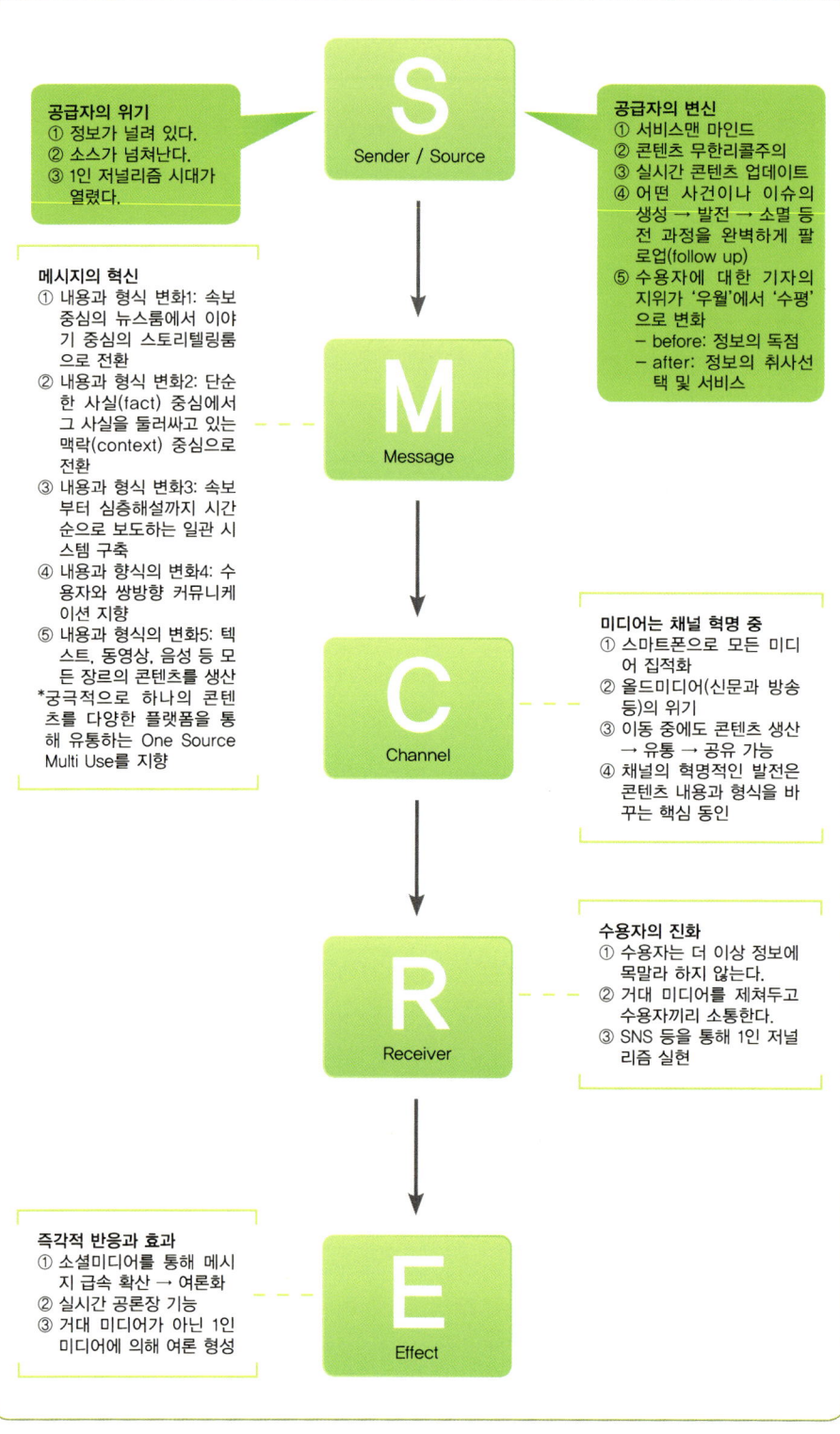

[그림 4]
S-M-C-R-E
모델의 이해

공급자의 위기
① 정보가 널려 있다.
② 소스가 넘쳐난다.
③ 1인 저널리즘 시대가 열렸다.

S Sender / Source

공급자의 변신
① 서비스맨 마인드
② 콘텐츠 무한리콜주의
③ 실시간 콘텐츠 업데이트
④ 어떤 사건이나 이슈의 생성 → 발전 → 소멸 등 전 과정을 완벽하게 팔로업(follow up)
⑤ 수용자에 대한 기자의 지위가 '우월'에서 '수평'으로 변화
　- before: 정보의 독점
　- after: 정보의 취사선택 및 서비스

메시지의 혁신
① 내용과 형식 변화1: 속보 중심의 뉴스룸에서 이야기 중심의 스토리텔링룸으로 전환
② 내용과 형식 변화2: 단순한 사실(fact) 중심에서 그 사실을 둘러싸고 있는 맥락(context) 중심으로 전환
③ 내용과 형식 변화3: 속보부터 심층해설까지 시간 순으로 보도하는 일관 시스템 구축
④ 내용과 향식의 변화4: 수용자와 쌍방향 커뮤니케이션 지향
⑤ 내용과 형식의 변화5: 텍스트, 동영상, 음성 등 모든 장르의 콘텐츠를 생산
*궁극적으로 하나의 콘텐츠를 다양한 플랫폼을 통해 유통하는 One Source Multi Use를 지향

M Message

미디어는 채널 혁명 중
① 스마트폰으로 모든 미디어 집적화
② 올드미디어(신문과 방송 등)의 위기
③ 이동 중에도 콘텐츠 생산 → 유통 → 공유 가능
④ 채널의 혁명적인 발전은 콘텐츠 내용과 형식을 바꾸는 핵심 동인

C Channel

수용자의 진화
① 수용자는 더 이상 정보에 목말라 하지 않는다.
② 거대 미디어를 제쳐두고 수용자끼리 소통한다.
③ SNS 등을 통해 1인 저널리즘 실현

R Receiver

즉각적 반응과 효과
① 소셜미디어를 통해 메시지 급속 확산 → 여론화
② 실시간 공론장 기능
③ 거대 미디어가 아닌 1인 미디어에 의해 여론 형성

E Effect

2) M(Message): 메시지

메시지는 공급자가 수용자에게 어떤 의미를 어떤 부호를 통해 전달하는 것을 말한다. 여기에는 텍스트뿐만 아니라 이미지, 동영상 등 비언어적인 요소들도 포함된다. 궁극적으로 메시지는 수용자의 효과를 유발하기 위한 공급자의 '의도된 행위'이다.

(1) Before: 올드미디어시대의 메시지

① 과거 신문과 방송은 수용자와 세상을 연결시켜 주는 통로

- 수용자들은 조간신문과 방송사의 밤 9시 뉴스를 통해서 어떤 사건사고의 발생을 알았고, 사설이나 오피니언(opinion) 코너를 통해 어떤 이슈에 대한 판단까지 도움을 받았다.
- 기자는 취재원과 접근할 수 있는 유일한 통로로서 모든 정보를 독점했다. 기자와 매체의 희소성은 정보의 희소성으로 이어져 수용자보다 우월한 위치에서 일방적으로 메시지를 전달하였다.

② 공급자 중심으로 메시지를 가공

- 공급자가 일방적으로 기사를 취사선택하고, 판단하고, 가공하고, 전달하다 보니 기자나 언론사의 편견이 개입될 수 있었고, 특정인이나 특정 단체, 그리고 특정 정당에 편향적인 메시지가 양산될 위험성을 내포하고 있었다.
- 공급자 중심의 콘텐츠 생산 방식은 '진보신문 대 보수신문'이라는 두 개의 카테고리로 신문 시장을 분리해 놓았다. 수용자들도 진보와 보수로 나뉘어 서로의 논조를 비판하고 비난한다.

③ 사실과 진실을 담보했다?

- 과거 수용자들은 친구나 동료들과 대화할 때 "그거 9시 뉴스에 나왔어" 또는 "그거 ○○일보에 실렸어"라는 말로 어떤 '사실'에 대한 '진실'을 입증했다. 즉, 신문에 실리고 방송에 보도된 것은 의심할 여지가 없다는 뜻이었다. 그만큼 신문과 방송 콘텐츠를 믿었다.

(2) After: 멀티미디어시대의 메시지

① 콘텐츠가 널려 있다

- 과거 기자의 특권이었던 '희소성'이 사라지고 인터넷 포털 사이트에는 수많은 매체와 개인들이 생산한 다양한 시각의 콘텐츠가 넘쳐난다.
- 수용자들은 하나의 매체에서 생산한 콘텐츠만 단독 소비하는 것이 아니라 다양한 시각의 콘텐츠를 비교하며 소비한다.
- 이제 더 이상 '신문에 실렸다', '9시 뉴스에 보도됐다'라는 말로 진실을 담보할 수 없게 되었다.

② 콘텐츠가 변화되고 있다

- 매체의 특성에 따라 콘텐츠의 형식과 내용이 달라졌다. 과거에는 신문과 방송에서 속보부터 해설까지 '일관 생산'을 했다면 이제 속보 기능은 실시간 매체인 온라인과 모바일이 주로 담당하고 해설과 분석은 신문 등 전통 미디어에서 맡는 식이다.

③ 콘텐츠에 송신자의 주관이 개입된다

- 과거에는 객관성과 불편부당(不偏不黨)을 언론의 절대 가치로 생각했다. 그러나 이제는 가치중립적인 콘텐츠보다 '옳고 그름'과 '좋고 싫음'을 명확히 밝혀주는 매체가 수용자들로부터 인기를 끌고 있다.

④ 콘텐츠의 창의적인 콘셉트(creative concept)가 중요하다

- 과거에는 'What to say!'가 콘텐츠의 가장 중요한 요소였다면 이제는 'How to say!'가 콘텐츠의 경쟁력이다.
- 수용자들의 궁금증을 해소하는 'Why형 콘텐츠'와 수용자들의 흥미를 유발하는 'How형 콘텐츠'로 승부를 해야 한다.

⑤ 뉴스룸(news room)이 아니라 스토리텔링룸(storytelling room)이다

- 기사만 쓰던 시대는 지났다. 스토리를 만들어야 한다. 스마트미디어시대 수용자들은 감성적이고 매우 감각적이다. 수용자들은 사진이나 동영상 같은 시각적 요소와 음성이나 음악 같은 청각적 요소를 동시에 이용한다. 텍스트만으로는 그들의 감성과 직관을 자극할 수 없다. 텍스트는 스토리를 구성하는 하나의 요소일 뿐이다.

⑥ 콘텐츠(contents)에서 콘텍스트(context)로 바뀌고 있다

- '기자 → 수용자'의 일방적인 콘텐츠 전달 경로에서 수용자와 상호작용하는 구조로 변화되고 있다.
- 기자와 수용자의 '맥락' 속에서 이슈를 발굴하고, 이슈를 스토리텔링하고, 이슈를 서비스해야 한다.

⑦ 'One Source Multi Use'가 대세다

- 미디어 융합 전에는 신문 · 방송 · 인터넷 · 모바일 등 독립 미디어별로 콘텐츠를 생산하고 소비했다.
- 스마트폰 등장 이후에는 디지털화된 하나의 콘텐츠를 여러 미디어에 동시에 제공함으로써 통합적인 소비를 가능케 하고 있다.

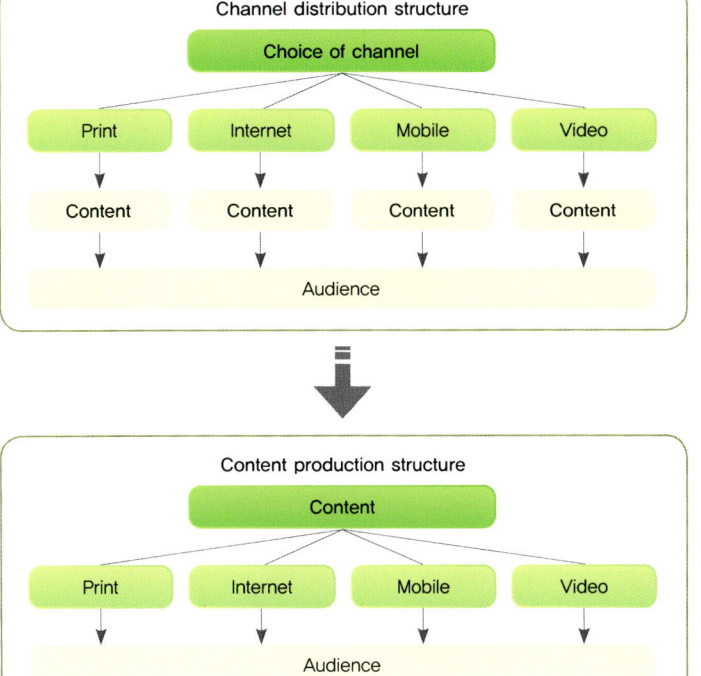

[그림 5]
콘텐츠 중심으로
뉴스 생산 및
소비의 변화

출처: PriceWaterhouseCoopers(2009).

3) C(Channel): 채널

21세기 미디어 혁명은 곧 채널 혁명이다. 미디어 기기(device)의 발전에 의해 송신자와 수신자의 역할, 그리고 콘텐츠의 내용과 형식이 바뀌고 있다.

① 채널이란?

• 매체, 즉 메시지를 전달하는 운반통로 및 콘텐츠를 구현하는 기기(device)

② old media와 new media

• old media: 신문, TV, 잡지, 라디오
• new media: 인터넷(온라인과 모바일 등)

③ mono media와 multi media

• mono media: 텍스트, 동영상, 음성 중 하나만 구현할 수 있는 미디어(올드미디어인 신문, TV, 잡지, 라디오 등)
• multi media: 텍스트, 이미지, 동영상 등 모든 콘텐츠를 동시에 구현하는 미디어
• 웹(web: 인터넷 웹/모바일 웹)만이 멀티미디어를 구현

④ 'media 3.0시대' 개막

• media 1.0(매스미디어시대에는 콘텐츠의 배열과 편성)
• media 2.0(마이크로미디어시대에는 맞춤형 콘텐츠의 쌍방향 소통)
• media 3.0(큐레이션미디어시대에는 신뢰할 만한 기자의 전문적인 판단과 배열)

[표 4]
미디어 플랫폼의 진화

구 분	media 1.0 (매스미디어)	media 2.0 (마이크로미디어)	media 3.0 (큐레이션미디어)
메시지 생산 주체	생산자 ≠ 수용자	생산자 ↔ 수용자	생산자 ↔ 중개자 ↔ 수용자
메시지 수용 형태	수동적 수용	선택적 수용	적극적 수용
유통 경로	일방향 단일 유통	다채널 복수 유통	쌍방향 다수 유통
브랜드	권위형 브랜드	개인형 브랜드	신뢰형 브랜드
정보 흐름	정보 집중 → 배포	정보 분배 → 공유	정보 순환 → 누적
내용 성격	권위적/범용적 종합적/객관적	말초적/전문적 단편적/주관적	종합적/해설적 이타적/합리적
정보 배열	종합 편집과 편성	단품 개별 유통	종합 수집/집중 배열
광고 및 수익원	광고 및 행사 후원	시스템에 의한 롱테일 수익	구독료 및 광고/롱테일 수익 수익 포기 - 별도 수익 기대

출처: 스티븐 로젠바움(2011). 『큐레이션: 정보과잉시대의 돌파구』. 서울: 명진출판사

미디어 (media)	모노미디어 (mono media)	오프라인 (offline)	신문 방송(TV/라디오) 잡지
	멀티미디어 (multi media)	온라인 (online)	블로그(blog) 포털사이트(portal site) 웹사이트(web site) 소셜미디어(social media)
		모바일 (mobile)	휴대전화(feature phone) PDA(Personal Digital Assistant) 스마트폰(smart phone) 태블릿 PC(tablet PC) 소셜미디어(social media)

[표 5]
미디어의 구분

⑤ 당분간 미디어의 중심은 '웹'

- 시간의 압축과 공간의 확장
- 방송의 시간 제약과 신문의 지면 제약으로부터 해방

⑥ 채널의 다양화로 '1인 미디어' 시대 개막

- Blog Journalism → UGC(User Generated Content) → 소셜미디어(social media) → ?
- SNS(Social Network Service): twitter/facebook/kakaotalk 등 실시간 쌍방향 커뮤니케이션 채널 활성화

⑦ 손안의 스마트폰으로 미디어가 통합

- 스마트폰 하나로 신문과 방송, 그리고 인터넷 등 모든 미디어를 실시간으로 이용
- 미디어의 융합(convergence)현상이 가속화

미디어	사용 자세	사용 행태	전 망
신 문	• 책상에 앉아서 바른 자세로 • 지하철 등 대중교통 안에서 서거나 앉아서 • 누워서 가장 편한 자세로	• 집중도가 높다. • 스크랩이 쉽다. • 구입이 불편하다. • 여러 사람이 돌려가며 열독한다.	하
PC	• 대부분 책상 앞에 앉아서 • 노트북의 경우 대중교통 안에서	• 집중도가 높다. • 비교적 사용 시간이 길다. • 멀티미디어 요소를 복합적으로 본다. • 콘텐츠 생산이 효율적이다.	중
스마트폰	• 한 손으로 들고 아무 데서나 • 이동하면서	• 항상 자신의 몸에 휴대한다. • 현장 기록이 즉시 가능하다. • 화면 자체에 집중도가 높다. • 완전한 1인 사용자 환경이다. • 애플리케이션 중심이다.	상
태블릿PC	• 한 손 또는 두 손으로 들고 아무 데서나 • 소파에 기대고 앉아서 • 무릎 위에 얹어 놓고	• 화면 자체에 집중도가 높다. • 생산보다 유희적인 도구이다. • 스마트폰보다 멀티미디어 구현이 용이하다. • 이동성이 있으면서 콘텐츠 입력이 스마트폰보다 쉽다.	상

[표 6]
올드미디어와
뉴미디어의 이용 행태

| 스마트TV | • 소파에 기대고 앉아서
• 아예 누워서 | • 리모컨으로 조작한다.
• 복잡한 조작은 수용하지 않는다.
• 쉽고 편하게 보려고 한다.
• 많은 글자를 읽으려 하지 않는다.
• 기본적으로 동영상을 기대한다.
• 긴 시간 동안 시청한다.
• 여러 사람이 동시에 시청한다. | 상 |

출처: 공훈의(2010). 『소셜미디어시대 보고 듣고 뉴스하라』. 서울: 한스미디어의 재구성

[표 7]
Mcquail의 매체
이용 동기

욕 구	의 미
정보 추구적	당면한 문제, 의견, 선택, 결정에 대한 자문을 구함
	호기심과 일반적인 관심사를 만족시킴
	학습, 지시
	주변이나 사회에서 자신과 관련 있는 사건과 상황 파악
자기 정체성	개인의 가치를 보강해줌
	이상적인 행위 등을 본보기로 삼음
	가치 있는 사람들과 동일시
	자신에 대한 통찰력을 얻음
대인적	일상생활에서 친구관계를 대신하게 됨
	'사회적 역할' 수행에 대한 도움을 얻음
	가족이나 친구, 사회와 접촉할 수 있게 함
오락적	복잡한 문제로부터 도피
	휴식
	시간 때우기
	감정적 해소

출처: 오진환(1990). 『매스커뮤니케이션』. 서울: 나남의 재구성

[표 8]
정보 상품에 대한
수용자의 기대치(6E's)

계몽적 기대(Enlighten)	나와 관계있는 정보를 지속적으로 제공해줄 것
	내 생각을 자극해서 나를 일깨워줄 것
교육적 기대(Educate)	내가 현명한 결정을 할 수 있도록 도와줄 것
	내 삶이 안전하고 발전할 수 있도록 도와줄 것
수혜적 기대(Enrich)	나에게 물질적 혜택을 줄 수 있는 정보를 제공해줄 것
오락적 기대(Entertain)	나를 지루하지 않게 해줄 것
	나에게 즐거움을 줄 것
	내가 편히 쉴 수 있게 해줄 것
개입적 기대(Engage)	나와 관심사나 생각이 같은 사람들을 연결시켜줄 것
	내가 공동체의 일원임을 느끼게 해줄 것
권력적 기대(Empower)	내가 중요한 사회적 이슈에 나설 수 있도록 도와줄 것
	민주주의가 유지되는 데 필수적인 정보를 제공해줄 것

출처: Christensen, C.(2006). *Newspaper Next: Blueprint for Transformation*, American press Institute의 재구성/김사승(2008). 『디지털 테크놀로지와 저널리즘』. 서울: 커뮤니케이션북스의 재인용

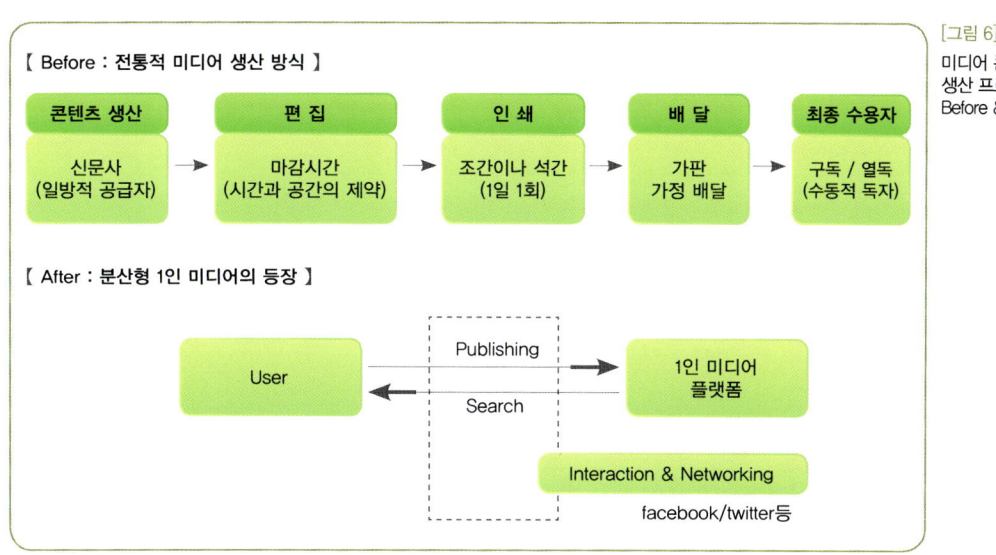

출처: 김주영(2010). 『스마트 시대의 프린트 미디어 전략』. KT경제경영연구소의 재구성

[그림 6]
미디어 콘텐츠
생산 프로세스
Before & After

4) R(Receiver): 수용자

　뉴미디어의 등장 이전에는 수동적 수용자였으나 이제는 콘텐츠를 만들고 유통하는 '생산적 소비자'로 변화

(1) Before: 올드미디어시대의 수용자

　① 정보에 목말라하고 수동적임

- 미디어가 한정되고 일정한 시간에만 콘텐츠를 이용할 수 있었기 때문에 매체 충성도가 높음.
- 거대 미디어가 제공하는 메시지를 일방적으로 수용

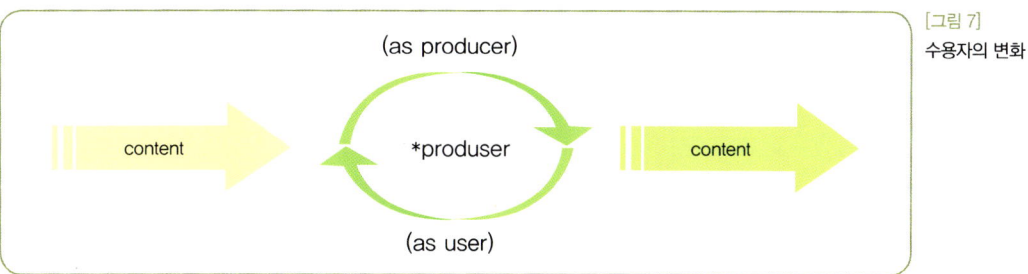

[그림 7]
수용자의 변화

*produser(producer+user)

출처: Axel Bruns(2008). *Blogs, Wikipedia, Second Life, and Beyond-From Production to Produsage.* Peter Lang Pub Inc.

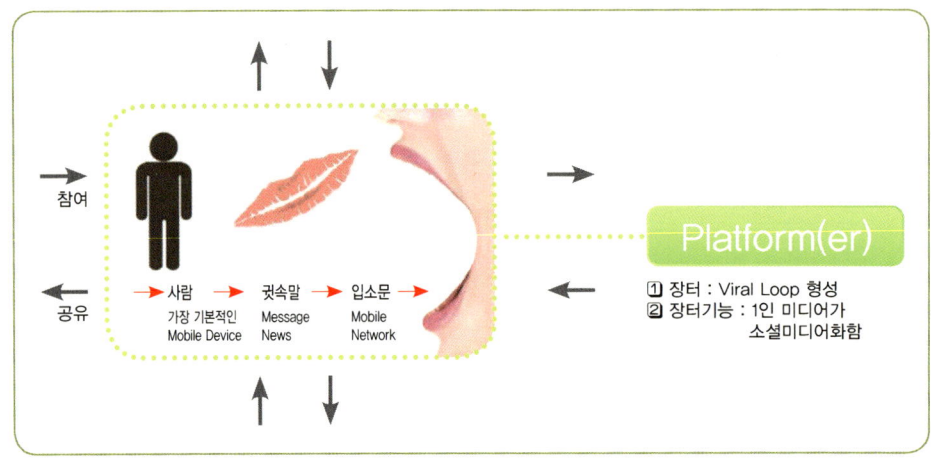

[그림 8]
1인 미디어의
진화 과정

② 수용자의 피드백 기능이 제한됨

• 신문이나 방송 보도에 이의를 제기하고 싶어도 피드백 창구 부족으로 포기(독자
투고나 시청자 참여 제도)

• 송신자와의 쌍방향 커뮤니케이션이 제한

(2) Before: 멀티미디어시대의 수용자

① prosumer → produsage

• 콘텐츠의 생산과 사용이 동시에 이루어지는 'produsage(production + usage)' 시대(소
비자가 '제품개발 → 유통'에 참여하는 'prosumer'를 정보사회에 맞게 진전시킴)

• 웹 2.0시대(데이터의 소유자나 독점자 없이 누구나 손쉽게 데이터를 생산하고 인터넷에
서 공유할 수 있도록 한 사용자 참여 중심의 인터넷 환경)는 생산과 사용이 융합되며,
생산과 사용의 대상 자체도 지속적으로 발전

• SNS 등을 통해 실시간으로 콘텐츠를 생산하고 실시간으로 소비

② 능동적 수용자의 역할 강조

• 신문이나 방송 콘텐츠를 기다리던 '수동적 수용자'에서 포털 등에서 적극적으로
검색하고 비교하는 '능동적 소비자'로 변화

• 실시간 댓글 기능을 통해 의견을 개진하고 함께 공유

③ 민족과 국경과 언어를 초월

• 인터넷을 통해 전 세계 수용자가 동시에 실시간으로 미디어 콘텐츠를 소비

5) E(Effect): 효과

(1) Before: 올드미디어시대의 효과

① 미디어의 강효과

- 매스미디어가 수용자의 태도나 의견을 쉽게 변화시킬 수 있는 막강한 힘을 지님
- '총알이 과녁에 명중'하는 것처럼 미디어의 메시지가 수용자에게 꽂혀 직접적인 영향력 행사
- 각종 선거에서 신문과 방송의 의제설정이 유권자들 표심에 영향을 줌

② 일방향(one way)적인 효과

- 거대 언론에서 만든 미디어 의제가 여론으로 확산

(2) After: 멀티미디어시대의 효과

① 매스미디어의 영향력 축소

- 올드미디어 시대처럼 미디어 메시지가 수용자에게 강력하게 영향력을 끼치는 것이 아니라 제한적으로 그들의 태도나 가치, 그리고 신념 등을 변화시키거나 강화

② 소셜미디어의 영향력 확대

- 소셜미디어를 통해 수용자끼리 자발적 정보 교환(이슈를 만들고 확산시킴) → 여론 형성
- 매스미디어는 소셜미디어에서 만든 이슈를 보충 취재해서 확대 재생산

소셜미디어의 특징

1. 공론장과 소셜 커뮤니케이션 체계

소셜미디어는 불특정 다수에게 개인이 메시지를 대량 배포할 수 있는 수평적 공표성

1) '1 대 다(多)' 커뮤니케이션의 영역 확대
온라인 웹과 모바일 웹의 발달로 개인도 메시지를 배포할 수 있는 채널을 갖게 됨.

2) 개인이 편집권
소셜미디어에서 개인은 메시지의 생산 → 편집 → 저장 → 배포 등 이용 과정 전반에 직접 관여함으로써 '저널리스트 역량'을 갖추게 됨.

3) 메시지의 대량 배포
twitter, facebook, kakaotalk 등 SNS를 통해 매스미디어에 버금가는 메시지의 대량 배포 기능을 갖게 됨.

4) 수평적 상호작용
소셜미디어 공표성의 또 다른 중요한 특징은 매스미디어의 일방향적이고 수직적 공표성과 달리 '답글', '좋아요', '리트윗(retweet)' 등의 참여성을 보장함으로써 수용자와 상호작용이 가능.

2. 사적이고 공적인 속성을 동시에 갖는 공간적 양면성

1) 공적 공간 특성
소셜미디어는 사적 정보를 게시하는 개인 공간이지만 다수에게 메시지 접근을 허용하는 일종의 발행, 또는 배포 기능을 가진다는 점에서 공적 특성을 가짐.

2) 내적 커뮤니케이션(intra communication)은 공표성을 통해 소셜 커뮤니케이션으로 발전.
유명 정치인, 기업인 등이 거느린 수천, 수만 명의 이용자 네트워크(follower network)에서 이루어지는 그룹 커뮤니케이션(group communication)은 경우에 따라 사적 공간을 넘어 사회적 이슈에 대한 공적 토론장으로 기능.

3. 소셜미디어는 커뮤니케이션의 실시간성을 강조

1) 실시간성은 메시지 생산과 이용의 시간적 격차가 짧아져 면대면(face to face) 커뮤니케이션 상황에 근접.

2) twitter나 facebook, 그리고 kakaotalk 등은 연결성을 기반으로 커뮤니케이션의 실시간성이 극대화된 형태.

4. 소셜미디어는 수평적 분산성

1) 매스미디어(포털 등)는 정보 생산자와 수용자가 양분된 수직적 커뮤니케이션 구조.

2) 소셜미디어는 수평적 구조, 즉 소셜미디어 운영자 각자가 정보 생산과 이용의 주체로 메시지에 대한 통제권을 가짐.

3) 수평적 분산성
중앙 집중화된 커뮤니케이션 구조가 아니라 공간의 다원주의적 특성을 보여줌.

 Tip ❷

애플의 'iBrothers' 화려한 등장과 기기(device) 혁명

1. iPod: 카세트테이프/CD플레이어의 종말을 고하게 함

포터블 음악 감상 플레이어(player)의 대명사격인 SONY '워크맨 시대'를 끝냄.

2. iPhone: 하드웨어 중심의 '전화기'에 대한 반란

1) keypad 중심의 고정관념 파괴.

2) mobile web 혁명: 스마트폰의 송수신 기능은 수많은 애플리케이션 중 하나로 의미 축소.

3) '생산적 도구에서 유희적 도구'로 휴대폰의 정의를 다시 내림.

4) 사용자 정체성(user identity): iPhone은 나를 표현하는 아이콘.

3. iPad: tablet PC의 절대 강자로 자리매김

1) 모바일 '읽기혁명'을 주도.

2) 아마존 킨들(kindle)의 아성을 뚫고 e-Tasking(learning/reporting 등) 주체로 떠오름.

4. iTV: 인터넷과 TV를 융합시킨 스마트TV시대를 주도

Memo

Chapter 2

수용자 중심의
뉴스 가치와 뉴스 편집

Contents

1 스마트미디어시대의 뉴스 가치

1) 뉴스란 무엇인가?

뉴스는 선택적이다. 아무리 신문이 지면을 늘리고 방송이 실시간으로 24시간 뉴스를 생방송한다고 할지라도 세상에서 일어나는 모든 일들을 다 보도할 수는 없다. 뉴스는 또 상대적이다. 시간과 장소는 물론 미디어와 수용자의 성격에 따라서도 가치가 달라진다.

'무엇이 뉴스인가(선택적)? 그리고 어떤 뉴스가 보다 중요한가(상대적)?'

이와 같이 뉴스 가치에 관한 질문은 오래전부터 저널리즘 연구의 주요한 과제 중 하나였다. 많은 학자들과 언론인들이 뉴스에 관한 정의를 내려왔지만 뉴스의 실체를 딱 한마디로 규정짓는 답변은 없었다. 이것은 뉴스가 다분히 선택적이고 상대적인 특성을 지니기 때문에 명쾌하게 정의내리기 힘들다는 의미이다.

뉴스를 어떻게 정의하느냐, 무엇을 뉴스라고 인식하느냐는 언론이 뉴스를 재구성하고 수용자가 뉴스를 읽는 데 사용하는 맥락(context) 또는 틀(frame)을 제공한다. 다시 말해 뉴스의 정의는 언론이 뉴스를 취재·분석·해석·보도하는 데 의존하는 개념적 도구, 즉 '뉴스의 틀(news frame)'을 제공할 뿐만 아니라 수용자가 언론이 보도하는 뉴스를 읽고 평가하는 데 유용한 '뉴스읽기의 틀(reading frame)'도 함께 제공하기 때문이다.[5]

[표 1] 뉴스의 개념	학 자		내 용
	본드 (Bond, 1961)	정 의	• 뉴스는 인간의 관심사에 대한 시의성 있는 보도이며 가장 훌륭한 뉴스는 대다수 수용자의 관심을 끄는 것이다. • 뉴스는 사건 그 자체가 아니라 사건에 대한 보도이고, 실제로 발생한 일 그 자체가 아니라 그 일에 대한 줄거리 또는 평가이다.
		핵심 개념	대중의 관심사와 시의성, 그리고 사건사고에 대한 해설과 분석을 통한 평가
		키포인트	뉴스의 대중성과 언론의 현실 재구성을 강조
	로스코 (Roschco, 1975)	정 의	'이름이 뉴스를 만든다(Names make news)' 저명인사의 사소한 언행이 중요하게 보도되는 현상을 설명
		핵심 개념	• 근시성(recency): 최근에 발생한 사건이나 사고 • 즉시성(immediacy): 가장 빠른 매체로 신속하게 보도 • 통용성(currency): 수용자들이 관심을 갖고 있는 이슈와의 관련성
		키포인트	뉴스메이커(newsmaker)의 저명성과 실시간성을 강조
	갠스 (Gans, 1979)	정 의	• 뉴스란 언론인이 '취재원으로부터 수용자에게' 전달하는 정보이다. • 언론인은 취재한 내용을 요약하고, 다듬고(refine), 개조(alter)해서 수용자에게 전달한다.
		핵심 개념	뉴스의 취재 보도 과정은 취재원과 언론인, 그리고 수용자의 '줄다리기 싸움'이다. 언론인이 취재원과 수용자 중 어느 쪽을 더 고려하느냐에 따라 뉴스의 선택과 처리 방향이 달라진다.
		키포인트	뉴스의 선택적 측면을 강조
	메츨러 (Metzler, 1986)	정 의	뉴스란 수용자가 관심이 있고, 그들 스스로의 문제나 환경에 도움이 되는 사건사고, 아이디어(의견과 해석 포함)를 신속하게 열거한 것을 말한다.
		핵심 개념	수용자 판단과 선택에 도움을 줄 수 있는 핵심 내용을 빠르게 전달
		키포인트	뉴스의 수용자 요인을 강조

출처: 양재찬(2009). 「경제기사의 뉴스 가치에 대한 기자와 수용자의 인식 유형과 상호지향성 연구」. 한국외국어대학교 박사학위 논문의 재구성

2) 뉴스 가치와 판단 기준

뉴스란 기본적으로 소식 또는 새로운 것이라는 의미를 갖고 있다. 그렇다고 어떤 새로운 정보나 사건이 단순히 새롭다는 것만으로 뉴스가 되는 것은 아니며, 그것이 미디어를 통해 보도되었을 때 비로소 뉴스가 된다. 뉴스는 기자의 취재로 시작되지만 기자가 취재했다고 해서 모두 뉴스가 되는 것도 아니다. 경우에 따라 신문 1면 톱뉴스가 되지만, 어떤 것은 Delete키 '화살'을 맞는 신세가 된다. 이는 바로 뉴스로서의 가치가 없거나 다른 것에 비해 가치가 크게 떨어지기 때문이다. 이처럼 뉴스가 성립되려면 새롭다는 점 외에도 여러 가지 다른 조건을 갖춰야 하는데 이를 '뉴스 가치(news value)'라고 한다. 뉴스 가치에 대한 기준은 미디어에 따라 또는 개인이나 국가, 시대에 따라 달라진다.[6]

더구나 스마트미디어의 출현과 수용자의 변화 또한 뉴스의 성격과 뉴스 가치 판단을 혼란스럽게 하고 있다. 이른바 온라인저널리즘과 소셜저널리즘은 뉴스의 형식과

내용은 물론 저널리즘의 체계까지 흔들고 있다.

뉴스 미디어를 둘러싼 환경의 급격한 변화는 기자들로 하여금 '무엇이 뉴스인가?' 에 대해 심각한 고민을 하게 만들고 있다. 그러나 미디어의 발달이 뉴스의 기본 원칙 마저 변화시킨 것은 아니다. 여전히 '무엇이 뉴스가 되는가?'에 대한 기존 논의들은 유효하다.

뉴스는 취재 → 편집 → 보도 과정을 거쳐야 하기 때문에 기자의 가치 판단이 매우 중요한 의미를 갖는다. 기자들은 취재나 편집 현장에서 뉴스 밸류를 측정하는데, 그 동안 여러 학자들이 제기한 영향성(impact)이나 갈등성(conflict), 진귀성(novelty), 저명성(prominence), 근접성(proximity), 시의성(timeless), 신기성(unusualness), 부정성(negativity), 흥미성(interest) 등과 같은 전통적인 판단 기준을 동원한다.[7]

[표 2]
뉴스 가치 판단 기준의
매체별 중요도와 내용

구 분	매체별 중요도				내 용
영향성	온라인	모바일	방송	신문	특정 사건이나 정보, 또는 인물이 수용자들 일상생활에 미치는 파급력의 정도를 의미한다.
	상	상	상	상	
갈등성	온라인	모바일	방송	신문	갈등이 동반하는 폭력과 파괴는 사건에 대한 감정을 고조시키고 일의 중요성을 부각시킨다.
	상	상	상	상	
진귀성	온라인	모바일	방송	신문	주변에서 흔히 볼 수 있는 사건이나 현상, 또는 인물이 아니라 정상적이지 않거나 기이한 것들이 수용자의 흥미를 자극한다.
	상	상	중	중	
저명성	온라인	모바일	방송	신문	유명인(celebrity)이나 공인(public figure) 등 지명도가 높은 인물일수록 강력한 뉴스성을 갖는다.
	중	중	상	상	
근접성	온라인	모바일	방송	신문	먼 곳보다 가까운 곳에서 일어난 사건에 대해 더 관심을 갖는 지리적 접근성과 자신과 관련 있는 사건에 더 흥미를 느끼는 심리적 접근성으로 나뉜다.
	중	하	중	상	
시의성	온라인	모바일	방송	신문	다른 조건이 같다면 최근에 일어난 사건이 더 중요하고, 최근에 일어난 사건이 아니더라도 그것이 현시점에서 의미가 있으면 뉴스 가치가 높다.
	상	상	중	하	
부정성	온라인	모바일	방송	신문	언론의 기본은 '비판정신'이고 수용자들은 부정적인 기사에 더 쉽게 흥분하고 반응한다. '나쁜 뉴스가 좋은 뉴스다'라는 명제가 성립한다.
	중	중	상	상	
흥미성	온라인	모바일	방송	신문	금전, 섹스, 범죄 등 수용자들의 관심사나 정서를 자극해서 흥미나 재미를 불러일으키는 것을 말한다.
	상	상	상	상	

(1) 영향성(impact)

① 정 의

특정 사건이나 정보, 또는 인물이 사회 구성원들의 일상생활에 영향을 미치는 정도를 의미하는 것으로 사회적 영향력이 크다고 판단되는 사건일수록 뉴스 가치가 높다. 즉, 기사에 담긴 내용이 얼마나 많은 사람들에게, 얼마나 즉각적으로, 얼마나 큰 영향을 미치는가에 따라 그 가치가 결정되는 것이다.

② 사 례

영향성의 '크기'는 어떻게 측정하는 것인가? 그것은 그 기사의 영향권 안에 있는 수용자 수에 의해서 결정된다. 예를 들어, 서울시장 선거와 구청장 선거에 관한 두 개의 뉴스가 있다고 하자. 전자는 서울시민 전체의 생활에 영향을 주는 선거이며 후자는 주로 해당 구민에게만 영향을 주는 선거로 볼 수 있다. 따라서 전자가 영향을 미치는 범위가 훨씬 넓기 때문에 뉴스 밸류가 높게 평가된다. 또는 성범죄나 대중교통 파업 등도 파급효과가 크고 그 영향이 즉각적이어서 주요 뉴스로 취급된다.

③ 결 과

영향성이 크다는 말은 '의의가 있다'거나 '중요하다'는 말로 바꿔 표현할 수도 있다. 따라서 영향성은 '흥미성' 또는 '중요성'과 필요충분조건을 이루고 있다.

④ 뉴스 편집에서의 중요도: 상

실시간 커뮤니케이션 시대의 미디어는 공간적 근접성보다 영향성이라는 기준이 뉴스 밸류를 평가하는 데 더 많이 적용되는 추세이다. 여전히 신문은 의제설정 기능을 통해 여론을 형성하고 여론을 이끌어 가는 기능을 하고 있다. 언론에서 어떤 사건사고에 의미를 부여해서 사회적 이슈로 확대 재생산하는 것은 그 사건사고나 이슈에 대한 영향성을 높이는 작업이다.

(2) 갈등성(conflict)

① 정 의

모든 인간은 갈등이라는 요소에 강력하게 반응하는 본능이 있다. 친구 사이의 경쟁, 국가 간의 전쟁, 인간과 자연의 투쟁, 권력 간의 충돌 등은 언론과 수용자들의 관심을 집중시킨다. 갈등성이 뉴스 가치 판단의 기준이 되는 것은 갈등이 폭력이나 파괴를 동반하기 때문이다. 폭력과 파괴는 사건에 대한 감정을 고조시키고 일의 중요성을 부각시킨다.

② 사 례

갈등과 투쟁의 요소가 들어 있는 뉴스는 손쉽게 수용자의 공감을 얻을 수 있다. 전쟁이나 각종 선거, 그리고 매일 벌어지는 스포츠 이벤트 등이 이에 해당된다.

③ 결 과

인간은 제3자의 갈등을 통해 어느 한쪽을 응원하며 결과에 따라 열광하거나 실망한다. 이러한 갈등에 수용자 스스로를 주인공으로 등장시켜 대리만족을 얻는 것이다. 수용자의 주관이 많이 개입되는 특성상 똑같은 사건이라도 그들의 입장에 따라 '옳고 그름'과 '좋고 싫음'이 구별된다.

④ 뉴스 편집에서의 중요도: 상

갈등성은 수용자의 호기심을 자극하는 가장 중요한 요소 중 하나로 신문 편집에서 전쟁, 스포츠, 선거 등에 관한 기사들은 크게 취급된다. 특히 헤드라인에는 기본적으로 갈등을 부추기고, 감정을 자극하는 요소들이 많이 개입된다.

(3) 진귀성(novelty)

① 정 의

인간은 태어나면서부터 새로운 것, 진기한 것, 색다른 것에 대한 본능적인 호기심을 갖고 있다. 돌연·의외·충격 등은 뉴스거리로 충분하다. 따라서 기자들은 늘 진기한 것을 찾는다. 새롭고 색다른 것은 금방 수용자의 눈길을 끌 수 있기 때문이다.

② 사 례

진귀성은 지면의 조미료 내지 윤활유 역할을 한다. 자칫 딱딱하고 지루할 수 있는 지면에 생기를 불어넣는다. 해외토픽의 엽기적인 사진들, 나체주의자들의 생활을 묘사한 기사나 사진들, UFO·미신에 관한 뉴스 등은 모두 그 진귀성으로 해서 수용자들에게 흥미를 주는 것이다.

③ 결 과

진귀성은 신기함 또는 이상성(unusualness)으로 불리기도 한다. '사건이 일상성을 깨뜨릴 때 뉴스가 된다'는 말과 같이 진귀성이란 뉴스의 가장 기본적인 속성이라고도 할 수 있다. '사람이 개를 물면 뉴스가 된다' 등은 뉴스의 이상성을 강조한 말이다.

④ 뉴스 편집에서의 중요도: 중

수용자들은 일상의 틀을 파괴하는 사건이나 행위에 대해 재빨리 주의를 기울이기 때문에 편집기자들의 촉수도 진귀성에 맞춰져 있다. 때로는 사진 트리밍이나 제목 등을 통해 기사의 중요도 이상으로 이상성을 부각시키고 수용자들의 호기심을 자극한다.

(4) 저명성(prominence)

① 정 의

유명인(celebrity: 가수, 배우, 탤런트, 운동선수 등 방송이나 스포츠스타 중심)이나 공인(public figure: 대통령, 국무총리, 장관, 시장 등 공적인 책임과 권한이 있는 인물 중심) 등 사회적 지명도가 높은 인물일수록 뉴스 가치가 높다. 이렇게 '잘 알려진' 어떤 사람이 사회적 이슈에 대해 언급했다면 수용자들은 그 내용을 믿고 받아들이며 좀 더 구체적인 것을 알고 싶어 하는 강력한 뉴스적 흥미성을 갖는다. 인물의 저명성과 마찬가지로 장소의 저명성도 뉴스 밸류를 판단하는 데 작용한다. 유명한 장소에서 일어난 사건은 비록 작은 것이라 할지라도 훨씬 더 중요하고 흥미 있게 느껴진다.

② 사 례

2005년 1월 국내 모 광고기획사에서 연예인 125명에 대한 평가와 소문을 토대로 작성한 내부 문건(연예인 X파일)이 인터넷을 통해 유포돼 우리 사회에 그 후유증이 일파만파로 번졌다.

③ 결 과

로스코(Roschco, 1975)는 "이름이 뉴스를 만든다(Names make news)"라는 말로 저명성을 설명하고 있다.

④ 뉴스 편집에서의 중요도: 상

"이름이 뉴스를 만든다"면 "이름이 뉴스 가치를 말한다"라고 돌려 말할 수도 있다. 그만큼 뉴스 가치를 평가하는 데 뉴스메이커의 저명성이 중요하게 작용한다는 의미다. 속보나 스트레이트 뉴스는 온라인이나 모바일 미디어에 넘겨주고 신문에서는 다양한 피처스토리 중심으로 지면을 편집한다면 유명인이나 공인의 검증된 영향력이나 파급력에 의존할 수밖에 없다.

(5) 근접성(proximity)

① 정 의

뉴스 밸류는 심리적 거리에 반비례한다. 다시 말해 사건의 발생 장소가 수용자에게

가까우면 가까울수록 그 뉴스의 가치는 높아진다. 수용자가 그 사건 현장을 상상할 수 있거나 거기에 관련된 인물을 개인적으로 알고 있는 경우 수용자는 그 사건을 자신의 일로 받아들일 수 있다는 것이다. 즉, 근접성이란 사람들이 먼 곳에서 일어난 사건보다 가까운 곳에서 일어난 사건에 대해 더 관심을 가지며 그에 따라 뉴스 가치도 커지는 현상(지리적 접근성)을 일컫는다. 또는 자신과 연관이 깊은 문제나 사건에 대해 많은 관심과 흥미를 갖게 됨으로써(심리적 접근성) 더 큰 뉴스 가치를 부여한다.

② 사 례

아프리카에서 외국 여객기가 추락해서 승객과 승무원이 전원 사망한 사고가 발생했다면 국제면에 단신이나 사진기사 정도로 처리될 수 있다. 그러나 그 여객기에 한국인 관광객 일행이 탑승했다면 그 뉴스는 즉각 주요 뉴스로 부각되어 1면이나 사회면에 사고현장 지도와 함께 실리게 된다. 또한 심리적 접근성은 건강, 부동산 가격, 물가 등 수용자의 일상생활과 연관이 높으면 높을수록 중요하게 취급된다.

③ 결 과

수용자는 자기가 직접 알고 있는 인물이나 장소의 이름에 관심이 높으며, 자기에게 영향을 줄지도 모르는 상황이나 경향에 대해 큰 흥미를 갖는다. 따라서 '뉴스의 중심은 바로 수용자 자신이다'라는 명제가 성립한다.

④ 뉴스 편집에서의 중요도: 상

소셜미디어시대, 뉴스 밸류 측정에서 공간적 근접성의 비중은 점차 낮아지고 있다. SNS를 통해 공간을 초월해서 실시간으로 소통하고 뉴스를 소비하고 있기 때문이다. 즉, 공간적 거리감은 과거와 동일하나 심리적 거리감은 전 세계가 비슷하다고 볼 수 있다.

(6) 시의성(timeless)

① 정 의

뉴스에 있어서 시간적 요소, 즉 '언제 그 사건이 일어났고, 언제 일어날 것인가'는 어떤 뉴스에나 가장 본질적인 구성요소가 되고 있다. 따라서 이 시의성(시간적 근접성)은 뉴스의 상대적인 가치를 평가하는 데 있어서 유용한 기준이 된다. 다른 조건이 같은 경우, 보다 최근에 일어난 뉴스가 더 중요한 것이라는 말이다. 또한 최근에 일어난 사건이 아니더라도 그것을 인쇄하는 어떤 시점과 알맞을 때에도 뉴스가 된다. 이처럼 내용과 그것을 인쇄하는 시점이 알맞은 것을 적시성이라고 한다. 시간적 요인 중 이러한 두 가지를 구별하기 위해 뉴스를 최근성 뉴스(current news)와 적시성 뉴스(timely news)로 나누기도 한다.

② 사 례

보도 시점을 기준으로 시의성을 측정한다. 사건사고가 발생한 지 일주일 이내면 시의성이 높고, 일주일 안팎이면 보통이며, 그 이전에 발생했다면 시의성이 낮다.

③ 결 과

뉴스는 항상 '새것'이어야 한다. 타이밍을 놓친 뉴스는 더 이상 뉴스가 아니다. '뉴스처럼 썩기 쉬운 상품은 없다'는 격언처럼 뉴스의 1차적인 생명은 시의성이다.

④ 뉴스 편집에서의 중요도: 하

실시간으로 뉴스를 전달하는 온라인이나 모바일이 주류 미디어로 앞서 나가면서 신문에 있어서의 '시의성 가치'는 상대적으로 감소되고 있다. 일본 편집기자들이 공동 연구하여 발표한 '신문정리의 연구'에서는 '신문의 속보성이 전파미디어 때문에 위력을 상실하여 특종의 경우를 제외하고는 별로 의미가 없다'라고 규정지었다. 따라서 이런 이유로 일본에서는 시간적 요소를 뉴스 가치의 기본요소에서 삭제하고 있다.

(7) 부정성(negativity)

① 정 의

언론의 첫 번째 사명이 감시자 역할이라면 부정성은 감시자의 첫 계명과도 같은 것이다. 기자의 '부정적인 시각'은 사회의 병들고 썩은 부분을 파헤치고 고발하고 도려내는 필수조건이 된다. 언론의 날 선 비판 기사는 사회를 변혁시키고 역사를 발전시켜 왔다.

② 사 례

신문에 미담기사만 싣는 것은 매일 달콤한 사탕만 먹는 것과 같을 것이다. 사탕은 금방 싫증을 느끼기 때문에 지속적으로 많이 먹을 수 없는 단점이 있다. 하지만 부정적인 기사는 갓 잡은 횟감과 같아서 늘 싱싱하고 질리지 않는다. 사회면의 대부분은

공직자의 부정부패나 비리, 그리고 성범죄 등을 파헤치거나 고발하는 기사가 주류를 이루고 있다.

③ 결 과

'나쁜 뉴스가 좋은 뉴스다'라는 명제가 성립한다.

④ 뉴스 편집에서의 중요도: 상

유일하게 부정성을 인정받는 곳이 언론일 것이다. 부정의 강도가 세면 셀수록 영향력과 파급력이 크기 때문에 기자들은 더 깊고 넓은 비리의 온상을 잡기 위해 노력한다. 또한 수용자들도 부정적인 기사에는 '장관이 어떻게 그럴 수 있느냐'며 즉각 반응을 보이기 때문에 편집에서도 가치가 높게 평가된다.

(8) 흥미성(interest)

① 정 의

수용자가 뉴스를 읽으면서 개인적인 관여감을 느낀다는 것은 그 뉴스 속에 인간적 흥미를 끌 만한 요소가 있기 때문이다. 인간적 흥미가 있는 뉴스는 수용자와 정서적 접촉을 이루며 수용자의 지적 경험보다는 정서적 경험에 강력히 호소한다. 따라서 이런 기사는 수용자를 무섭게 하거나, 즐겁게 하거나, 흥분케 하거나, 실망하게 한다. 또는 동정심을 갖게도 하고, 성적(性的) 욕구를 갖게 하기도 하며, 슬프게도 하고, 분노케도 한다. 수용자는 이처럼 감정적인 반응을 일으킬 때 잠시 그 뉴스 속의 사건에 대해 외부적인 관찰자가 아닌 그 사건 내용의 적극적인 참여자가 된다.

② 사 례

본드(Bond, 1961)는 흥미성의 요건으로 개인적 관심(selfinterest), 금전(money), 성(sex), 투쟁(struggle), 신기성(unusualness), 영웅 숭배와 명성(hero worship & fame), 서스펜스(suspense), 인정미담(humanity), 다수와의 관련성, 경쟁(contest), 발견과 발명(discovery & invention), 범죄(crime) 등 열두 가지를 나열했다.

③ 결 과

사회 구성원들의 관심이나 흥미를 유발할 만한 사건은 크게 취급되는데, 대개 진정성이나 갈등성과 같은 요소가 있을 때 더 흥미를 느낀다고 볼 수 있다.

④ 뉴스 편집에서의 중요도: 상

수용자들은 직업, 오락, 관심 등이 저마다 다르기 때문에 어떤 사람에게는 개인적 관심(personal appeal)이 있는 기사가 다른 사람에게는 아무런 관심도 불러일으키지 못하는 수가 있다. 그러나 일차적으로 편집기자가 읽었을 때 인간적 흥미를 자극하는 기사가 있다면 일반 수용자들도 흥미를 느낄 가능성이 크다. 편집기자가 흥미성의 기준을 어디에 두느냐에 따라 가치가 달라진다. 결국 인간적 흥미가 강한 뉴스는 가장 많은 수용자층의 주목을 끌게 된다.

2 ᐩ 편집 현장에서의 뉴스 가치 평가

마감(dead line)이라는 시간적 제약과 싸우는 뉴스 편집 현장에서 뉴스 가치 판단 기준은 그야말로 참고사항에 불과하다. 정치·경제·사회·문화 등 수많은 기사에 일일이 판단 기준을 대입해서 가치를 측정할 수 있는 시간적 여유가 없기 때문이다. 앞에 언급된 학자들의 뉴스 판단 기준도 어쩌면 '신문 기사를 분석해 보니 이런 갈래로 가치가 평가됐다'라는 사후 결과일 수도 있다.

뉴스 가치 판단의 기준이 불명확하고 정형화된 공식이 존재하지 않는다는 것은 그만큼 언론사나 편집기자 개개인의 주관성이 개입할 여지가 많다는 것을 의미한다. 따라서 동일한 뉴스에 대한 평가는 언론사마다 다르고 같은 신문이라도 담당 편집기자에 따라 달라진다.

수용자들이 느끼는 뉴스 가치 측정도 마찬가지다. 그들은 편집기자가 일방적으로 전달하는 뉴스 가치 평가에 따라 뉴스 경중을 판단하는 것이 아니라 그들 개개인의 관심사나 경험, 그리고 심리 상태에 따라 다양하게 해석하고 평가한다.

뉴스룸에서 편집기자들이 뉴스 가치를 판단할 때는 앞의 여덟 가지 요소 중 어느한 가지만 적용시키는 것이 아니라 여러 요소들이 상호작용을 하며 복합적으로 작동한다. 흥미성이 인간의 감성적 관심을 자극하는 뉴스 가치의 요소라면 시의성·영향성·저명성·근접성 등은 인간의 이성적인 판단과 관심을 불러일으키는 요소로서 중요성(significance)의 개념에 포함된다. 따라서 편집기자들이 뉴스 가치를 결정하는 요인은 크게 흥미성(얼마나 수용자들의 호기심을 불러일으킬 수 있나?)과 중요성(얼마나 수용자들의 선택과 판단에 도움을 주느냐?)으로 나눌 수 있다.

또한 가장 중요한 요소 중의 하나가 소속 언론사의 정체성 문제다. 어떤 뉴스가 앞의 여덟 가지 요소를 충족시키는 것이라 할지라도 언론사의 논조와 맞지 않으면 축소되거나 삭제되는 경우도 있다. 따라서 뉴스의 가치는 여덟 가지 기준이 평등하게 적용되는 것이 아니라 기사를 둘러싸고 있는 다양한 변수들에 의해 부풀려지기도 하고 축소되기도 하는 것이다.

이렇듯 뉴스 가치 판단의 여덟 가지 기준은 스마트미디어시대 GPS(Global Positioning System)처럼 '나를 알고 상대를 아는(知彼知己)' 내비게이션(navigation) 역할을 한다. '나를 알고 기사를 알면' 기사를 둘러싸고 있는 여러 변수들 사이에서 더 빠르고, 적확하고, 알맞은 가치 판단을 할 수 있다. 지기(知己), 즉 '나를 안다'는 것은 내가 속한 언론사의 정체성을 안다는 것이다. 중앙지냐, 지방지냐, 종합지냐, 특수지냐에 따라 뉴스 가치 판단 기준은 달라진다. 또한 지피(知彼)는 기사를 파악하는 것이다. 기사의 맥락을 정확하게 파악하고 흐름을 알아야 '지피지기'를 할 수 있다.

편집기자가 현장에서 여러 가지 변수까지 고려해서 뉴스 가치를 측정하는 큰 가이드라인은 다음과 같다.

1) '나를 알고 기사를 알면 OK': 지금 뜨는 이슈가 무엇인가?

연도별·시대별로 과거 신문 내용을 분석해 보면 특정 시기를 대표하는 이슈가 존재한다. 1990년대 말 'IMF 경제위기' 시절에는 경제 관련 기사가 압도적으로 많았고 '부동산 거품'이 사회문제화됐을 때에는 치솟는 아파트 가격 추이를 분석하는 경마저널리즘이 기승을 부렸다. 그리고 학교 폭력이 학생들의 잇단 죽음으로 비화됐을 때는 1면부터 주요 면을 학교 폭력과 연관된 기사로 도배했다.

이렇게 어떤 연도나 어느 시기를 특징짓는 이슈가 발생한다는 것은 '뉴스가 박제된 틀이 아니라 살아 숨 쉬는 생명체'이기 때문에 수학 공식처럼 가치 측정의 해법을 제시하지 못함을 증명한다. 또한 화제가 일정하지 않고 변한다는 것은 그 시대적 상황에 따라 대중의 관심과 가치관이 그만큼 변해가고 있다는 것을 시사하는 것이기도 하다.

편집기자는 이슈 메이커(issue maker)임과 동시에 이슈 트래커(issue tracker)이다. 아무리 하찮은 뉴스라도 특정 언론사에서 이 뉴스에 의미를 부여하고, 이슈 메이킹(issue making)을 하고, 지속적으로 후속기사를 내보내면 주요 뉴스로 가치가 급상승한다. 즉, 이슈 메이커 역할을 하는 것이다. 또한 이미 온라인이나 모바일 미디어에서 이슈가 된 기사를 추적하고 심층취재해서 가치를 높이는 경우도 있다. 이렇듯 이슈를 확대 재생산해서 수용자들의 공감을 이끌어내면 뉴스의 가치가 높아진다.

2) '나를 알고 기사를 알면 OK': 내가 소속된 회사가 어디에 있나?

뉴스 밸류의 기준은 언론사가 위치한 지리적 위치와 보급 범위에 따라 다르다. 즉, 그 언론사가 전국지(national paper)냐, 지방지(local paper)냐에 따라 뉴스 밸류를 다루는 기준이 달라진다. 중앙 종합지의 경우 영향성과 갈등성을 강조한다면, 지방지의 경우는 근접성과 저명성을 무기로 수용자들과 소통한다.

중앙지는 전 국민을 상대로 뉴스 가치를 측정하고 의제를 설정하기 때문에 얼마나 많은 사람들에게 얼마나 빨리 영향력을 행사할까에 주안점을 둔다. 그러나 지방지는 지역 간의 근접성, 그 지역의 최대 현안, 또는 일상적인 과제 등을 주요 의제로 삼는다. 지역이 좁을수록 수용자들은 자기가 알고 있는 인물이나 사물에 관심이 많다. 수용자들은 지면에서 자기들이 알고 있는 단체장 등을 찾고 친밀감을 느낀다. 따라서 지방지에서는 이름, 즉 저명성을 강조한다. 중앙 종합지도 유명인이나 공인을 내세워 주의를 끌지만 지방지의 경우는 커뮤니티 범위가 좁아서 그 지역민의 사소한 동정이나 사건사고까지 관심의 대상이 된다.

3) '나를 알고 기사를 알면 OK': 내가 소속된 회사의 정체성은 무엇인가?

신문은 일차적으로 수용자의 지적 수준이나 소득 수준, 그리고 이념에 따라 뉴스 가치 판단 기준을 달리한다. 이차적으로는 종합지·경제지·스포츠지 등 신문의 정체성에 따라서도 전혀 다른 잣대가 작동한다. 더 세분화하면 '보수신문이냐, 진보신문이냐?'가 결정적인 뉴스 가치 측정의 기준이 될 수도 있다.

크게 신문의 종류를 종합지와 대중지로 구분하면, 종합지는 이성적 차원의 관심을 충족시키는 기획성 경성기사(hard news)에, 대중지는 감성적 차원의 관심에 호응하는 엔터테인먼트 연성기사(soft news)에 보다 큰 비중을 둔다. 따라서 이것을 뉴스 가치의 관점에서 보면 종합지는 영향성을 기본 척도로 삼고 있으며 대중지는 인간적 흥미에 기반을 두고 있다.

각종 선거 등 이데올로기가 개입되는 의제에 대해서는 신문의 정체성에 따라 극명하게 가치 판단 기준이 갈린다. 우리나라에서는 신문이 공개적으로 특정 정당의 특정 후보를 지지하지 못하지만 행간을 통해 색깔을 분명하게 드러낸다. 흔히 조선일보·

중앙일보 · 동아일보로 대별되는 보수신문과 한겨레 · 경향신문으로 대별되는 진보신문의 논조가 확연히 다르다. 취재기자가 기사를 쓸 때부터 프레임이 정해지지만 편집기자들도 회사의 사시에 따라 뉴스 크기를 결정하고 헤드라인이나 제목도 사시에 맞게 뽑게 된다. 이렇게 목표 수용자(target audience)의 눈높이에 맞춰 가치 판단을 함으로써 그들의 충성도를 높이기도 한다.

하지만 편집기자가 이렇게 다양한 뉴스 가치 판단 기준을 적용해서 페이지네이션을 구성한다고 해서 반드시 수용자들의 관심을 끈다는 보장은 없다. 뉴스 중요도에 대한 공급자(편집기자)와 수용자의 인식에 차이가 있기 때문이다.

미국에서 조사된 '편집기자와 수용자의 톱(top)기사 비교 연구'(1995~1999년)를 보면 편집기자가 측정한 뉴스 가치와 수용자들이 판단하는 뉴스 가치가 일치하는 경우는 48%에 불과했다. 즉, 뉴스에 대한 수용자의 관심과 실제 보도 사이에는 상관관계가 없는 것으로 나타났다. 이 연구는 '미국 편집기자들은 수용자들이 원하는 것을 주지 않는다'라고 결론을 내렸다.[8]

3 뉴스 편집의 '지피지기' 전략

편집기자는 뉴스 가치 측정 후 어떻게 파편화된 콘텐츠를 '때로는 이성적으로, 때로는 직관적으로' 수용자들에게 전달해야 하는가? 뉴스 가치 측정이 콘텐츠의 옥석을 가리는 1차 작업이라면 뉴스 편집은 질 좋은 재료로 상품성 높은 제품을 만드는 2차 가공 작업이라고 할 수 있다. 과거에는 수용자들에게 일방적으로 뉴스를 전달만 해줘도 충분히 언론으로서의 역할과 사명을 다했던 시절이 있었다. 그러나 이제는 미디어도 발달하고 수용자도 바뀌었다. 언론의 일방통행은 더 이상 통하지 않는다. 수용자는 참여와 공유를 통해 미디어의 핵심 권력으로 등장하고, 미디어는 어느새 온라인 시대를 지나 시간과 장소의 경계를 허물고 실시간 소통하는 모바일 커뮤니케이션 시대로 접어든 것이다.

이러한 모바일 미디어의 특징은 이동성과 휴대성, 그리고 지능성이라고 할 수 있다. '이동성'과 '휴대성'은 신문만이 가진 특징이었으나 스마트폰 등 모바일 미디어가 이러한 기능을 대체하고 있다. 그렇다면 디지털미디어시대 신문은 무엇으로 살아야 하며 뉴스 편집의 가치는 무엇일까?

1) 수용자의, 수용자를 위한 편집이란?

이러한 다매체 다채널시대 신문이 살아남기 위해서는 편집기자의 마인드와 태도 변화가 선결조건이 된다. '수용자의, 수용자에 의한, 수용자를 위한' 수용자 중심으로 편집 방향을 바꿔야 하며 수용자들이 정보를 소비하는 미디어 변화도 꿰뚫어야 한다. 신문사 차원에서도 뉴스 편집의 '지피지기(知彼知己)' 전략을 만들어야 한다. 과거에는 나(신문사)만 알면 되었으나 이제는 내 상품을 소비하는 수용자도 알아야 하고 정선된 콘텐츠를 전달하는 채널의 특성도 파악해야 하기 때문이다. 생존을 위한 뉴스 편집의 '지피지기' 체크리스트를 간추려 보면 다음과 같다.

(1) 미디어의 트렌드 변화를 꿰뚫고 있는가?

① 지금 수용자들이 이용하는 주류 미디어는 무엇인가?
② 미디어의 파워시프트(power shift) 요인은 무엇인가?
③ 이러한 미디어의 변화는 신문에 무엇을 의미하는가?
④ 미래의 미디어 시장의 모습은 어떠한가?
⑤ 신문의 대응전략은 무엇인가?

(2) 우리 신문의 수용자는 누구인가?

① 우리 신문의 목표 수용자(target audience)는 누구인가?
② 다매체 다채널시대 수용자의 가치 기준은 무엇인가?
③ 수용자들이 우리 신문에 요구하는 원츠(wants)와 니즈(needs)는 무엇인가?
④ 지금까지 수용자들의 우리 신문에 대한 불만은 무엇인가?

(3) 뉴스 편집의 강점은 무엇인가?

① 우리 뉴스 편집의 핵심 가치는 무엇인가?
② 경쟁신문과의 차별적 요소는 무엇인가?
③ 수용자에게 포지셔닝(positioning)할 수 있는 어필 포인트(appeal point)는 무엇인가?

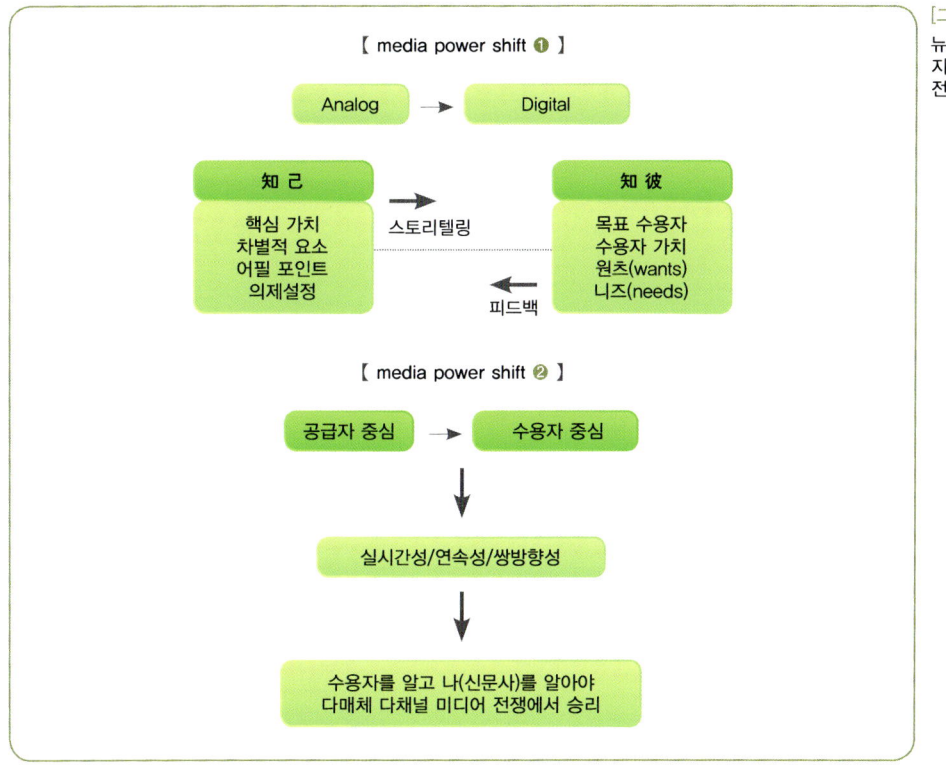

[그림 1]
뉴스 편집의
지피지기(知彼知己)
전략

2) 뉴스 편집의 위기와 기회

　뉴스 편집의 '지피지기' 전략을 위해서는 신문사 내부 요인과 외부 요인을 알아야 적절하게 대응할 수 있다. 즉, 뉴스 편집의 기회와 위협, 그리고 강점과 약점을 입체적으로 조명해야 한다는 것이다. 다매체 다채널시대 신문의 SWOT(Strength, Weakness, Opportunity, Threat) 분석은 다음과 같다([그림 2]).

　스마트미디어시대 뉴스 편집은 강점보다 약점이 더 많아지고 있다. 가장 큰 약점은 신문매체의 한계인 '일회성'이다. 스마트미디어를 통해 하루 24시간 뉴스가 생산되고 소비되는데 하루 한 번 발행하는 신문으로서는 수용자의 정보욕구를 채워줄 수 없다. 이러한 시간과 공간의 제약은 편집기자로 하여금 뉴스를 고르고 선택하게 한다. 그런데 선택과 집중 과정을 거치면서 뉴스(정보)가 훼손될 위험성이 있다. 일방적으로 어떤 의제를 수용자에게 강요하거나 뉴스 밸류 측정이라는 이름으로 가치를 부풀리거나 축소시킬 수 있기 때문이다. 또한 이 과정에서 가장 기본적인 뉴스의 팩트를 놓치거나 왜곡시키기도 한다.

[그림 2]
스마트미디어시대
뉴스 편집의
SWOT 분석

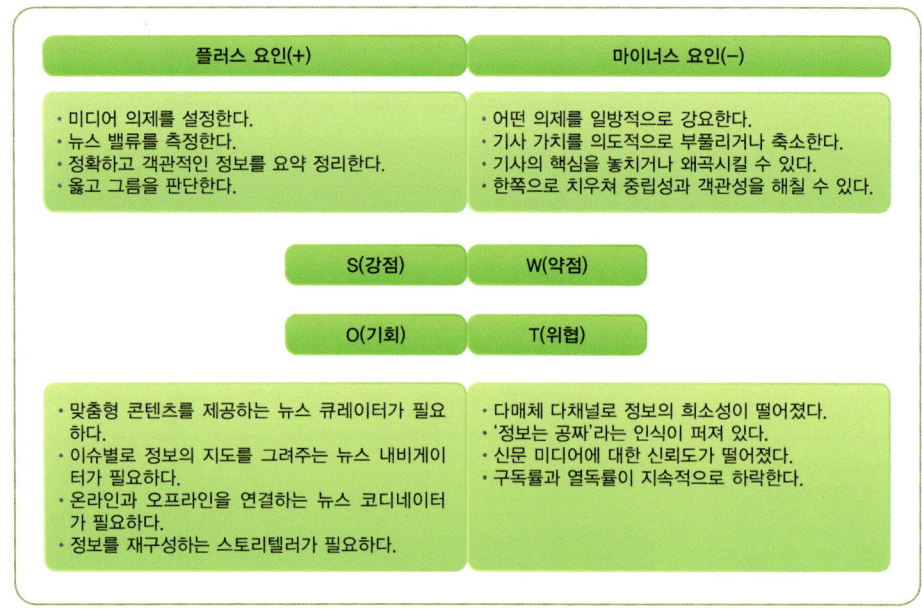

[그림 2]
스마트미디어시대
뉴스 편집의
SWOT 분석

하지만 이러한 약점은 신문 매체의 장점에 의해 희석될 수 있다. 뉴스 편집은 정보의 홍수시대에 무엇이 중요하고, 무엇이 옳고 그른지를 판단해 주는 '뉴스판관' 역할을 한다. 미디어 의제를 만들어 여론으로 확산시키고 수용자가 꼭 알아야 하는 이슈에 대해 해설하고 의미를 부여한다. 또한 게이트키핑(gate keeping) 등 뉴스 편집의 전통적인 기능을 통해 정선되고 오류가 적은 정보를 서비스하게 되는 것이다.

외부 여건이 주는 위협 요소로는 다매체 다채널로 정보의 희소성이 떨어지고 실시간으로 무료 콘텐츠가 유통되고 소비된다는 것이다. 열독률이 지속적으로 하락하고 신문의 '최후 보루'라 할 수 있는 신뢰성마저 흔들리고 있다.

SNS를 통한 1인 미디어시대의 위협 요소만큼 기회도 엿보인다. 수많은 정보를 추려주고, 구별해주고, 정보의 지도를 그려주는 뉴스 큐레이터(curator)가 필요하다. 정보는 많지만 무엇이 유용하며, 어떤 것이 나에게 필요한지 수용자들은 잘 모를 수 있다. 뉴스 전문가인 편집기자들이 수용자 맞춤형 콘텐츠를 만들고 기사를 요약하고, 정리하고, 정보에 의미를 부여해주어야 한다. 이제 편집기자는 기사가 출고되면 그때부터 일을 하는 취재부서의 '종속변수'가 아니라 맞춤형 콘텐츠를 만드는 뉴스 큐레이터(curator), 정보의 안내자 역할을 해주는 뉴스 내비게이터(navigator), 온라인과 오프라인을 조율하는 뉴스 코디네이터(coordinator), 그리고 헤드라인 쇼퍼(headline shopper)를 위한 스토리텔러(storyteller)가 되어야 한다.

　　스마트미디어의 발달은 분명 편집기자에게 위기이고 위협요소임에는 틀림없지만 강점과 기회를 살린다면 뉴스 에디터(editor)의 역할은 더욱 증대될 것이다.

	old	new
편집 기자	▶ 취재부서의 종속변수 • 종이신문에만 국한 • 기사가 출고된 다음부터 업무 시작 • 권한과 역할이 제한적	▶ 스토리텔링의 독립변수 • 뉴스 큐레이터(curator) • 뉴스 내비게이터(navigator) • 뉴스 코디네이터(coordinator) • 스토리텔러(storyteller) ※ 온-오프라인을 넘나들며 권한과 역할의 확장

[표 3]
스마트미디어시대
편집기자의 역할

Memo

Chapter 3

멀티미디어와
콘텐츠 큐레이션

Contents

1 큐레이션과 게이트키핑의 세계

스마트폰을 24시간 손에 들고, 주머니에 넣고, 머리맡에 놓고 생활하는 현대인들은 이미 뉴스 중독자들이다. 우리는 24시간 내내 쏟아지는 정보에 치여 비명을 지르면서도 순간순간 모바일 인터넷에 접속하지 않으면 왠지 불안하고, 다른 사람들에게 뒤쳐진 것 같고, 정보 낙오자가 된 것 같아 습관처럼 스마트폰에 접속한다. 이러한 현상은 정보의 소비 단계를 지나 정보의 중독 단계에 이른 현대인의 미디어 소비 행태를 극단적으로 보여주고 있는 사례이다.

올드미디어 시절에는 뉴스에 끝이 있었다. 지상파 메인 9시뉴스는 세상을 보는 창이었고, 수용자들이 꼭 알아야 하는 뉴스만을 골라서 먹기 좋게 제공하는 뉴스 요리사였고, 하루 뉴스의 완결판이었다. '밤 9시' 시보와 함께 한 시간 정도 '뉴스 식탁'에 앉아 다양한 뉴스 메뉴를 소비하고 나면 그날 뉴스는 그것으로 끝이었다. 다음 날 새벽이나 돼야 집 앞으로 배달된 조간신문을 통해 또 다른 형태의 새로운 뉴스를 접할 수 있었다. 하지만 온라인 미디어를 거쳐 모바일이 대세가 된 요즘은 뉴스의 처음과 끝이 없어졌고 수용자들도 24시간 언제, 어디서나 장소와 시간의 구애를 받지 않고 끊임없이 새로운 뉴스를 소비할 수 있게 됐다. 올드미디어 시절에는 뉴스를 제공하는 언론기관에서 물리적인 제약 조건 때문에 뉴스의 공급과 소비를 제어하고 조절했지만, 스마트미디어시대인 요즘은 수용자 스스로 뉴스의 소비량, 그리고 뉴스 소비의 처음과 끝을 정해야 한다. 이제 뉴스는 "여러분 감사합니다. 오늘 뉴스를 마치겠습니다"라는 클로징멘트(closing ment)를 더 이상 하지 않는다. 그 대신 "우리 회사 뉴스룸은 24시간 잠들

지 않습니다. 깨어 있는 자만이 최신 정보를 소비할 수 있습니다"라고 수용자들을 압박한다.[10]

더 나아가 거대 언론사가 제공하는 콘텐츠뿐만 아니라 소셜미디어를 통해 실시간 생산되고 유통되는 콘텐츠도 수용자의 피로도를 높이고 있다.

이렇게 정보가 넘쳐나는 정보 과잉 시대, 우리는 무엇을 해야 할까? 뉴스는 끝나는 법이 없고, 뉴스의 양은 통제 불능 상태에 이르렀고, 뉴스 매체도 1인 미디어 형태로 급증하고 있다. 누군가는 뉴스의 홍수 속에서 필터링을 해주어야 한다.[11]

사람들은 웹이라는 미로에 빠져 헤매고, 허우적거리며, 시간을 낭비하고 있다. 정작 자신에게 유용한 콘텐츠가 뭔지도 모르고, 정보의 진위도 파악하지 못한 채 거대한 정보의 파도에 휩쓸려 정보에 종속되어 가고 있다. 우리는 대형도서관에 가도 처음에는 거대한 책 더미에 질려 '어디서부터 어떻게 내가 원하는 책을 찾을 수 있을까' 방황하게 된다. 하지만 조금만 눈여겨보면 일정한 분류 법칙에 의해 책이 잘 정리되어 있어 헤매지 않고 원하는 책을 뽑을 수 있다. 도서관과 웹의 차이가 바로 여기에 있다. 도서관은 사서들이 책을 장르별로, 그리고 저자 순으로 분류해놓기 때문에 이용자인 우리가 도서관에 가서는 다른 책에 한눈팔 필요도 없고 헤맬 필요도 없다. 즉, 도서관 사서의 필터링 덕분에 우리는 관심 없는 99%의 책을 무시할 수 있게 된다.

그래서 수용자들은 웹에서도 도서관 사서처럼 누군가가 자신의 정체성에 맞게 정보를 걸러주고 자료를 재구성해주기를 바라게 되었다. 정보의 잡음(noise)을 제거해서 오직 나만을 위한 최적화된 콘텐츠를 서비스해주길 바라게 된 것이다.

이렇게 미디어전문가가 수많은 콘텐츠를 필터링해서 가치를 찾는 일을 큐레이션이라고 한다. 이러한 기능은 미디어에 따라 조금씩 용어에 차이가 있는데 신문과 방송에서는 게이트키핑과 편집이라는 이름으로 이미 오래전부터 이루어지고 있으며, 포털에서도 에디터가 큐레이션을 하고 있다. 앞의 3가지 개념은 형식과 내용, 그리고 범위만 조금 다를 뿐이지 사람이 콘텐츠의 가치를 평가해서 취사선택한다는 근본적인 개념은 같다고 할 수 있다.

1) 스마트미디어시대의 새로운 가치: 큐레이션(curation)

큐레이션이라는 생소한 단어가 미디어 업계에서 주목을 받고 있다. 이전에 우리가

알고 있던 큐레이션은 직업으로서의 큐레이터 역할이 전부였다. 그런데 스티븐 로젠바움(Steven Rosenbaum)이 『큐레이션: 정보 과잉 시대의 돌파구』라는 책을 출간하면서 박물관과 미술관의 박제된 개념에서 스마트미디어의 살아 숨 쉬는 열린 의미와 개념으로 영역을 확장하기 시작했다. 이 큐레이션은 얼핏 생각하면 무척 난해하고 생소한 개념 같은데 조금만 자세히 들여다보면 가장 보편적이고 일반적인 우리의 일상과 맞닿아 있다. 우리의 순간순간 판단과 선택의 전 과정이 큐레이션이라고 할 수 있기 때문이다. 즉, 멀티미디어를 통해 쏟아져 들어오는 수많은 정보 중에서 무엇이 정확한가를 판단하고, 그중에서 나에게 도움이 되는 정보를 선택하고, 그 선택한 정보에 따라 행동을 하기 때문이다. 이러한 우리의 일상적인 판단과 선택의 과정은 좁은 의미의 큐레이션 행위라고 할 수 있다.

또한 올드미디어 업계에서도 용어만 다를 뿐이지 이미 동일한 개념의 큐레이션 작업을 하고 있다. 대표적인 것이 신문사의 편집기자 역할이다. 편집기자는 취재기자들이 생산한 콘텐츠와 외부 통신사에서 송고한 콘텐츠, 그리고 인터넷에 널려 있는 수많은 관련 기사 중에서 지면이라는 한정된 공간에 들어갈 단 몇 꼭지의 콘텐츠만 취사선택한다. 이러한 기능을 우리는 '편집'이라고 불렀고 이러한 역할을 하는 사람을 편집기자라고 불렀다. 편집기자들은 뉴스 전문가로서 콘텐츠의 가치를 측정하고, 뉴스를 등급화하고, 정보를 배열하는 역할을 하고 있다.

그런데 요즘 스마트미디어 업계에서 주목받는 큐레이터도 올드미디어의 편집기자 역할과 일맥상통한다. 둘 다 로젠바움이 정의내린 것처럼 '콘텐츠를 걸러주는 인간 필터 역할'을 하기 때문이다. 큐레이션하는 콘텐츠의 양이 '많고 적음'에는 차이가 있겠지만 기본적인 역할은 동일하다. 따라서 디지털 큐레이션이란 인터넷과 모바일 등 인터넷으로 연결된 상황(internet connected)에서 생산되고 유통되는 엄청난 빅데이터(big data)를 잘 취합하고 정리해서 수용자들에게 서비스하는 역할이라고 해석하면 된다. 좀 더 쉽게 말하자면 인터넷에 떠돌아다니는 수많은 정보들을 거르고(filtering), 고르고(gatekeeping), 공시(publish)해서 수용자들이 정보의 늪에 빠져 허우적거리지 않고 손쉽게 정보를 소비하게 하는 것이다.

인터넷 공간은 분명 정보 과잉이다. 콘텐츠가 워낙 많다 보니 수용자들이 일일이 다 열어볼 수 없고, 무엇이 옳고 그른지 판단할 수도 없는 상황에 이르렀다. 이렇다 보니 수용자들은 누군가가 자신들의 입맛에 맞게 정보를 걸러주길 바라게 되었다.

그런데 여기서 중요한 문제가 발생하는데 그것은 '정보를 거르는 역할'이다. 누구나

[표 1]
큐레이션 개념

누 가	인간 필터(filter)	・신뢰할 수 있는 전문가 개입 ・정보의 홍수가 빚어내는 잡음 제거	큐레이터가 자신만의 기준(지식과 경험)으로 선별한 콘텐츠
무엇을	다양한 콘텐츠(빅데이터)	오프라인, 온라인, 모바일 미디어를 통해 실시간 생산	
어떻게①	수용자 목적에 맞게		
어떻게②	가치 있게 재구성해서 배포	수용자 맞춤형 콘텐츠 서비스	

[표 2]
콘텐츠 큐레이션 과정

정보를 소비할 수 있지만 아무나 정보를 거를 수는 없다. 왜냐하면 '거른다'는 의미에는 일정한 기준과 방법에 따라 가치를 측정한다는 게이트키핑 개념이 내재되어 있기 때문이다. 저널리즘 행위로서의 게이트키핑은 뉴스 전문가의 영역이고, 박물관이나 미술관의 큐레이션도 고도로 훈련받은 예술 전문가의 역할이다. 따라서 정보 과잉 시대, 스마트미디어의 큐레이션도 미디어 전문가의 영역이다. 이렇게 큐레이션은 누구나 할 수 없는 미디어 전문가의 영역이고 역할이기 때문에 큐레이터라는 새로운 기능이 주목을 받고 각광받는 게 아닌가 싶다.

스마트미디어 큐레이션이 각광을 받으면서 이런 큐레이션 서비스를 해주는 사이트나 애플리케이션도 점점 인기를 끌고 있다. 최근 이미지 공유 애플리케이션인 핀터레스트(pinterest)가 이런 큐레이션 개념을 잘 구현하고 있다. 페이스북 페이지도 어떻게 보면 이런 디지털 큐레이션 서비스 역할을 해주고 있다고 볼 수 있다. 앞으로 다양한 형식과 내용으로 큐레이션을 해주는 서비스들은 계속 늘어날 것이다.

[표 3]
핀터레스트와 다른 SNS의 차이

구 분	핵심요약	초 점	인맥 관리	대표 서비스
핀터레스트 pinterest	관심 아이템 저장고	이미지 중심	관심사가 같은 사람	핀(pin)
페이스북 facebook	온라인 자기 표현	텍스트, 사진, 동영상을 함께 사용	오프라인에서 친분 있는 사람 중심	좋아요
트위터 twitter	140자 이내의 자기 주장	텍스트 중심	대중	리트윗
인스타그램 instagram	개인 사진첩	사진 중심	자기 사진을 좋아하는 사람들	사진 필터
텀블러 tumblr	젊은 층을 위한 모바일 블로그	텍스트, 사진, 동영상을 함께 사용	연령대와 관심사가 비슷한 사람들이 또래 문화 공유	리블로그

출처: 조선일보 Weekly BIZ(2014.07.05-06)

(1) 왜 큐레이션이 대세인가?

뉴스 편집 현장에서 편집기자들은 용어만 다를 뿐이지 이미 큐레이션을 하고 있다.

아니 더 직설적으로 말하면 '편집기자는 큐레이터다'라고 정의 내릴 수 있다. 전통적으로 편집기자들은 수많은 기사 중에서 지면에 실릴 기사를 분류하고, 뉴스밸류를 측정하고, 지식과 경험에서 우러나는 아우라(aura)를 지면에 부여하는 작업을 해왔다. 기사와 수용자를 소통하게 하는 헤드라인 작업과 가독성을 높여주는 레이아웃 작업을 통해 기사를 등급화하고 의제를 설정한 것이다. 평범한 기사 한 꼭지에 의미를 부여해서 이슈로 확산시키듯 편집기자는 기사에 맥락(context)과 의미, 그리고 경험을 녹여 수용자와 의미화 작용을 하고 있다. 이렇게 편집기자에 의해 큐레이션된 기사와 그렇지 않은 기사는 수용자와의 의미화 작용에서 커다란 차이를 불러일으킨다. 수용자들이 '믿을 수 있다'와 '의심이 간다'는 이분법적 상황에 직면하게 되는 것이다. 전문가에 의해 정제된 콘텐츠는 수용자가 큰 고민 없이 믿고 소비할 수 있지만 그렇지 않은 콘텐츠는 사실과 진실을 확인하는 번거로운 절차를 거치게 된다.

따라서 수많은 콘텐츠가 실시간 쏟아지고 누구나 1인 저널리즘을 구현하는 소셜미디어시대에 큐레이터 역할은 제품을 산더미처럼 쌓아놓고 헐값에 판매하는 떨이 매장의 호객꾼이 아니라 엄선한 상품을 최적의 소비자에게 연결해주고 판매하는 브랜드 매장의 숙련된 코디네이터와 같다.

과거에는 공급자와 소비자 간 의미화 작용을 매개하는 직업 명칭이 분야마다 달랐다. 신문을 편집하는 사람은 편집기자였고, 홈쇼핑 채널에서 판매할 상품을 고르고 업체를 선정하는 사람은 머천다이저(merchandiser: MD)였다. 또 수많은 상점들이 줄지어 늘어선 지하상가에서 경쟁 매장보다 돋보이게 하기 위해 품목을 정하고 상품을 진열하는 사람은 상점 주인이었다.

이들은 독자나 시청자, 그리고 지나가는 고객의 관심을 끌기 위해 최선의 아이템을 선택하고 배치 또는 배열하여 그들만의 특화된 스토리텔링을 한다는 점에서는 모두가 같은 일을 했다. 그리고 박물관이나 미술관에서 전시할 역사적 유물이나 작가의 작품을 선정하는 직업도 있었는데 우리는 전통적으로 그들을 큐레이터라고 불렀다.

① 미디어의 발달과 큐레이션

큐레이션이라는 용어는 미디어가 발달함에 따라 그 의미가 넓어지고 쓰임새가 많아지고 있다. 본래 큐레이션은 박물관이나 미술관 등의 소장 작품의 컬렉션(collection) 목록 관리, 해석 및 전시, 전파 활동 등을 통칭하는 말로 사용되었으나 요즘에는 어디에나 통용되는 말로 변화하고 있다.

큐레이터는 한때 드라마에나 등장하는 희귀하고 진귀한 직업이었다. 극중 큐레이터는 재벌가 며느리나 부유층 자녀들이 대부분이었다. 그들은 미국이나 프랑스 유학을 다녀온 지성과 미모를 겸비한 재원으로서 아주 우아하고, 교양 있고, 고급스러운 이미지를 뽐냈다. 일반 시청자들의 삶과는 거리가 먼 특별한 사람들의 특별한 직업이었다.

하지만 스마트미디어시대의 큐레이터는 '뉴스 큐레이션', '제품 큐레이션', '지식 큐레이션' 등과 같이 확장된 의미들과 '원조 논쟁'을 벌이고 있다. 수준 높은 전문가의 영역이고 고품질이라는 큐레이션의 기본 정신은 동일하지만 적용하는 범위가 박물관과 미술관이라는 한정된 공간을 벗어나 우리 일상 어느 곳에나 적용할 수 있게 된 것이다.

그리고 더 중요한 것은 고품질의 개념이 과거에는 일방적으로 공급자에 의해 결정되었다면 다매체 다채널시대에는 수용자에 의해 판단되고 선택된다. 즉, 다양한 플랫폼을 통해 정보가 넘쳐나는 빅데이터시대의 큐레이터는 미술이라는 특화되고 한정된 역할과 영역을 넘어 '정보의 수집과 분류, 선별, 공시 등의 주체'라는 좀 더 광범위한 의미로 사용되고 있는 것이다.

앞에서 언급했던 것처럼 미디어에서 정보를 수집해서, 가치를 매기고, 의미를 부여해 수용자들이 소비하기 쉽게 서비스하는 큐레이션 과정은 전혀 새로운 개념이 아니다. 이미 신문, TV, 라디오, 잡지 등 기존의 매스미디어들은 세상의 정보를 모아 언론사의 사시나 이데올로기에 따라 의제를 설정하고, 그 의제를 통해 여론을 형성해 왔다. 또한 포털사이트가 제공하는 방식도 클릭 수, 댓글 수, 스크랩 수 등 다양한 수용자의 의미화 작업을 거쳐 큐레이션되고 있다.

② 정보의 늪으로부터 탈출

그렇다면 왜 갑자기 '큐레이션'이라는 생경한 개념이 미술계가 아닌 미디어업계에서 핵심 트렌드로 주목받고, 대세로 굳어지고 있는 것일까?

첫째는 수용자의 정보 욕구 증가와 다매체 다채널을 통한 정보량의 급증 때문이다. 인류는 호기심과 궁금증을 해소하기 위해 끊임없이 지식을 생산하고, 실시간 소통하고, 정보를 공유하고자 했다. 그러나 올드미디어시대에는 수용자의 정보 욕구를 충족

시키고 궁금증을 해소시킬 만큼 정보의 양과 질이 담보되지 않았다. 정보의 생산과 유통이 시간과 공간의 제약을 받았기 때문에 한정된 '정보 제공자'인 매스미디어에 의존할 수밖에 없었다.

그러나 24시간 연결(always connected)된 스마트미디어시대가 도래하면서 수용자의 정보 욕구를 충족시켜주는 다양한 미디어가 생겨났다. 올드미디어시대에는 거대 미디어가 제공하는 콘텐츠를 일방적으로 수용했다면 인터넷미디어시대에는 수용자가 정보 생산과 소비의 주체가 되어 양을 폭발적으로 증가시키고 품질도 높여가고 있다. 인터넷미디어시대의 대표 플랫폼은 '포털'이었다. 네이버·다음 등 국내 포털은 검색이라는 막강한 기능을 통해 정보의 유통과 공유를 한 차원 발전시켰다. 2009년 이후 모바일미디어로 급속하게 무게중심이 옮겨가면서 진정한 의미의 정보 과잉 시대를 맞게된다. '포털'이 온라인(online) 중심이라서 정보를 생산하고 공유하는 데 장소의 제약을 받았다면, 소셜네트워크서비스(SNS)는 언제, 어디서나 콘텐츠를 생산하고 공유할 수 있기 때문에 정보의 생산량은 통제 불능 상태에 이르게 된다. 수용자들은 정보의 늪에 빠져 판단과 선택이라는 과제를 떠안게 되었다.

수용자들은 나에게 최적화된 정보를 찾고자 포털의 검색창에 키워드를 입력하고 엔터키를 눌러보지만 무한정 이어지는 유사정보에 압도되어 포기하게 된다. 이로 인해 수용자들은 처치 곤란한 무작위 정보가 아니라 '나만을 위한 정보'를 좀 더 쉽고 빠르게 찾는 방법을 모색하게 되었다.

그 결과 데이터 마이닝(data mining: 대규모 데이터에서 가치 있는 정보를 추출하는 것) 서비스가 구현되기 시작했다.

마이닝 서비스 상용화로 수용자들은 주체하기 힘들 정도로 쏟아지는 정보를 단순히 '최신순'으로 무작정 나열하는 것이 아니라 검색 결과들의 연관성이나 중요도를 파악해 가치를 등급화하기도 하고 또 내용상 연결된 정보들을 주제별로 제공받을 수 있게 됐다. 알고리즘 측면에서 봤을 때 검색과 마이닝 서비스는 수용자들이 원하는 결과를 '솔루션을 통해 필터링하고 분석'해서 좀 더 정확하게 제공하려는 노력의 산물이었다. 이런 기술적 관점에서의 접근은 소셜미디어를 만나게 되면서 소셜큐레이션이라는 이름으로 한 단계 업그레이드된다.[12]

1인 저널리즘시대를 연 소셜미디어 공간은 누구나 정보를 생산할 수 있으며, SNS를 통해 생산되고 공유되는 정보는 기존의 매스미디어를 보완하고 대체할 만큼 중요성이 커지고 있다. 또한 소셜미디어의 속성상 특정 개인이나 회사가 게이트키핑을 하고, 가치를 매기고, 분류할 수 없을 정도로 콘텐츠 생산량이 폭증하고 있다. 그 결과 사실이나 진실이 담보되지 않은 거짓 정보들이 '현장 목소리'라는 이름으로 범람하고 순식간에 잘못된 여론이 형성되는 악순환을 겪고 있다. 특히 이러한 정보들은 '옳고 그름'이라는 이성적 판단보다 '좋고 싫음'이라는 감정에 호소함으로써 부정적 여론을 확산시키고 있다. 따라서 걸러지지 않은 콘텐츠를 누군가가 필터링하고 '옳고 그름'을 구별해줄 필요성이 제기되었는데 이것이 소셜큐레이션이다.

[표 4]
소셜
큐레이션

콘텐츠 생산	· SNS(twitter/facebook/kakaotalk 등) 1인 미디어 활성화 · 실시간 콘텐츠 폭증 · '옳고 그름' 등을 판단하기 어려운 스팸 콘텐츠 범람

↓ 지인-유명인 등 친구를 맺은 사람들의 소극적 추천

콘텐츠 공유	· 수용자가 원하는 콘텐츠를 원하는 시간에 소비하고 싶은 욕구 증대 · 콘텐츠의 진정성과 신뢰성 추구

↓ 전문가(집단)의 인간 필터링(filtering)

콘텐츠 큐레이션	· 수용자에게 이익을 주는 맞춤형 콘텐츠 · 개별 콘텐츠가 상호 연관을 맺어 새로운 가치 창출

스마트미디어시대, 1인 저널리즘은 더욱 확산되고 말초적 감성에 호소하는 스팸 정보는 24시간 연결된 소셜네트워크를 통해 쉼 없이 생산되고, 공유되고, 전파되고 있다. 시간과 장소를 가리지 않고 울리는 SNS의 메시지 수신 알람은 수용자의 이성을 마비시키고 기계적으로 댓글을 달게 하거나 '좋아요' 버튼을 눌러 감정 표현을 강요한다. 왜냐하면 SNS는 품앗이 속성이 있어 내가 그의 메시지에 댓글을 달거나 '좋아요' 버튼을 눌러야만 내 메시지에 상대방이 반응하기 때문이다. 상대방의 메시지나 동영상 등에 전적으로 공감해서 반응한다기보다는 'SNS 왕따'를 피하기 위한 수동적 반응일 수도 있다.

이렇다 보니 수용자들은 정보의 '옳고 그름'을 판단할 시간적 여유는 줄어들고 정보에 대한 피로는 증가하고 있다. 무심코 누른 '좋아요'가 풀뿌리 여론이라는 이름으로 과대 포장될 위험도 상존하고 있다.

(2) 큐레이션의 중요성

스마트미디어시대, 너무 많은 정보에 질리고 귀찮아진 수용자들은 누군가가 자기를 대신해서 정보를 필터링해주기를 원하게 되었다. 누군가가 정보의 진위를 가려주고, 내가 좋아하는 콘텐츠를 장르별로 모아주고, 이슈에 대해 객관적인 해석을 달아

주면 좋겠다는 생각을 갖게 된 것이다.

　또한 콘텐츠의 양이 수용자 스스로 처리할 수 있는 한계 용량을 초과하고 통제 불능에 이르게 되자 수용자들은 점점 내가 관심 있는 콘텐츠를 스스로 평가하고 선택할지, 아니면 전문가의 도움을 받을지 결정을 못하게 됐다.

　소셜미디어의 특징은 친구 등 잘 아는 사람들의 메시지 추천과 공유 기능이다. 따라서 지인이 추천한 콘텐츠는 상대적으로 더 믿을 수 있고 정확도도 높다고 인식되었다. 그러나 이런 '긍정적 요인'은 수용자 스스로 소셜미디어의 콘텐츠 양을 통제할 수 있었을 때의 상황이다. 콘텐츠를 제대로 읽지도 않고 의무적으로 누른 '좋아요'와 진위 판단 없이 '공유'해준 파일이 모두 내게 유용하다고 할 수 없다. 나 또한 기계적으로 댓글을 달고 다른 친구에게 퍼 나르면 잘못된 정보는 꼬리에 꼬리를 물며 확산된다.

　이러한 무한 콘텐츠에 대한 피로도 증가로 수용자들은 '인간 필터링', 즉 신뢰할 수 있는 전문가의 큐레이션을 갈망하게 되었다. 앞으로 진정한 소셜큐레이션은 단순히 정보를 잘 정리하고 분류하는 데 그치지 않고 그 자체로도 하나의 독립된 미디어 역할을 해야 한다. 즉, 수많은 정보 속에서 정보의 가치를 판단한 후 연관 있는 정보끼리 서로 묶고, 해체하고, 분석해서 새로운 가치를 만드는 일을 해야 한다는 것이다. 어쩌면 새롭게 부상하는 미디어 권력은 콘텐츠 생산자나 유통자가 아니라 널려 있는 기존 콘텐츠 중에서 가치를 측정하고, 진위를 파악하고, 장르를 구분해서 연관 있는 정보끼리 네트워킹을 만들어주는 큐레이터가 될 수도 있다.

　큐레이션의 형식과 규모는 미디어와 함께 진화하고 발전하지만 큐레이션의 가장 중요한 두 가지 원칙은 변하지 않고 있다. 첫째, 큐레이션은 인간이 수집하고 구성하는 대상에 질적인 판단을 추가해서 가치를 더하는 일이라는 것과 둘째, 큐레이션은 전문가의 영역으로 아마추어와는 근본적으로 다르다는 것이다. 즉, 아마추어나 어설픈 프로슈머(prosumer: producer와 consumer의 합성어로 생산자인 동시에 소비자를 의미)의 등장이 큐레이터에게 위협이 되지 않는다는 의미다.[13]

　결과적으로 큐레이션은 소셜미디어를 통해 막강한 파워를 만드는 '대중의 지혜(The wisdom of crowds)'와는 분명 차이가 있다. 인터넷 대중이 반드시 지혜로운 것은 아닐 수 있고 그들은 이익에 따라 정보를 왜곡하고 변형할 수 있기 때문이다. 따라서 큐레이터는 미디어 전문가로서 가치 있는 정보를 발굴 → 수집 → 분석 → 공시 → 상품화해서 수용자가 원하는 시점에, 원하는 내용을 일관성 있게, 가장 최적화된 미디어 형태로 서비스해야 한다.

2) 올드미디어시대의 전통적 가치: 게이트키핑(gatekeeping)

'모든 사건사고가 모두 뉴스가 되지는 않는다.'

공간과 시간의 제약을 받는 신문과 방송은 실시간으로 쏟아지는 수많은 콘텐츠 중에서 가장 경제적이고 효율적으로 미디어의 영향력을 극대화할 수 있는 '최선의 기사'를 선택하려 노력한다. 개별 언론사들은 언론사 특성에 맞는 콘텐츠 가치 기준을 마련하고, 그 가치 기준에 따라 기사와 사진의 의미화 작업을 한다. 어떤 콘텐츠를 활자와 영상으로 뉴스화하기 위해서는 여러 관문(gate)을 거치게 된다. 각각의 관문에는 여러 평가 요인이 작용하는데, 이 변인에 따라 어떤 콘텐츠는 확대 재생산되고, 어떤 콘텐츠는 차단되며, 어떤 콘텐츠는 내용과 형식이 변형되기도 한다. 이렇게 각각의 관문에서 뉴스가치를 적용해서 콘텐츠를 취사선택하는 행위를 게이트키핑(gatekeeping)이라고 하고, 그 역할을 담당하는 사람을 게이트키퍼(gatekeeper)라고 정의한다.

게이트키핑의 핵심 과제는 수많은 사건사고 중 특정한 것을 선택해서, 그것을 어떻게 미디어 의제로 만들어, 얼마나 크게 사회적 반향을 불러일으키느냐의 문제이다. 게이트키핑은 특정 콘텐츠를 수용자에게 어떻게 의미화할 것인가를 정하는 언론사 내부의 의사결정 과정인 것이다.

좀 더 단순하게 말하면 게이트키핑은 자사 기자들이 취재한 콘텐츠와 전 세계 통신사들로부터 전송받는 수천 건의 기사와 사진이 지면과 전파라는 플랫폼을 통해 일정한 시간에, 특정 수용자에게 전달될 수 있도록 그것들을 취사선택하고 변형하는 과정으로 정의된다. 게이트키핑 과정은 콘텐츠가 매스미디어로 전달되든 아니면 SNS 등 1인 미디어를 통해 전달되든 간에 콘텐츠의 선택, 취급, 그리고 통제의 모든 측면을 포함하고 있다는 의미이다.

게이트키핑이란 용어는 미국의 사회학자 쿠르트 레빈(Kurt Lewin)이 처음 사용한 것으로 알려졌다. 레빈은 미국 주부들의 식품구매행위에 관한 사회심리학적 연구인 'Psychological Ecology'에서 채널이론(channel theory)을 설명하기 위해 게이트키퍼 개념을 제시하였다. 그에 따르면 식품은 생산과 유통, 그리고 구매 단계를 거쳐 식탁에 오르는데, 각각의 단계(과정)에는 관문(gate)이 있고, 그 관문에는 'Yes와 No'를 결정하는 수문장(gatekeeper)이 있으며, 그 수문장에 의해 선택된 식품만이 마지막 단계에서 요리로 만들어진다는 것이다. 이러한 식품의 취사선택은 가정에서 통제권을 많이 쥔 사람의 주도 아래 수행된다고 보았다.[14]

　　이렇게 식품 유통 과정을 설명하기 위해 도입된 게이트키핑 개념은 수많은 통신사 콘텐츠 중에서 신문보도용으로 적절한 기사와 사진을 선별하는 과정을 구조화하기 위해 동원되었으며, 언론학 연구 개념으로도 편입되었다. 현재 언론의 구조와 역할을 설명하는 데 있어 게이트키핑은 핵심 개념으로 받아들여지고 있다.[15]

　　레빈이 게이트키핑 개념을 정립한 후, 이를 실증적 저널리즘 연구에 접목한 학자는 화이트(David Manning White)였다. 화이트는 미국 중서부 도시에 있는 조간신문 편집기자를 수문장(Mr. Gate)으로 선정하고 수많은 콘텐츠 중 특정 콘텐츠가 어떤 게이트키핑 과정을 거쳐 지면에 실리는지 연구했다. 그 결과 게이트키퍼가 콘텐츠를 취사선택할 때, 자신의 경험이나 태도 등 매우 주관적인 가치판단이 작용한다는 것을 발견했다.

　　그 후 언론이 다양화되면서 게이트키퍼의 개념이 개인에서 언론사 조직으로 확대되었다. 개인으로서의 게이트키퍼 속성은 그가 속해 있는 조직의 이념이나 이데올로기에 의해 형성되고 강화되기 때문에 개인보다 조직을 연구할 필요가 생긴 것이다.

　　게이트키핑 개념을 개인에서 조직으로 확대 적용한 대표적 학자는 워렌 브리드(Warren Breed)였다. 브리드는 신문사에서 기자들이 어떠한 사회화 과정을 통해 주어진 역할을 수행하는지 연구하였다. 그 결과 게이트키퍼는 독립적인 존재로서, 독자적인 판단 기준을 통해 뉴스가치를 측정하는 것이 아니라 그가 속해 있는 언론사의 사시(社是)나 이데올로기, 그리고 발행인 편집 방향 등 사회관계 속에서 규격화된 기준을 강화한다는 것을 발견하게 되었다. 따라서 그는 게이트키핑 이론을 게이트키퍼 개인이 아니라 언론사 조직의 구조화된 틀 속에서 접근했다.*

　　이러한 전통적인 게이트키핑 구조는 언론사와 수용자의 관계가 지극히 일방향적이다. 게이트키퍼가 다양한 관문을 거쳐 완성시킨 미디어의제를 독자나 시청자들에게 일방적으로 제공함으로써 '공급자 중심'이라는 한계를 지닐 수밖에 없었다. 그 결과 특정 언론사의 정치적 목적이나 입장에 따라 어떤 사건사고의 사실이 왜곡되고 진실이 은폐되는 부작용을 낳기도 했다.

　　그러나 미디어의 주류 플랫폼이 신문과 방송에서 인터넷으로 '권력이동'하면서 게이트키핑 과정도, 게이트키퍼 역할도 변화하고 있다. 신문과 방송이 공간과 시간의 제약이라는 태생적 한계 때문에 수용자에게 전달되는 콘텐츠의 양이 제한적일 수밖에 없었다면 인터넷은 누구든지, 언제든지, 어디서나, 무한정으로 콘텐츠를 생산하고 유통할 수 있는 열린 공간이기 때문에 콘텐츠의 대량생산과 대량소비가 가능하게 되었

* 게이트키핑 연구의 발전 단계를 요약정리하면 다음과 같다. 게이트키핑에 관한 초기 연구는 매스미디어 조직 내부에서 편집기자가 지면에 게재할 뉴스 아이템을 선택하는 과정에 영향을 끼치는 요소에 초점을 맞췄으나, 점차 뉴스 현장에서 기사를 생산하는 취재기자들로 연구 범위가 넓어졌다. 그리고 어느 한 사회조직 안에서 모든 사람이 다른 사람을 위한 잠재적인 게이트키퍼로 행동한다는 의미에서 게이트키핑의 개념은 더욱 확대되었다. 특히 도노휴와 티치너, 올리엔(Donohue, Tichenor, & Olien)은 게이트키핑을 메시지 부호화의 모든 측면, 즉 정보가 발신자로부터 수신자에게 전달되는 과정에서 나타나는 정보의 선택, 보류, 전달, 메시지 형성, 전시, 반복, 시의성을 포함하는 광범위한 정보 통제과정이라고 정의했다(한정일, 2011의 재구성).

다. 기존의 매스미디어에서는 게이트키퍼가 콘텐츠의 생산과 유통 과정에서 정보통제자 역할을 했다면 쌍방향적이고 개방적인 인터넷에서는 정보의 안내자 역할이 더 적합하게 되었다.

인터넷 공간에서는 콘텐츠의 주권이 공급자에서 수용자에게로 넘어갔다. 그들은 더 이상 수동적인 정보 수용자가 아니라 적극적인 정보 이용자로서 콘텐츠의 생산과 유통에 관여한다. 인터넷 뉴스 유통 구조에서는 개별 언론사나 기자의 게이트키핑은 줄어들고 수용자의 통제력은 강화되고 있다. 인터넷의 상호작용성과 하이퍼텍스트성은 공급자와 수용자의 경계를 파괴함으로써 그들이 공동으로 콘텐츠를 생산하고, 분배하고, 소비하는 구조를 만들었기 때문이다.

인터넷 미디어의 영향력은 개별 언론사에서 공급해준 콘텐츠 파워와 수용자의 참여가 어우러져 완성된다. 인터넷 수용자는 생산하는 소비자로서 새로운 뉴스를 만들고 여론을 형성하는 데 적극적으로 관여한다. 즉, 전문가인 언론인 집단에 의해 이루어지는 매스미디어 게이트키핑과는 달리 인터넷 게이트키핑은 성별도, 나이도, 직업도 모르는 각계각층 이용자들이 뉴스를 만들고, 어떤 뉴스에 적극적으로 의견을 개진해서 여론을 형성하고, 일정한 방향으로 이슈를 이끌어 가기도 한다.

그렇다면 게이트키핑은 개인이나 조직에 의해 아무런 기준도 없이 무작위로 이루어지는 것일까? 그렇지 않다. 게이트키핑은 언론사의 수많은 경험과 오랜 세월 쌓인 관행의 결정체로서 허술해 보이지만 정교하고, 복잡해 보이지만 명확한 몇 가지 기준에 의해 유기적으로 연결되어 있다. 슈메이커(Shoemaker, 1991)는 게이트키핑 연구를 개인, 커뮤니케이션 관행, 사회와 제도, 사회체계 등 5가지 분석차원으로 나눠 이론화했다.[16]

(1) 개인 차원의 게이트키핑

언론사에 갓 입사한 신입기자는 자신의 조직이 만들어내는 콘텐츠를 읽고, 보고, 분석하면서 그 조직이 원하는 사회 규범과 조직 규범을 자연스럽게 배우고 익히게 된다. 또한 이 과정에서 진보와 보수 등 특정한 이념과 이데올로기로 규격화된 언론사 문화는 신입기자들의 가치관마저 변화시켜 조직의 충성스러운 대변자로 길들인다.

게이트키퍼 개인에 관한 연구는 게이트키핑 연구의 최소 단위이며 가장 중요한 부분이다. 게이트키핑 작업은 게이트키퍼 개인의 순간적인 판단에 의해 이루어지는 경우가 대부분이기 때문이다. 따라서 언론사 기자들은 입사를 하게 되면 선배들로부터

기사작성법 외에 소속 언론사의 정체성이나 이데올로기, 그리고 논조 등을 배우게 된다. 이러한 수습 과정은 1차 게이트키퍼로서 조직의 구성원이 조직 전체의 정체성을 체득하고 이식받는 중요한 시기이다. 이때 수많은 사건사고를 취재하고, 쏟아지는 콘텐츠를 편집할 때 무엇이 뉴스가 되고, 무엇을 돋보이게 키우고, 무엇을 축소할 것인가를 판단하는 기준이 자연스럽게 형성된다.

하지만 아무리 수습과정을 통해 소속 언론사의 이데올로기를 체득했다고 할지라도 게이트키퍼 개인이 가지고 있는 근본적인 성향은 쉽게 변하지 않고 고칠 수도 없다. 여기서 게이트키퍼 개인의 성향이라는 것은 태어나면서부터 형성된 사고모델, 주관, 가치, 성격, 사회 속에서의 역할 등을 지칭하는 것으로 개인의 가치판단과 행동양식에 결정적인 영향을 미치는 요소들이다. 따라서 언론사 게이트키퍼로서의 개인은 조직의 정체성에 영향을 받겠지만 뉴스의 가치를 측정하고 게이트키핑할 때 개인의 주관적인 경험과 태도 등도 중요하게 작용한다.

(2) 커뮤니케이션 관행 차원의 게이트키핑

게이트키핑은 기본적으로 개인이 하는 일이지만 언론사 조직 안에서 게이트키핑을 할 때는 게이트키핑의 흐름을 규제하고 제약하는 규칙이나 물리적 한계가 존재한다. 이러한 일련의 규칙이나 물리적 한계를 '커뮤니케이션 관행'이라고 부른다. 이 관행은 게이트키퍼인 기자들이 그들의 업무를 수행하기 위해 사용하는 유형화, 관행화, 그리고 반복된 습관들이라고 할 수 있다.[17] 커뮤니케이션 관행 차원에서 가장 많이 게이트키핑에 영향을 미치는 요인은 마감시간과 지면의 제약 등이다. 게이트키퍼가 데드라인(deadline)이라는 급박한 시간에, 한정된 지면에 실을 최선의 콘텐츠를 고르고, 그 기사와 사진에 제목을 달아 지면을 편집하는 것은 고도의 전략적 행위이다. 그 전략적인 행위를 하기 위해서는 훈련과 숙련 과정이 필요한데, 신문사에서는 이런 역할을 편집기자들이 하고 있다.

커뮤니케이션 관행 차원의 연구는 게이트키퍼 개인의 특성보다는 게이트키퍼 개인이 속한 외적 상황에 의해서 게이트키핑이 더 크게 영향을 받을 수 있다고 보았다. 즉, 편집 시간이 넉넉하고 지면을 많이 확보한 날에는 신문에 게재될 수 있는 콘텐츠들도 편집기자가 마감시간에 쫓기다 보면 뉴스가치 측정을 잘못해 빠뜨릴 수도 있고, 제한된 지면 때문에 부득이하게 포기할 수도 있다는 것이다. 실제 편집현장에서 이러한 아픈 경험은 매일매일 되풀이되고 있다.

(3) 사회-제도 차원의 게이트키핑

게이트키핑 과정에서 게이트키퍼 개인이나 그 자신이 속한 조직, 그리고 그를 둘러싼 관행에 의해 게이트키핑의 질적이고 양적인 차이가 발생하는 것이 아니라 그 조직이 직간접적으로 관계를 맺고 있는 상대 조직에 의해 영향을 받는다는 이론이 사회-제도차원의 게이트키핑 연구이다. '직간접'이란 언론사나 기자와 관계를 맺고 있는 출입처 등 취재 대상과 광고주를 의미한다. 대부분 보도 활동은 언론사와 취재 대상 사이에 다양한 관계를 맺고 있는데 그 대표적인 것이 이해관계와 영향관계, 그리고 역학관계이다. 이러한 관계에 의해 게이트키퍼는 뉴스가치를 측정하고 콘텐츠를 취사선택할 때 외부 압력을 받게 된다. 결과적으로 콘텐츠의 본질적 가치보다는 '관계'라는 변수에 의해서 게이트키핑 과정에서 어떤 콘텐츠는 휴지통으로 버려지기도 하고 어떤 콘텐츠는 본래의 가치보다 부풀려져 과대포장 되기도 한다.

슈메이커(Shoemaker)는 이렇게 게이트키핑 과정에 영향력을 행사하는 조직이나 집단을 크게 정부 소스(source), 광고주, 이해집단, 권력, PR, 경쟁 매체 등으로 구분했다. 먼저 정부 소스는 기자들이 모든 사건사고 등을 직접 취재하지 못하는 점에 주목한 것이다. 이런 경우 기자들은 정부의 공식 발표에 의존하는 경우가 많은데 정부에서 나온 뉴스는 상대적으로 공신력이 높고 전체 국민생활에 미치는 영향력이 크기 때문에 게이트키핑 과정에서 중요하게 취급되는 것이다. 광고주나 이해집단의 압력은 특정 언론사에 광고나 협찬을 통해 이루어진다. 일부 기업들은 이러한 금전적 후원을 통해 언론사 콘텐츠를 통제하기도 한다. 광고나 협찬을 미끼로 자기 기업에 불리한 기사를 축소시키거나 아예 뺄 것을 요구하는 것이다. 언론사들은 돈과 언론의 사명 사이에서 고민하고 갈등하지만 수익이라는 현실적인 가치 앞에서는 언론의 자존심을 구기고 있다. 또한 권력과의 관계는 언론의 영원한 숙제이다. 정부권력은 언론을 통제하고 탄압할 수 있는 가장 강력한 힘을 가졌기 때문에 게이트키핑 과정에서 중요한 외생 변수로 작동한다. 마지막으로 경쟁 매체와의 관계는 누가 더 강력한 미디어의제를 설정해서 사회 전반에 걸쳐 미디어 영향력을 행사하느냐의 문제다. 실제로 경쟁 매체의 의제설정은 게이트키핑 과정에서 차별화라는 이름으로 중요하게 작용된다.

(4) 사회 체계 차원의 게이트키핑

언론사 조직과 언론사에 몸담고 있는 게이트키퍼는 모두 한 사회 체계의 구성원이

다. 따라서 사회 체계의 가치는 게이트키핑 과정에서 무엇보다 우선적으로, 그리고 일방적으로 적용되기도 한다. 즉, 게이트키핑이 게이트키퍼가 살고 있는 국가와 사회의 보편적인 이데올로기, 문화, 사회적 관심, 기득권층의 목적 등에 영향을 받는다는 것이다. 뉴스 가치를 판단하는 기준도 게이트키퍼가 속해 있는 사회와 사회 조직과의 밀접한 관계 속에서 이루어진다. 대표적인 예로 뉴스의 가치판단 기준에서 중요하게 작용하는 '근접성'은 게이트키퍼와 사건사고가 발생한 지점 사이의 거리가 멀고 가까움에 따라 경중이 가려진다. 심지어는 테러의 진실마저도 종교적 신념이나 이데올로기 등에 따라 왜곡되고 변질되기도 한다. 2001년 미국에서 발생한 9·11사태가 대표적인 예이다. 이 사건을 서방 언론에서는 '테러'로 프레이밍했지만 이슬람 극단주의 언론은 지하드(Jihad, 聖戰)로 규정하고 있다.

2 '검색 권력' 포털의 큐레이션

포털(portal)이란 어떤 사람이 특정한 장소에 들어갈 때 반드시 거쳐야만 하는 '관문'을 의미한다. 인터넷에서의 포털은 이용자가 컴퓨터를 부팅한 후 인터넷에 접속하면 가장 먼저 거치게 되는 사이트다. '인터넷 포털'은 1998년 미국에서 처음 정리한 개념인데 우리나라에도 비슷한 시기에 닷컴 열풍이 불면서 도입되었다. 포털은 '검색'이라는 가장 강력한 무기를 기본으로 탑재하면서 이용자들을 종속화하기 시작했다. 포털의 검색기능은 '요람에서 무덤까지'인간이 궁금해하고 알아야만 하는 모든 것들을 키워드 검색 하나로 충족시켜 주었다. 인류문화에서 가장 혁신적인 지식 혁명을 불러온 것이 인터넷의 검색 기능이었다. 더 이상 수십 권짜리 백과사전을 비싼 돈 주고 살 필요가 없게 되었고, 굳이 머리를 싸매고 상식공부를 할 필요도 없게 되었다. 필요할 때마다 검색어를 쳐 넣고 엔터키만 누르면 세상의 모든 정보가 쏟아지기 때문이다.

또한 포털은 무한대의 유통 장터에 진열된 모든 제품들을 무료로 서비스함으로써 이용자들의 충성심을 극대화한다. 그 대표적인 것이 뉴스 제공이다. 과거 올드미디어 시절의 뉴스는 비용을 지불해야만 살 수 있는 차별화된 유가 상품이었다. 하지만 인터넷 포털시대의 뉴스는 이용자를 호객하고 유인하는 미끼 상품으로 전락하게 되었다. 포털의 초기 화면에 뉴스 코너를 배치함으로써 수용자의 발길을 잡아두는 역할을 하게 된 것이다. 수용자 입장에서는 거의 모든 언론사에서 생산한 콘텐츠를, 그것도 무료로 실시간 소비할 수 있게 됨으로써 포털의 무한매력에 빠져들게 된다. 그뿐만 아니라 이메일과 인터넷쇼핑, 그리고 TV 시청까지 모든 것을 한 장소에서 논스톱으로 해결할 수 있게 됨으로써 정보의 생산과 소비가 '포털의, 포털에 의한, 포털을 위한' 형태로 급속하게 변화되었다. 이렇게 포털 사이트가 인터넷 백화점 역할을 하게 됨으로써 단순한 관문의 의미가 아니라 '토털(total) 사이트'로서 개념이 확장되고 역할이 확대되고 있다.

그렇다면 우리나라 인터넷 포털시대는 언제 본격적으로 개막되었을까? 대체적으로 네이버가 통합검색 서비스를 시작하는 2000년으로 보고 있다. 1995년 12월 최초의 검색엔진 '코시크'가 생긴 이후, 1996년에는 최초의 상업적 검색엔진 '심마니'가 첫선을 보였고, 1998년에는 검색과 뉴스 서비스 중심의 '야후 코리아'가 오픈했고, 1998년에는 '네이버'가 출생신고를 했다. 그 후 2000년에 네이버가 통합검색 서비스를 시작하면서 인터넷 포털시대가 열린 것이다. 그러나 서비스 초기에는 콘텐츠의 양과 질적인 측면에서 크게 주목받지 못했다. 뉴스 장터는 열렸지만 그 장터에 진열할 콘텐츠도 별로 없었고, 장터에 오는 이용자들도 적었기 때문이다. 그러던 것이 2001년 미국에서 9·11사태가 발생하자 포털 뉴스의 존재 가치가 증명되기 시작했다. 실시간으로 뉴스속보를 소비하려는 수용자들의 욕구와 전 세계 언론들이 쏟아내는 콘텐츠가 필요충분조건을 만들어내면서 포털사이트로 뉴스의 무게중심이 이동하기 시작했다. 또한 포털사이트의 뉴스 서비스가 비약적으로 발전하게 된 계기는 2002년 한·일월드컵이었다. 월드컵 승패에 관련된 기사와 이미지 소비는 대한민국 태극전사들이 골을 넣고 승리하면 할수록 폭발적으로 증가하였다. 그리고 다양한 게시판에 승리의 기쁨과 패배의 아쉬움을 업로드함으로써 포털 전성시대에 성큼 다가섰다.

그 후 포털 뉴스 서비스는 춘추전국시대를 맞는다. 네이버·다음·네이트·파란·야후·엠파스 등 국내외 업체들이 새로운 뉴스 플랫폼인 포털을 선점하기 위해 무한경쟁을 펼쳤다. 하지만 2010년 들어 포털사이트는 국내 업체인 네이버·다음·네이트와 미국 업체인 구글로 압축된다. 미국에서 온 야후는 2012년 12월 31일자로 한국에서 철수하고, 엠파스는 네이트에 흡수 통합되고, 야심차게 출범했던 파란은 퍼스트 무버(first mover)인 네이버와 다음의 아성을 극복하지 못하고 역사 속으로 사라지게 되었다. 이후 대한민국 포털 사이트 시장은 승자독식으로 흐르게 되는데 곧 '네이버의, 네이버에 의한, 네이버를 위한 네이버 세상'이 열리게 된 것이다. 네이버는 대한민국 뉴스 등 모든 콘텐츠의 유통 플랫폼을 장악함으로써 수용자들을 '네이버 추종자'로

만들었다. '요람에서 무덤까지' 모든 것을 네이버에 묻고, 상의하고, 네이버가 지시하는 대로 행하게 된 것이다.

　뉴스미디어도 마찬가지다. 과거 올드미디어 시절에는 개별 언론사마다 의제설정이나 편집 등을 통해 매체의 정체성을 차별화하고 수용자의 충성도를 높였으나, 네이버에 뉴스 유통권력을 넘겨준 뒤의 개별 언론사는 단순한 뉴스공급자로 입지나 위상이 급격히 추락하게 되었다.

　인터넷에서 발생하는 트래픽의 70% 이상을 독과점하고 있는 네이버는 '수용자 친화적'이라는 가장 강력한 동력으로 대한민국 여론을 좌지우지하고 있다.

　네이버 뉴스 플랫폼에는 하루 평균 400여 개의 신문사 · 통신사 · 방송사 · 인터넷 신문사가 생산하는 3만여 건의 콘텐츠가 쏟아져 들어오고 있다. 이렇게 공급되는 다량의 콘텐츠들은 대부분 두세 번의 큐레이션 과정을 거쳐 네이버 주요뉴스로 선정되게 된다. 기본적으로 3만여 건의 콘텐츠를 일일이 네이버 뉴스 에디터들이 읽고 구분할 수 없다. 따라서 1차는 기계적인 알고리즘에 의해 신뢰도 높은 언론사가 제공하는 콘텐츠를 거르고, 그 다음에는 네이버 에디터들이 정치 · 경제 · 사회 · 스포츠 · 연예 등 각 뉴스 섹션에 들어갈 기사를 큐레이팅한다. 웬만큼 주요 뉴스에 대한 가치 측정이 끝나면 2차 게이트키핑이 이루어지는데 이때 데스크급 에디터들이 각 섹션의 주요 뉴스에 편집할 콘텐츠를 고르게 된다.

　네이버는 끊임없이 '우리는 언론사가 아니라 단순한 유통업자에 불과하다*'며 여론 형성과 의제설정 기능을 부정하지만 '네이버 뉴스'라는 이름으로 정치 · 경제 · 사회 · 문화 · 스포츠 · 연예 등 섹션을 구분한 것 자체가 이미 에디팅 기능, 즉 큐레이션을 한다고 볼 수 있다. 네이버 뉴스의 각 섹션 페이지에는 다섯 꼭지 정도를 주요 뉴스로 강조하는데 이것은 신문이나 방송에서 편집기자들이 뉴스밸류를 측정하는 큐레이션과 같은 행위이다. 즉, 수많은 콘텐츠 중에서 중요하다고 생각되는 콘텐츠를 선별해서 가장 주목도 높은 자리에 배치하고 제목 포인트를 키워 의미화하는 것이다. 네이버는 언론사 역할과 큐레이팅 기능을 부정하고 있지만 '네이버 뉴스'를 통해 콘텐츠를 분류하고, 등급화하고, 유통시키는 한 자연스럽게 대한민국 중심 언론이라는 영광과 비난을 동시에 받을 것이다. 또한 수용자들이 네이버에서 가장 많이 뉴스를 소비하는 이상 서비스 차원에서라도 뉴스 큐레이팅은 기본적이고 일상적인 업무가 될 수밖에 없다.

* 포털은 신문법상 인터넷뉴스서비스사업자로 규정. 포털은 법적으로 미디어이다.

1) 포털 뉴스의 매체 특성

인터넷 뉴스 플랫폼의 진화는 3단계로 구분할 수 있는데, 신문과 방송 등 오프라인 콘텐츠의 유통망 역할을 하는 '1단계 인터넷 미디어', 독자적으로 콘텐츠를 생산하고 유통하는 '2단계 인터넷 미디어', 그리고 텍스트, 사진, 동영상, 음성 등 모든 미디어를 구현할 수 있는 웹(web)의 특징을 확장한 '3단계 인터넷 미디어'이다.[18] 우리나라 포털 사이트는 현존하는 모든 미디어를 한 곳에서 구동하고 구현할 수 있는 인터넷 플랫폼의 장점을 극대화시켜 온-오프라인을 아우르고 통합하는 종합미디어로 자리매김하고 있다.

포털 뉴스 서비스에 대해서 학자들은 다양한 견해를 밝히고 있는데 몇 가지 예를 들면 다음과 같다.

- '포털 뉴스는 거대한 허브. 마치 공항처럼 이용자가 다양한 뉴스 제공자와 만나기 위해 한 곳에 모인다는 의미이다.'[19]
- '뉴스 제공자와 이용자를 재매개(remediation)해주는 형태로 연결하는 독특한 커뮤니케이션 구조를 지니고 있는 것이 포털 뉴스다.'[20]
- '포털 뉴스의 등장은 참여 뉴스의 영역이 확장되는 계기가 되었다.'[21]

뉴스미디어로서 포털의 가장 큰 특징은 이용자 집중성과 재매개성이다. 포털의 뉴스 서비스는 인터넷에서 뉴스 편집과 공시, 그리고 이용 관행을 획기적으로 변화시켰는데 이는 뉴스와 이용자를 한 곳에 집중시키는 인터넷 관문 기능, 즉 포털 사이트 고유의 강점이 작용한 결과이다. 또한 여기에 포털 뉴스 서비스에 대한 편리한 접근성, 다양한 매체의 다양한 콘텐츠를 실시간으로 제공하는 속보성 등이 뒷받침되어 포털은 더 이상 게이트웨이(gate way) 기능이 아니라 인터넷 허브 미디어로 작용하고 있다. 그리고 포털 뉴스 서비스는 다른 언론사에서 생산된 콘텐츠를 제공받아 다시 이를 수용자에게 제공하는 재매개성을 띠게 되는데 이는 1차적으로 게이트키핑 내지 큐레이션된 것을 다시 큐레이션 하는 결과를 가져온다. 이러한 콘텐츠의 재매개는 포털이 단순한 콘텐츠 유통 플랫폼이 아니라 메가 미디어(mega media)로서 미디어 의제를 설정하고 프레임 작용을 통해 여론형성에 막대한 영향력을 행사할 수 있다는 가정을 증명하고 있다.

포털이 메가 미디어로서 힘을 가지게 된 결정적 이유 중 하나는 뉴스 콘텐츠의 주

권이 공급자에서 수용자에게로 넘어간 것이다. 올드 미디어는 일방적으로 콘텐츠를 수용자에게 전달하면 끝이었지만 포털에서는 수용자가 콘텐츠의 생산과 유통에 관여하며, 심지어는 직접 콘텐츠를 만들어내기까지 한다. 이런 것을 상호작용성이라고 하는데 인터넷 수용자는 댓글이나 게시판 같은 피드백 창구를 통해 끊임없이 자기 목소리를 내고 있다. 이러한 작은 목소리가 모여 거대한 함성이 되고, 급기야는 여론으로 확산된다. 상호작용성은 수용자에게 매체 충성심과 소속감을 갖게 할 뿐 아니라 그 자체로서도 고유한 미디어 역할을 하게 한다. 특히 SNS를 통해 이동 중에도 1대1 또는 1대 다수로 실시간 커뮤니케이션이 가능해짐에 따라 상호작용성은 온라인이라는 장소의 제약을 뛰어넘어 언제, 어디서나 1인 미디어로 작용하고 있다.

포털 뉴스 서비스가 지니는 특징을 성동규(2006)는 다음과 같이 정리했다.

첫째, 포털 뉴스는 멀티미디어적 형태를 띤다. 즉, 텍스트에 한정되지 않고 다양한 이미지와 음향, 동영상 등의 통합적인 형태로 뉴스가 제공된다는 것이다. 이로써 신문과 방송이 텍스트·음향·동영상 등 몇 가지 고정된 플랫폼을 통해 그 플랫폼에 최적화된 콘텐츠만을 제공했다면, 포털 뉴스는 콘텐츠의 형태가 다양화되어 뉴스의 표현 양식도 변하게 되었다.

둘째, 포털 뉴스는 지면과 시간의 제약으로부터 자유롭다. 종이 신문의 경우에는 지면의 제한 때문에 뉴스의 주제와 양이 한정적일 수밖에 없었다. 하지만 포털은 하이퍼텍스트 혹은 하이퍼미디어라는 기술적 특성으로 인해 무제한적인 연결이 가능하게 되었다. 따라서 포털에서는 뉴스의 양과 길이가 증가하고 뉴스의 심층성과 다양성이 보장될 수 있다.

셋째, 포털 뉴스에서는 원활한 상호작용이 가능하다. 즉, 뉴스 생산 과정과 전달 과정에서 기자와 수용자 간에, 또는 미디어와 수용자 간에, 그리고 수용자와 수용자 간에 쌍방향적인 의사소통이 이루어지게 된 것이다. 특히 포털은 인터넷 게시판, 댓글, 인터넷 여론조사 등 상호작용이 가능한 뉴스 관련 부가서비스를 제공함으로써 수용자들이 뉴스 생산 및 소비에 직접 참여할 수 있는 가능성을 증대시켰다.

넷째, 포털 뉴스는 뛰어난 속보성을 지닌다. 종이 신문은 하루에 두세 번 기사 마감 시간이 존재하고 신문이 인쇄된 이후에는 배포와 배달을 위해 일정 시간을 할애해야 하지만 포털은 매 순간 새롭게 생산된 뉴스를 업데이트하거나 수정할 수도 있고, 실시간으로 전달할 수도 있다.

다섯째. 포털 뉴스는 뉴스 전달의 공간적 거리를 확장하고, 뉴스 이용의 시간적 제약을 극복할 수 있게 한다. 예를 들면, 물리적 국경을 뛰어넘어 다른 나라 인터넷 사이트를 통해 그 나라 뉴스를 소비할 수도 있다. 시간적으로도 동시성과 비동시성을 모두 구현하기 때문에 과거의 뉴스라도 언제든지 키워드 검색 하나만으로 해당 뉴스를 찾아 읽을 수가 있다.

여섯째. 포털 뉴스 플랫폼은 콘텐츠의 진입과 콘텐츠의 내용과 소재가 상대적으로 자유롭다. 전파의 희소성에 의해 한정되어 있는 지상파 방송이나 많은 자본이 요구되는 케이블 및 위성방송, 그리고 종이 신문과 달리 누구나 일정 요건만 갖추면 포털 뉴스 플랫폼에 콘텐츠를 업로드할 수 있다. 이러한 진입장벽의 완화는 뉴스를 생산해서 제공하는 인터넷 미디어의 다양성으로 이어질 수 있으며, 콘텐츠 생산 주체의 다양성은 뉴스 내용 및 소재의 다양성으로 연결될 수 있다.

2) 포털 뉴스의 큐레이션

인터넷 포털에서 행해지는 큐레이션의 절차와 방법은 신문 같은 올드미디어와는 형식과 내용이 조금 다르다. 이것은 매체 간 커뮤니케이션 구조가 다르기 때문이다. 종이신문에서는 취재기자의 1차 큐레이션과 편집기자의 2차 큐레이션, 그리고 데스크의 3차 큐레이션으로 계층적 구조를 형성하고 있다. 취재기자는 아이템을 선정하고 이슈메이킹을 할 때 개인적인 큐레이션 기준이 작동하고 취재 데스크들과 커뮤니케이션을 하며 뉴스 가치가 확대되기도 하고 축소되기도 한다. 편집기자는 출고된 콘텐츠 중에서 한정된 지면에 들어갈 기사와 사진을 큐레이션하고, 레이아웃을 할 때 어떤 콘텐츠를 톱으로 올리고 무엇을 1단으로 작게 취급할 것인가를 판단한다. 지면을 제작하면서 편집 데스크와 뉴스 가치를 조율하고 강판하기 전에는 편집국장 등 최종 게이트키퍼의 허락을 받는다. 신문사의 뉴스룸은 학습되고 관습화된 시스템에 의해 체계적이고 자연스럽게 큐레이션이 이루어진다. 이렇게 올드미디어 뉴스룸의 큐레이션이 어떤 아이템에 대한 충분한 이해와 해독, 그리고 게이트키퍼의 경험과 직관이 개입하며 신뢰성 높고 완성도 높은 콘텐츠로 발전시켜 나간다면 포털의 큐레이션 과정은 쏟아지는 콘텐츠를 취사선택해서 공시하는 개념이 더 강하다.

그럼에도 불구하고 포털 미디어는 신문과 방송의 치명적 약점인 공간과 시간의 한계를 극복하고 실시간으로 무제한 큐레이션할 수 있는 장점이 있다. 포털 미디어는 지

면과 방송 시간의 제약을 받지 않으므로 특정 사건의 발생에서부터 결말까지 전 과정을 통시적으로 보도할 수 있다. 즉, 의제 설정부터 의제의 성숙, 그리고 여론 형성까지 어떤 사건사고에 대한 완결된 리포트를 보여줄 수 있다는 것이다. 또한 이러한 장점은 뉴스 아이템을 연성화시키고 있는데 올드미디어가 사회적으로 영향력 있는 뉴스메이커에 포커스를 맞췄다면 포털 뉴스는 개인의 소소한 경험이나 이웃의 이야기를 무제한으로 업로드하는 것은 물론 수용자 중심의 여론 형성도 가능케 하고 있다.

신문이나 방송이 정치와 경제 관련 기사를 비중 있게 다루고 저명성과 영향성을 중요도 높은 뉴스가치로 설정하고 있는 반면, 포털 뉴스는 스포츠·연예·사회 등 연성기사를 강조함으로써 인간적 흥미와 근접성 등을 더 큰 뉴스 가치로 내세우고 있다. 더 나아가 포털이 뉴스 유통의 중심으로 자리 잡으면서 정치나 경제 관련 보도마저 스토리텔링 형식에 맞춰 재미와 흥미를 추구하고 있다. 또한 포털 뉴스는 올드미디어에서 소홀히 다루거나 사장시킬 아이템마저 이슈화시켜 공론화하는 기능을 하고 있다.

포털의 영향력이 증대될수록 포털 에디터는 수많은 뉴스 꼭지 수에 대해 '뺄셈(−)'이라는 단순 작업을 하기보다는 수용자가 뉴스에 더 효율적으로 접근할 수 있도록 '덧셈(+)'의 큐레이션을 하게 된다. 이것은 뉴스의 유통과 소비 무게중심이 신문과 방송에서 포털로 옮겨갔음을 의미하며, 포털 뉴스가 신문과 방송보다 수용자의 뉴스 욕구를 더욱 충족시킬 수 있는 메가 미디어로 발전하고 있음을 보여주고 있는 것이다. 특히 포털은 공식적으로 자체 콘텐츠를 생산하지 않고 외부 매체로부터 기사와 사진(동영상) 등을 제공받고 있다. 따라서 포털 에디터는 출처가 다양한 콘텐츠의 진위를 가리고, 정보의 질을 따지고, 개별 기사들이 모여서 어떻게 사회적으로 의미화 작용을 하게 될 것인지에 대한 종합분석이 요구된다. 결과적으로 포털 뉴스는 여러 신문, 방송, 통신사, 인터넷 언론사 등 수많은 매체로부터 뉴스를 모아 붙여 놓은 '스크랩(scrap)' 형식을 띠고 있어 뉴스의 작은 조각들을 어떻게 붙이느냐에 따라 매우 다른 결과를 초래할 수도 있기 때문이다.[22]

포털 큐레이션의 특징은 특정 의제를 직접 생산하기보다는 특정 의제의 소비를 선도하는 것이다.[23] 포털의 저널리즘 파워는 콘텐츠 생산 단계에서 취재기자의 의제설정이나 프레이밍(framing)을 통해 이루어지는 것이 아니라 수용자가 뉴스를 소비하는 과정에서 발생시키는 양적인 크기로 만들어진다. 포털 뉴스 소비의 '양적인 크기'란 특정 콘텐츠에 얼마나 많은 클릭이 발생했으며, 얼마나 많은 댓글이 달렸는가를 의미하는 것으로 실시간 데이터로 측정이 가능하다. 특정 의제의 소비를 선도하는 포털 뉴스의 특징은 기존 매체에서 생산된 특정 의제가 포털에서 걸러져 다시 기존 매체에서 중요하게 다루어지는 '재의제화'경향을 낳는다.[24) 이러한 현상은 기존 매체의 영향력이 떨어졌기 때문에 발생하는 현상이다. 과거에는 개별 신문이나 방송에서 의제를 설정하고 개별 매체(종이나 전파)를 통해 뉴스를 서비스해도 충분히 주요 여론으로 형성될 확률이 높았으나 이제는 모든 뉴스 소비의 중심이 포털로 옮겨오면서 개별 언론사 플랫폼 하나만으로는 막강한 영향력을 행사하기가 힘들어졌다. 즉, 모든 개별 언론사는 포털을 통해야만 자사의 영향력을 그나마 유지할 수 있게 된 것이다. 이렇다 보니

네이버는 뉴스 페이지, 그리고 다음은 첫 화면과 뉴스 페이지를 직접 큐레이션하고 있다. 네이버는 첫 화면 뉴스 큐레이션에 대한 정치적 불공정 논란이 일자 2014년 4월 1일부터 '뉴스스탠드' 시스템을 도입하고 편집권을 개별 언론사로 넘겼다.
출처: 네이버뉴스 페이지 '뉴스홈'(위)과 다음 첫 화면(아래)

기존의 개별 언론사는 1차 의제설정 기능에 머물러 있게 됐다. 개별 언론사는 포털 에디터에 의해 큐레이션된 의제가 여론이 되어 이슈화되면 이것을 재취재하고 중요한 뉴스로 가치 측정해 의제를 확대재생산하고 있다.

　포털 큐레이션의 가장 큰 특징은 흥미와 재미다. 포털은 인터넷을 시작하는 게이트웨이 단계에서부터 이용자들의 시선을 잡아 페이지를 고정시키려 노력한다. 이용자들의 시선을 고정시키고 지속적으로 페이지뷰를 발생시키기 가장 좋은 무기는 세상 돌아가는 소식을 알게 해주는 수많은 기사들이다. 그중에서도 손쉽고 효과적으로 이용자의 충성심을 유발하는 콘텐츠는 스포츠와 연예, 그리고 사회 관련 기사들이다. 직관적이고 자극적이고 말초적인 기사와 사진 중심의 큐레이션은 포털 뉴스를 연성화시켜 이용자의 이성을 마비시킬 위험성을 안고 있다. 뉴스의 생명이라고 할 수 있는 '옳고 그름'을 판단하고 구별하는 것보다 '좋고 싫음'이라는 직관에 치우쳐 자칫 여론이 '감정의 덫'에 사로잡힐 위험성이 내재되어 있는 것이다. 포털이 메가 미디어 기능을 함으로써 사회적 영향력도 비례해서 커지고 있는데, 이제 포털은 단순히 게이트 역할에 그치는 것이 아니라 뉴스를 통해 '포털의 권력화'까지도 넘보고 있다.

　이제 포털은 스스로 인정을 하든 안 하든 뉴스 송신자(sender)로서 직간접적으로 저널리스트와 저널리즘 행위를 하고 있다. 포털의 저널리즘 행위 주체는 신문과 방송과 달리 에디터라고 말할 수 있다. 포털은 자체 취재기자가 없는 대신 외부 콘텐츠를 포털 특성에 맞게 큐레이션하는 에디터가 저널리스트의 역할을 대신하기 때문이다.

3) 전통적인 게이트키퍼(gatekeeper)에서 큐레이터(curator)로 진화

　우리나라 포털 뉴스는 자체 취재기능이 아예 없거나 미약한 수준이다. 따라서 네이버나 다음, 그리고 네이트를 과연 저널리즘이라고 부를 수 있는가에 대한 근본적인 의문이 제기된다. 일반적으로 정의되는 저널리즘 관점에서 볼 때 포털 뉴스는 아직 완전한 형식의 저널리즘이라고 할 수 없다. 취재 기능이 미약할 뿐 아니라 저널리즘의 핵심 기능이라고 할 수 있는 사설이나 논평, 주장 등을 통한 의제 생산이 빈약하기 때문이다. 따라서 포털 뉴스는 포털 저널리즘이라고 하기보다는 '인터넷상에서의 뉴스 제공'이라고 정의내리는 것이 타당해 보인다.[25]

　하지만 현실적으로 포털은 대한민국에서 가장 강력한 언론으로 군림하고 있고 지속적으로 미디어 의제를 생산하고 있다. 비록 포털 스스로 콘텐츠를 생산하지 않고,

포털의 이데올로기나 사시를 직간접적으로 밝히는 사설이나 논평을 공시하지 않지만 이러한 기능은 편집행위를 통해 대신하고 있다. 포털의 에디터는 소속 회사의 뉴스 편집 정책에 따라 수백 개 언론사로부터 제공받은 수만 꼭지의 콘텐츠 중 특정한 기사와 사진을 취사선택한다. 즉, 저널리즘의 핵심 기능인 게이트키핑을 거쳐 수용자들에게 실시간으로 공시(publish)하고 있는 것이다.[26] 여기서 포털의 뉴스 행위를 보도 (reporting)라고 부르지 않고 공시(publish)라고 표현한 것은 다른 언론사에서 이미 의제 설정한 콘텐츠를 편집이라는 2차 가공을 통해 인터넷 환경에 제시하는 기능이 더 크기 때문이다. 포털 뉴스에서 뉴스 아이템 선정과 가치 측정은 순전히 포털 에디터의 편집 결과로서 그 선택 기준이야말로 포털이 행하는 가장 큰 '저널리즘적 활동'이라고 할 수 있다.

그러나 포털 스스로 콘텐츠를 생산하지 않고 제휴 언론사나 통신사로부터 제공받은 기사 중 일부를 공시하는 행위가 전통적 의미의 편집이라고 할 수 있는가는 문제가 될 수 있다. 왜냐하면 전통적인 개념의 편집이란 지면 전체의 페이지네이션을 구성하고, 콘텐츠의 가치를 측정하고, 헤드라인을 뽑고, 레이아웃을 해서 기사를 읽게 만드는 신문 제작의 총체적 의미를 내포하기 때문이다. 하지만 포털의 편집은 기사를 분류하고, 특정 기사를 가장 주목도가 높은 공간에 돋보이게 배치함으로써 수용자와의 접점을 확대하는 1차적 기능에 머무르고 있다. 현실적으로 포털 에디터는 제목을 직접 달 수 없고 기사를 수정할 수도 없다. 오직 기사 가치를 측정해 배치하는 것만으로 편집권을 행사하고 있다. 이러한 제한적 역할은 전통적인 편집 기능이라고 부를 수는 없지만 좀 더 광범위하고 통용적인 의미로 큐레이션이라고 정의내릴 수는 있을 것이다. 큐레이션이란 앞에서 언급했듯이 수많은 콘텐츠 중에서 가치를 선별해서 수용자에게 의미를 전달하는 행위이다. 따라서 포털의 에디터가 행하는 뉴스 선택과 배치 행위는 큐레이션 정신에 가장 잘 부합된다고 할 수 있다.

그렇다고 포털 에디터의 큐레이션 과정이 전통적인 신문 편집기자에 비해 주관적이거나 수월하다는 의미는 아니다. 대한민국 여론이 포털을 통해 형성되는 만큼 어떤 콘텐츠를 주요 뉴스로 선정하고 돋보이게 배치하는 것에 대해 무거운 책임감과 의무감이 뒤따를 것이다. 포털 뉴스 에디터는 신문이나 방송의 편집기자보다 상대적으로 더 많은 콘텐츠를 다루고 그중에서 주요 뉴스를 큐레이션하기 때문에 전체 뉴스 흐름을 꿰뚫고 있어야 하며 순간적인 판단력이 더 중요하다. 또한 각 섹션 에디터는 전문가 식견을 갖추고 콘텐츠의 밸류를 측정해야 한다.

　만약 누군가가 어떤 콘텐츠를 콕 집어 '왜 이 기사를 포털의 주요 뉴스에 올렸느냐'고 포털 에디터에게 묻는다면 그들은 '매체 신뢰도, 대중의 관심 영역, 이슈 후속보도(issue follow up), 섹션 밸런스, 정치적 균형, 그리고 재미'까지 몇 십 가지가 넘는 이유를 댈 수 있을 것이다. 이렇게 포털의 큐레이션 과정에도 다양한 변수들이 작용하고 직간접적으로 영향을 주고받음을 알 수 있다.

　큐레이션은 콘텐츠의 기계적 분류나 배치가 아니라 뉴스 전문가의 판단과 선택으로 콘텐츠에 가치를 부여하고, 그 엄선한 콘텐츠를 통해 여론을 형성하는 막중한 역할이기 때문에 신문의 편집기자와 포털 에디터 간 역할의 차이는 있지만 뉴스가치를 큐레이션한다는 큰 틀은 동일하다고 할 수 있다.

4) 내비게이터로서의 포털 큐레이션

　포털 뉴스를 클릭했을 때 수용자들은 끝을 알 수 없이 쌓여 있는 정보의 더미에 압도당한다. 대개의 경우 포털 뉴스를 클릭하다 보면 '정보 검색과 정보 소비'라는 방문 목적을 잊어버리고 여러 기사를 기웃거리며 시간을 허비하게 된다. 어떤 정보가 정확한지, 어떤 정보가 더 유용한지 객관적으로 판단할 수 없기 때문에 제목이나 최신기사 순으로 무작정 클릭하기 일쑤다. 포털에서 무작정 콘텐츠를 소비하다 보면 다음과 같은 악순환에 빠질 위험이 있다. 어떤 기사를 소비하다가 더 중요해 보이는 관련기사를 발견하면 그 기사를 클릭하게 되고, 관련기사를 읽고 난 후에는 기사 끝에 링크되어 있는 선정적 콘텐츠에 끌리고, 그 콘텐츠를 누르면 아웃링크되어 해당 언론사 홈페이지로 넘어간다. 개별 언론사 사이트로 넘어가 이런저런 콘텐츠를 쇼핑하다 보면 애초에 목적했던 '정보 검색과 정보 소비'와는 거리가 먼 정보 쇼핑에 그치고 만다. 이렇듯 쏟아지는 정보의 홍수 속에서 대부분의 수용자들은 '무엇이 옳고 그른지? 무엇이 중요하고 무엇이 쓰레기인지?' 정확하게 판단해서 빠르고 효율적으로 콘텐츠를 소비하기가 쉽지 않다.

　따라서 오늘날과 같은 정보과잉시대에 주목받는 개념이 큐레이션이다. 포털에서의 큐레이션은 단순한 콘텐츠의 분류라기보다는 정보의 길라잡이, 즉 내비게이션(navigation) 역할이라고 할 수 있다. 이슈의 흐름을 공시함으로써 정보의 선택과 소비를 보다 수월하게 하는 것이다. 또한 수용자들이 무심코 넘겨버릴 이슈들을 부각시켜 꼭 보도록 흐름을 만들어 가기도 한다.

신문과 방송 등 올드미디어 게이트키퍼는 정보의 통제자로서 자신들이 추구하는 지향점으로 수용자들을 이끌기 위해 일방적 '약도'만 던져줬다면, 포털 등 뉴스 큐레이터는 자동차의 '내비게이션' 같은 쌍방향 역할을 한다. 왜냐하면 포털 이용자들이 목적지만 덩그러니 나와 있는 약도가 아니라 목적지 주변과 목적지에 이르는 경로를 상세하게 묘사한 '정밀 지도'를 요구하고 있기 때문이다. 내비게이션의 특징은 목적지를 정확하게 알고 그 목적지에 도달하는 여러 경로를 실시간으로 파악하고 있다는 점이다. 즉, 운전자의 의도를 정확하게 구현하는 것이다. 포털도 마찬가지다. 올드 미디어가 일방적으로 뉴스를 제공했다면 포털 뉴스는 수용자가 클릭과 검색이라는 자발적 행위 과정을 통해 스스로 정보의 최종 목적지를 찾아가는 것이다. 이때 포털의 에디터는 큐레이션을 통해 정보의 지도를 그려주는 역할을 한다. 수용자가 정보의 바다에서 헤맬 확률을 줄여주며 가장 빠르고 정확한 길을 안내해준다.

앞으로 1인 미디어가 더욱 발달하고 1인 미디어를 통해 생산되는 콘텐츠가 더욱 다양해지면 콘텐츠 큐레이션 기능은 더욱 중요하게 부각될 것이다.

얼핏 비슷해 보이는 편집과 게이트키핑, 그리고 큐레이션 개념이 미디어에 따라 의미가 조금씩 달리 적용되고 있는데, 이 차이는 콘텐츠 제공의 주체와 수용자 사이의 관계 변화 때문이라고 말할 수 있다. 게이트키핑이 통제적 개념으로서 콘텐츠 공급자의 일방적인 의도가 개입되어 있다면 큐레이션은 철저히 수용자 중심으로서 개별화되어 나타난다. 즉, 수용자의 특성이나 의도에 따라 정보의 선택이나 공시가 달리 나타날 수 있는 것이다. 광의의 수용자 친화적인 편집행위라고 할 수 있다.

이렇게 수용자 중심의 큐레이션 개념이 대두된 것은 콘텐츠 제공 환경과 콘텐츠 이용 행태가 달라지고 있기 때문이다. 정보의 제공이 일방향이 아닌 양방향으로 이루어지고 있으며, 콘텐츠 이용이 신문과 방송 등 개별 플랫폼에서 포털이라는 허브 플랫폼으로 집적화되고 있고, 수용자들이 콘텐츠 소비자에서 적극적으로 의견을 개진하고 이슈를 만들어내는 생산자가 된 것이다. 이렇게 변화된 미디어 환경이 편집의 개념과 내용, 그리고 역할까지도 바꿔놓고 있다.

[표 5]
게이트키핑
vs.
편집
vs.
큐레이션

구 분	게이트키핑	편 집	큐레이션
적용 매체	신문≧방송〉포털	신문〉방송〉포털	포털〉신문〉방송
주요 역할	정보의 통제	정보의 등급화	정보의 지도
소구 대상	공급자 중심〉수용자 중심	공급자 중심≧수용자 중심	수용자 중심〉공급자 중심
구현 방식	사시나 이데올로기 등 개입	페이지네이션-헤드라인 등	수용자 맞춤형 배열-공시

이처럼 큐레이터라는 새로운 형태로 에디터나 편집기자들의 역할이 발전하고, 이들이 순간순간 판단하고 선택할 콘텐츠의 양은 폭발적으로 늘어나고, 이들의 책임은 더 커지는 반면 아직도 개념이나 역할이 명확하게 정립되어 있지 않다.

5) 포털 큐레이션의 논란과 쟁점

하지만 포털의 큐레이션은 수많은 논란과 논쟁을 불러일으키고 있다. 이 논란과 논쟁의 핵심은 포털의 의제설정 기능이다. 포털이 수많은 콘텐츠를 거르고, 골라서 포털 메인페이지의 뉴스 박스나 주요 뉴스에 공시하는 과정에서 그들의 의도를 직간접적으로 반영한다는 것이다. 의제설정은 언론의 핵심 기능으로서 언론사의 영향력과 힘을 극대화할 수 있는 내부 장치이기 때문에 매우 민감하다.

포털의 큐레이션 기능에 대해 전통 언론사들은 포털이 메인페이지 뉴스박스(다음)나 주요 뉴스(네이버)에 공시할 콘텐츠를 취사선택함으로써 '포털이 언론 기능을 하고 있다'고 우려를 나타내고 있다. 포털 큐레이션의 쟁점 사항은 '포털이 어느 언론사의 어떤 콘텐츠를 선택하느냐'이다. 그리고 콘텐츠의 제목 수정과 재구성이다. 직접 콘텐츠를 생산하지 않는 포털이 나름대로 미디어의제를 만들고 사회적 영향력을 행사할 수 있는 방법이 선택과 공시, 그리고 소극적인 제목 수정 등이기 때문이다.

다양한 뉴스 생산 집단과 소비 집단의 논쟁 결과 포털이 행하고 있는 직간접적 편집 행위가 법으로 제한을 받게 되었다. 2009년에 개정된 「신문 등의 진흥에 관한 법률」을 보면 다음과 같이 명시되어 있다.

제10조(인터넷 뉴스 서비스 사업의 준수 사항)
② 인터넷뉴스서비스 사업자는 독자적으로 생산하지 아니한 기사의 제목·내용 등을 수정하려는 경우 해당 기사를 공급한 자의 동의를 받아야 한다.
④ 인터넷뉴스서비스 사업자는 제공 또는 매개하는 기사의 제목·내용 등의 변경이 발생하여 이를 재전송받는 경우 인터넷뉴스서비스 사업자의 인터넷 홈페이지에 재전송 받은 기사로 즉시 대체하여야 한다.

현재 우리나라의 3대 포털이라고 할 수 있는 네이버, 다음, 네이트는 자사 홈페이지에 자체적인 '뉴스 편집 원칙'을 통해 '객관적이고 중립적으로 콘텐츠를 큐레이션하고 있다'고 공표하고 있지만 의문과 의혹의 시선은 가라앉지 않고 있다(〈표 6〉 참조).

포털이 아무리 중립적으로 큐레이션을 한다고 하더라도 '큐레이션 행위' 그 자체에 그들의 뉴스정책이 개입되기 때문이다.

따라서 한국신문협회는 2012년 기존 언론사들의 의견을 모아 '뉴스 저작물 공급 및 이용에 관한 가이드라인'을 제정해 포털이 콘텐츠 유통 사업자의 범위를 벗어나 '유사언론' 역할까지 하는 것을 제지하고 나섰다. 하지만 포털을 통해 대부분의 콘텐츠를 소비하는 일반 수용자 입장에서는 포털의 큐레이션 결과에 대해 큰 불만이나 불편이 없기 때문에 사회적인 반대 여론으로까지는 확산되고 있지 않다.

[표 6]
포털 뉴스 운영과
큐레이션에 대한
공통 기준

포 털	내 용
네이버(NAVER) 뉴스편집 원칙	① 다양한 정보를 신속하고 정확하게 전달하겠습니다. • 이용자가 필요로 하는 정보를 신속하게 제공하면서도 정확한 전달이 되도록 노력하겠습니다. • 다양한 매체, 차별화된 시각의 정보를 함께 전달함으로써 이용자의 알 권리를 충족시키겠습니다. ② 균형 잡힌 편집으로 정치적 중립을 지키겠습니다. • 특정 계층의 논조나 입장을 지양하고 균형 있는 정보를 제공하겠습니다. • 뉴스 편집가이드 이외의 어떤 외부간섭이나 사적 이해관계도 배제하겠습니다. ③ 사회적 공익 가치를 존중하겠습니다. • 상업적이거나 선정적인 내용의 기사는 지양하고 유익한 정보 전달에 힘쓰겠습니다. • 지역·종교·성적 차별을 부추기는 기사는 배제하겠습니다. • 장애인·비정규직·노인·어린이 등 사회적 약자의 인권을 배려하고 존중하겠습니다. ④ 이용자와 쌍방향 소통을 구현하겠습니다. • 이용자와 실시간으로 소통하고 정보제공자의 기사수정과 삭제 요청도 신속하게 반영하겠습니다. • 뉴스서비스에 대한 궁금증과 개선점 등을 들을 수 있는 네티즌의 소리를 운영하고 귀 기울이겠습니다. • 정정, 반론, 추후 보도 기사 모음과 각 언론사 기사 중 고침보도 모음을 운영하고 신속하게 처리하겠습니다. ⑤ 개인의 인격권 보호에 힘쓰겠습니다. • 개인정보와 인격침해 및 명예훼손을 최소화할 수 있도록 편집하겠습니다. • 기사나 댓글을 통해 개인정보가 유출되지 않도록 모니터 의무를 다하겠습니다. • 기사의 오보나 저작권 침해 등의 문제로부터 이용자를 보호하는 24시간 안내센터를 운영하겠습니다. 출처: 네이버 news.naver.com
다음(Daum) 뉴스편집 원칙	① 다양한 정보를 신속하게 제공하겠습니다. • 이용자 여러분이 필요한 정보를 신속하게 전달하겠습니다. • 신뢰할 만한 매체를 통해 다양하고 차별적인 시각을 지닌 정보를 함께 제공하겠습니다. • 이용자 제작 콘텐츠를 제공해 이용자 참여의 장을 확대시키겠습니다. ② 이롭고 바른 정보를 제공하겠습니다. • 속보를 전하되 정확한 정보가 전달되도록 노력하겠습니다. • 상업성을 노린 단순 홍보, 선정적이거나 사행심을 조장하는 소재는 다루지 않겠습니다. • 국민생활에 도움이 되는 공공정보 제공에 힘쓰겠습니다. ③ 열린 공론의 장 마련, 토론을 활성화하겠습니다. • 사회현안에 대한 합리적인 여론광장이 되겠습니다. • 사회적 쟁점이 되거나 사회적 합의가 필요한 의제를 논의할 수 있는 장을 지속적으로 열겠습니다. • 건강한 토론문화를 위해 이용자 토론원칙을 공개하고 게시판을 건전하게 육성하겠습니다. ④ 정치적 중립을 지키겠습니다. • 정치적 견해가 대립하는 정보를 제공할 때, 균형 잡힌 편집을 유지하겠습니다. • 정치적 소수의 견해도 적극 반영하겠습니다. • 정보선택과 편집에서 이해관계가 얽힌 정치적·상업적 압력에 흔들리지 않겠습니다. ⑤ 소수자를 배려하겠습니다. • 정보선택과 편집에서 사회적 약자를 차별하지 않겠습니다. • 사회구성원들이 성적·신체적·계층적인 이유 등으로 차별받지 않도록 노력하겠습니다. • 사회적 약자에 대한 배려를 서비스로 구체화하겠습니다.

다음(Daum) 뉴스편집 원칙	⑥ 개인의 인격과 명예 및 초상권을 침해하지 않겠습니다. • 개인정보와 인격침해 및 명예훼손 방지를 위한 이용자 안내를 의무화하고 적극 홍보하겠습니다. • 권리침해가 법률적으로 명백한 경우, 정보 제공자(매체 또는 개인)에게 즉각 통보하고, 정해진 원칙에 따라 처리하겠습니다. ⑦ 쌍방향 편집을 실현하겠습니다. • 미디어다음 편집기획자, 콘텐츠 제공자, 이용자 간의 쌍방향 소통을 서비스로 구체화하겠습니다. • 콘텐츠 제공자로부터의 기사수정이나 삭제요청을 신속히 처리하기 위한 핫라인을 구축하겠습니다. • 서비스에 대한 사용자 의견 수렴을 위한 고객센터를 상시 운영하겠습니다. ⑧ 편집위원회를 운영하겠습니다. • 편집위원회를 설치해 상기 1~7항이 지켜질 수 있도록 노력하겠습니다. • 편집회의를 수시로 열어 객관적이고 공정한 편집에 대해 논의하고 실천하겠습니다. 출처: 미디어 다음 media.daum.net
네이트 뉴스편집 작업 4원칙	① 독립성 뉴스편집자는 기사의 취사선택에 편집규약과 편집가이드 이외의 어떤 외부적 간섭이나 사적이해관계도 개입시켜서는 안 된다. ② 진실성 뉴스편집자는 기사의 진실성 추구를 우선적 원칙으로 하며, 이를 위해 사실의 정확성과 표현의 적합성을 중시한다. ③ 중립성 뉴스편집자는 특정 계층과 집단에 편향된 정파적 태도를 지양하고, 특히 제3자의 관점에서 정치적 중립성을 지킨다. ④ 다양성 뉴스편집자는 포털뉴스의 공적 기능을 인식하고, 포털 특유의 다양한 시각과 관점을 최대한 수렴해 이용자의 알권리를 충족시킨다. 출처: 네이트 news.nate.com
구글(google) 편집 원칙	① 언론사의 기사 생산량 : volume of production from a news source ② 기사의 길이 : length of articles ③ 언론사의 보도 범위(중요한 사건을 보도하는가?) : the importance of coverage by the news source ④ 속보의 출처(다른 매체의 기사를 인용하는 편인가?) : breaking news source ⑤ 뉴스 이용 양식(다른 매체 등에서 해당 언론사 기사를 얼마나 인용하는가?) : usage patterns ⑥ 언론사의 신뢰도 조사(해당 언론사의 신뢰도가 얼마나 높은가?) : the human opinion of the news source ⑦ 방문자 수 및 트래픽(사이트 방문자 수와 트래픽이 얼마나 높은가?) : audience and traffic ⑧ 기자와 편집실 규모 : staff size ⑨ 사무실 수 : number of news bereaus ⑩ 보도대상의 실명성(기사에 취재원 이름을 실명으로 언급하는가?) : number of 'original named entities' ⑪ 언론사의 보도 범위 : the breath of the news source ⑫ 언론사의 지구촌 도달률(글로벌 영향력은 얼마나 큰가?) : the global reach of the news source ⑬ 기사 양식(기사는 오탈자 없이 문법에 맞게 쓰는가?) : writing style * 참고: 구글 뉴스 페이지는 100% 컴퓨터 알고리즘으로 큐레이션한다. 에디터가 일절 관여하지 않는 전자식 큐레이션이다. 구글은 13가지 평가 영역을 갖춘 큐레이션 알고리즘을 공개하고 특허까지 냈다. 출처: 강정수 연세대학교 커뮤니케이션연구소 박사/slownews.kr

결과적으로 포털은 수많은 콘텐츠 중에서 일부 기사와 사진을 큐레이션하는데 그 역할이 중립적이고 객관적인 것이 아니라 나름대로 그들만의 뉴스정책과 주의주장을 가지고 특정 이슈를 부각시키기도 하고 특정 이슈를 배제시킨다는 것이다. 그 결과 유통 플랫폼인 포털이 미디어로서의 영향력을 행사하는 것이 문제가 되고 있다. 그러나 지금 이 순간도 포털은 비록 적극적으로 콘텐츠를 생산하고 있지는 않지만 콘텐츠 유통을 통해 주요 의제를 만들어내고 여론화하는 강력한 미디어 역할을 하고 있다.

3 ‘데이터 파워’ 빅데이터의 큐레이션

구글의 CEO 에릭 슈미트는 2010년 한 콘퍼런스에서 다음과 같은 말을 했다.

“인류문명이 시작된 이래 2003년까지 만들어진 데이터 양은 5엑사바이트(exa byte)에 불과했다. 지금은 이틀마다 그만큼의 데이터가 새로 추가되고 있으며 이 속도는 점차 빨라지고 있다.”

엑사바이트는 십진법으로 표현하면 ‘10의 18제곱’이다. 미국 의회도서관이 소장한 장서가 약 1억 5,000만 종인데, 이는 1엑사바이트의 ‘10만 분의 1’ 분량이다.[27]

바야흐로 정보 과잉, 빅데이터(big data) 시대다. 인터넷과 SNS에는 데이터가 넘쳐난다. 트위터에는 하루 2억 개의 트윗이 올라오고, 페이스북은 하루 5억 건의 정보가 업데이트된다. 네이버 검색창에 ‘쇼핑’을 치면 340만 개의 블로그와 225만 개의 이미지, 68만 건의 뉴스, 3만 2,000개의 온라인 카페, 1,000개의 사이트가 뜬다. 폭발적으로 늘어나는 정보 더미에서 내가 원하는 콘텐츠를 찾아내는 것은 점점 어려워지고 있다.[28]

이렇게 인터넷 이용 환경이 온라인에서 모바일로 진화하면서 데이터의 양이 폭발적으로 증가하고 있다. 온라인 중심 시대에는 거대 언론사나 일부 블로거 중심으로 한정된 콘텐츠가 생산됐다면, 소셜미디어 시대에는 누구나 실시간으로 콘텐츠를 생산하고 유통할 수 있게 됨으로써 무한콘텐츠 시대를 맞게 된 것이다.

실시간으로 엄청난 양의 콘텐츠가 쏟아져 나오는 멀티미디어 환경에서 빅데이터의 효율적인 활용이 더욱 중요해지고 있으며, 다양한 영역에서 빅데이터를 주요 정보원으로 이용하고 있다. 볼거리와 읽을거리, 그리고 즐길거리가 차고 넘치는 현재의 멀티미디어 콘텐츠 시장 상황은 수요보다 공급이 훨씬 많은 특징을 보이고 있다.

배 경	내 용	
기업의 고객 데이터 트래킹 및 수집 증가	• 인터넷이나 스마트폰 등 다양한 플랫폼을 통해 고객 정보 트래킹 • 온-오프라인을 넘나들며 사용자 정보나 소비 패턴에 대한 정보 수집	[표 7] 빅데이터의 출현 배경
콘텐츠 생산-저장 기기(device)의 발달	• 다매체 다채널을 통한 콘텐츠 생산량 증가 • 미디어 단말기 가격 인하	
소셜미디어 급속한 확산	• 트위터, 페이스북 등 SNS를 통해 1인 저널리스트화 • 텍스트, 동영상 등 비정형 데이터의 폭증	
사물인터넷(IoT)의 활성화	• 네트워크 기술 발달로 사물 간 통신 • 사물끼리 소통하면서 데이터도 폭발적 증가	

출처: Mckinsey Global Institute(2011). Big data: The next frontier for innovation, competition, and productivity의 재구성

이 같은 빅데이터 환경에서는 정보가 있는 위치를 정확하게 아는 'know where'와 정보 검색 방법을 아는 'know how'가 더욱 중요시되고 있다. 즉, 내게 꼭 맞는 콘텐츠를 효과적으로 '발견'하는 일이 정보 소비의 핵심으로 부상한 것이다. 콘텐츠가 부족했던 시절에는 기사나 사진, 그리고 동영상 등을 '수집'하는 데 대부분의 노력을 쏟아부어야 했으나 빅데이터 시대에는 콘텐츠의 '처리'가 더 중요해졌다는 의미다. 따라서 누군가는 데이터를 걸러내고, 데이터의 흐름을 분석해서 수용자에게 값진 정보를 빠르게 제공해줄 필요성이 대두되고 있다.

1) 빅데이터의 정의

빅데이터(big data)란 일반적인 데이터베이스(data base) 체계가 저장 → 관리 → 분석할 수 있는 범위를 초과하는 대규모 데이터를 일컫는다.[29] 즉, 데이터의 양, 실시간 생산, 형식(숫자뿐만 아니라 사진과 동영상 같은 비정형 데이터 포함) 등에서 과거에 비해 규모가 크고, 형태가 다양해서 기존의 방법으로는 수집 → 저장 → 검색 → 분석이 어려운 방대한 데이터를 의미한다.[30]

가트너(Gartner)는 빅데이터의 3대 요소를 데이터의 크기(volume), 데이터의 입출력 속도(velocity), 데이터의 다양성(variety)으로 정의했다.[31]

첫째, 데이터 크기는 스마트 디바이스의 확대와 네트워크의 고도화로 데이터 양이 기하급수적으로 증가하는 것을 의미한다. 이것은 단순 저장되는 물리적 데이터양의 증가뿐 아니라 이를 분석하고 처리하는 데 따르는 네트워크 데이터 증가까지 의미하는 것으로서 빅데이터의 가장 기본적인 특징이라고 할 수 있다.

둘째, 데이터 입출력 속도는 단순히 정보를 배열하고 배치하는 시간만 의미하는 것이 아니라 어떤 수용자가 특정 정보를 이용하고자 할 때 그 정보를 실시간으로 처리한 후 결과를 정확하게 알려주는 품질과도 연관이 있다. 즉, 생성된 데이터의 불필요하고 무의미한 부분을 필터링하는 속도, 그리고 정제된 데이터를 분석하고 의미를 추출해서 수용자에게 전달해주는 속도까지를 포함한다.

셋째, 데이터의 다양성은 숫자나 텍스트뿐만 아니라 사진, 동영상 등 다양한 형태의 콘텐츠를 의미한다. 멀티미디어를 통해 생산되는 데이터의 90% 이상은 기존의 통일된 구조(숫자나 텍스트)로 정리하기 어려운 비정형(사진이나 동영상)으로 이루어졌다.

여기에 두 가지 개념을 더 추가할 수 있는데, 가치(value)와 복잡성(complexity)이다. 가치는 빅데이터를 분석해서 이전까지는 없었던 새로운 정보를 찾아 낼 수 있다는 것을 말하며, 복잡성은 데이터의 발생, 처리(필터링), 정제(큐레이션) 등의 과정에 포함된 모든 요소가 복잡해지는 것을 의미한다.

[표 8]
빅데이터의 정의

기 관	정 의	초 점
Mckinsey	• 기존 방식으로는 저장 → 관리 → 분석할 수 없는 대용량 데이터	데이터 규모에 초점
IDC (International Data Corporation)	• 저렴한 비용으로 다양한 종류의 데이터로부터 가치를 추출 • 데이터의 초고속 수집 → 발굴 → 분석을 지원하도록 고안된 차세대 기술 및 아키텍처(architecture)	업무 수행에 초점
Gartner	• 빅데이터는 21세기의 원유(原油) • 다양한 종류의 데이터가 기업이 감당할 수 없을 정도로 빠르게 생산되는 현상	데이터 활용에 초점

출처: 김지숙(2013). 「빅데이터 활용과 분석기술 고찰」. 고려대학교 대학원 석사학위 논문의 재구성

[그림 1]
빅데이터 처리 프로세스

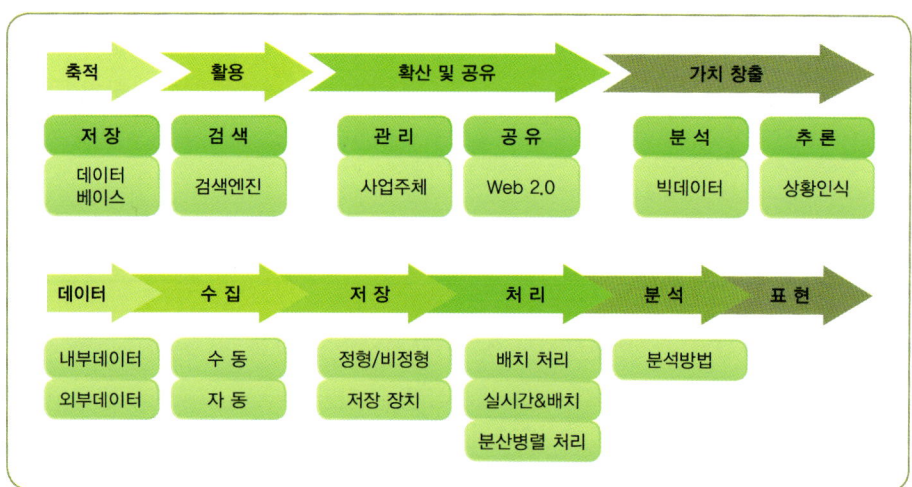

출처: 박현아(2014). 「빅데이터 시장 현황과 콘텐츠 산업 분야에 대한 시사점」. 「코카포커스」, 2013-11호, 통권 77호

2) 빅데이터의 가치와 효과

빅데이터는 정치 · 경제 · 사회 · 문화 · 과학기술 · 언론 등 전 영역에 걸쳐서 수용자에게 가치 있는 정보를 빠르고 정확하게 제공할 수 있는 가능성을 제시하고 있다. 빅데이터 기술의 발전은 다변화된 스마트미디어 사회를 정확하게 예측하여 효율적으로 작동하게 하고 개인화된 수용자들에게는 맞춤형 정보를 제공해서 스스로 관리 → 분석을 가능케 해준다. 빅데이터와 빅데이터의 큐레이션은 국가 경쟁력을 높이고, 기업과 개인의 생산성을 향상시키고, 혁신을 위한 새로운 가치를 창출할 것으로 전망하고 있다.[32)]

맥킨지(Mckinsey)는 빅데이터의 사회경제적 가치를 다섯 가지로 제시하고 있는데 이를 표로 정리하면 다음과 〈표 9〉와 같다.

		[표 9] 빅데이터의 사회경제적 가치
① 산업의 투명성 증대	빅데이터를 시의적절하게 관련 부분에 제공함으로써 검색과 처리 시간을 줄여줌	
② 소비자의 니즈 발견, 트렌드 예측, 성과 향상을 위한 실험	기업들이 더 많은 유통 데이터를 디지털 형태로 축적하게 되면서 정확하고 상세한 고객 정보를 얻을 수 있게 됨	
③ 소비자 맞춤형 비즈니스를 위한 고객 세분화	기업들이 정확하고 구체적인 고객 분류를 통해 소비자의 니즈에 맞춘 맞춤형 상품과 서비스를 제공할 수 있게 됨	
④ 자동 알고리즘을 통한 의사결정 지원과 대행	정교한 분석에 의해 의사 결정 향상, 위험 요소 최소화, 가치 있는 인사이트 발굴을 가능하게 해줌	
⑤ 비즈니스 모델 – 상품 – 서비스 혁신	기업들이 새로운 상품과 서비스 개발, 기존 상품과 서비스 향상, 새로운 비즈니스 모델 설계를 가능하게 해줌	

출처: Mckinsey Global Institute(2011). Big data: The next frontier for innovation, competition, and productivity의 재구성

이러한 빅데이터는 미디어 분야에서도 주목을 받고 있다. 인터넷 포털과 SNS를 통해 특정 인물과 사건사고에 대한 빅데이터가 급속하게 생성된다면 그 대상은 미디어 이슈로 발전할 가능성이 높다. 올드미디어 시절에는 전통 미디어에서 취재, 보도를 해야 특정 인물이나 사건사고가 이슈화됐으나 이제는 실시간 축적되는 빅데이터의 많고 적음에 따라 이슈의 중요도와 등급을 측정할 수 있게 됐다.

빅데이터의 미디어적 가치는 큐레이션을 통해 실시간 쏟아져 들어오는 콘텐츠를 거르고, 고르면 각 이슈에 대해 새로운 해석을 가능케 해줄 뿐 아니라, 우리가 알지 못했던 새로운 진실에 맞닥뜨리게 해주기도 한다. 궁극적으로는 콘텐츠에 대한 새로운 가치를 창출하게 함으로써 미디어산업의 활로를 개척할 수도 있다.

그런데 혹시 빅데이터에 함정은 없을까? 데이터는 사람들이 사는 사회에서 생성되고 유통된다. 데이터 생산자의 의도나 유통자의 이데올로기에 따라 얼마든지 데이터

의 사실이 왜곡되고 진실이 조작될 위성험이 있다. 즉, 데이터가 거짓말을 할 수 있다는 이야기다. 또한 데이터는 파편화된 사실의 나열일 수 있다. 개별 수용자들은 빅데이터의 숲에서 전체를 보지 못하고 나무와 나무 사이를 헤맬 위험성이 있다는 것이다. 이렇게 전체 맥락 속에서 개별 데이터의 가치를 찾고 의미를 부여하는 것은 빅데이터 그 자체가 아닌 빅데이터 큐레이터의 역할이다. 전문적인 지식과 비판정신, 그리고 사물에 대한 통찰력을 지닌 큐레이터가 빅데이터의 숲 속에 길을 내야 하고, 이정표를 만들어야 하고, 길과 길을 연결해서 새로운 가치를 만들어야 한다.

[그림 10]
빅데이터의
파급 효과

특 징	효 과
대규모 Huge Scale	• 기술의 발전으로 데이터 수집 → 저장 → 처리 능력 향상 • 유통되고 있는 데이터를 기반으로 소비자 행동이나 콘텐츠 패턴 분석 가능 • 데이터 규모가 클수록 유용한 콘텐츠나 전혀 새로운 정보 패턴을 찾아낼 확률이 높아짐
현실성 Reality	• 현실 정보나 실시간 정보의 축적이 급증될 전망 • 개인의 경험, 인식, 선호 등 인지적인 정보 유통도 증가
시계열성 Trend	• 과거부터 현재까지 데이터의 시계열적인 연속성을 구성할 수 있음 • 과거 → 현재 → 미래 등 시간의 흐름 순으로 추세 분석 가능
결합성 Combination	• 의료, 범죄, 환경, 안보 등 다른 분야나 이종 데이터 간의 결합으로 새로운 의미의 정보를 발견 • 실제 물리적인 결합 이전에 각종 데이터 결합을 통해 사전 시뮬레이션 가능

출처: 정지선(2011), 「新가치창출 엔진, 빅데이터의 새로운 가능성과 대응 전략」, 한국정보화진흥원

4))) '인쇄 권력' 종이 신문의 큐레이션

종이 신문은 편집 행위가 가장 발달한 매체이다. 신문 편집은 이성과 감성의 영역을 동시에 넘나드는 복합 성격을 지니고 있다. 즉, 지면이라는 공간적인 한계를 극복하고 수용자와 소통하기 위해서는 콘텐츠의 중요도 측정이라는 저널리즘 행위부터 지면 레이아웃이라는 디자이너 역할까지 해야 하기 때문이다.

올드미디어 시절의 신문은 단순한 스트레이트 기사부터 심층해설 보도까지 콘텐츠의 내용이 가장 다양하고, 수용자와의 접점이 넓고, 가장 영향력이 큰 매체였다. 신문의 헤드라인 한 줄에 따라 정권이 탄생하기도 하고, 정권이 위기를 맞기도 했다.

똑같은 기사라도 편집기자가 어떻게 편집을 하느냐에 따라 의미화 작용의 크기가 변하고 사회적인 반향도 달라졌다. 편집기자의 역할은 한정된 지면에 최적의 콘텐츠를 배열해서 기사의 영향력을 극대화하는 것이다. 한 개의 지면이 완성되기까지는 기사의 가치 측정부터 헤드라인과 제목 달기, 그리고 레이아웃까지 단계별 편집이 이루어진다. 이러한 편집의 단계에는 편집기자의 게이트키핑이 작동하며, 그 게이트키핑

결과에 따라 특정 콘텐츠가 톱으로 올려지기도 하고 1단짜리 단신으로 줄어들기도 한다.

스마트미디어가 활성화되면서 편집기자의 역할이 더욱 다양해지고 복잡해지고 있다. 과거에는 자사 취재기자들이 생산한 콘텐츠 중심으로 편집을 하면 그만이었으나 이제는 뉴스의 흐름을 정확하게 꿰뚫기 위해서 온라인과 모바일 등을 통해 유통되는 실시간 콘텐츠를 검색해서 응용하고, 심지어는 편집에 반영해야 한다. 편집의 역할도 소극적 게이트키퍼의 역할에서 적극적인 큐레이터 역할로 발전하고 있다. 일차적으로 처리해야 할 콘텐츠의 양이 늘었고, 이차적으로는 지면뿐만 아니라 신문사 홈페이지, 그리고 포털까지 신경을 써야 하기 때문이다.

소셜미디어인 핀터레스트가 인기를 끌고 있는 것은 시간 순으로 무질서하게 쌓이던 콘텐츠를 장르별로 분류하고, 의미를 부여하고, 편집을 해주기 때문이다. 신문도 마찬가지다. 신문은 가장 정제된 미디어 중 하나다. 수용자들이 특별히 고민하지 않고 편집기자가 이끄는 대로 정보 여행을 떠나면 되는 것이다. 물론 공급자 중심이라는 일방성이 문제가 되고는 있지만 정보의 홍수 속에서 뉴스 전문가에 의해 큐레이션되고, 시각적으로 디자인된 신문은 여전히 매력적일 수 있다.

스마트미디어시대 신문 편집은 한 단계 더 진화하고 다양한 멀티미디어와 연동해서 가치를 창출해야 한다. 시각 미디어에 익숙해진 수용자들의 눈높이에 맞추려면 편집 디자인의 UI(User Interface)를 혁신해 새로운 UX(User eXperience: 사용자 경험)를 만들어야 한다. UI 혁신은 단순히 편집 디자인만을 의미하지 않는다. 디자인을 더욱 알차게 하는 메시지를 충실히 담아야 한다. 이제 신문 편집은 수용자들에게 아침마다 프레젠테이션을 하듯 알차고, 가독성 높고, 매력적이어야 한다. 편집기자는 최고의 큐레이터로, 최선의 큐레이션을 통해, 최상의 뉴스 상품을 만들어야 한다. 그러기 위해서는 각각의 지면 하나하나가 독립된 개별 미디어로 역할을 할 수 있도록 가치 측정과 레이아웃의 완성도를 높여야 하고, 하나하나의 지면이 모인 전체 페이지네이션을 통해서는 미디어 의제를 만들고 영향력을 확산시켜야 한다.

Memo

Chapter 4

'정보에서 재미까지'
스토리텔링의 힘

Contents

1 스마트미디어시대의 기사 스타일

'스마트폰은 가장 빠른 실시간 뉴스채널이다.'

만약 여러분의 스마트폰에 다운로드해 놓은 뉴스 관련 애플리케이션에 속보 알림 기능을 설정해 놓았다면 하루 종일 쉴 새 없이 알람이 울릴 것이다. 이른 아침, 오늘의 날씨부터 늦은 밤, 프로야구 스코어까지 정보 중심의 단문 메시지가 쉴 새 없이 날아들어 온다.

이처럼 스마트미디어시대의 긴급뉴스는 트위터, 페이스북, 카카오톡 등 SNS 를 통해 보도되고, 유통되고, 확산된다. 스마트미디어는 텍스트부터 영상까지를 구현하는 멀티미디어로서 신문과 방송, 그리고 인터넷까지를 통합시켜 가고 있다. 어떤 수용자가 새벽에 집으로 배달된 신문을 펼쳤을 때 그 신문에 실린 뉴스의 대부분은 이미 다른 실시간 미디어를 통해 그가 접해서 알고 있는 내용들일 수도 있다. 충성스러운 독자들은 그래도 혹시나 하는 마음으로 자기들이 믿고 의지하는 신문을 펼쳐보지만, 대부분의 경우 어떤 사건이나 사고, 또는 이슈에 대한 단편적인 보도에 그치고 말아 실망한다. 전날 SNS 등을 통해 이미 알고 있는 '그, 어떤 뉴스'와 차별화가 안 된 것이다. 즉, 수용자들은 SNS 등을 통해 '무엇이 일어났다'는 것은 알았는데 그것이 '왜 일어났으며, 그다음은 어떻게 될 것인가?' 라는 궁금증을 하루 늦게 배달된 신문이 해소해주지 못한 것이다. 이러한 단편적인 사실의 나열이 수용자들을 신문으로부터 멀어지게 하고 있다. 이러한 실시간 미디어의 '공습'은 자의든 타의든 기자들에게 새로운 스타일의 기사를 쓰도록 요구하고 있다.

저널리즘 글쓰기(journalistic writing)는 기자가 기사를 작성하는 과정과 방식을 동시에 의미한다. 그것은 결국 '사실과 정보의 조립'으로 간주할 수 있겠지만 문제는 '어떤 사실과 정보를 어떻게 조립하는가?'이다. 사실과 정보의 조립 전 단계에 주목하면 저널리즘 글쓰기는 기자가 사회를 바라보는 관점과 그에 따른 가치판단, 그리고 그 사안을 기사화하는 직업적 관행을 의미한다. 사실과 정보의 조립 후를 보면 저널리즘 글쓰기는 수용자 효과와 객관성, 공정성, 현실재구성 같은 거대 개념이나 이론의 모태가 된다. 이처럼 저널리즘 글쓰기는 사회에 대한 기자 집단의 생각과 관행의 압축판이다. 기자가 글을 어떻게 쓰느냐에 따라 여론의 지형, 수용자의 정치 참여, 사회통합, 나아가 언론의 오락 기능까지 결정된다.[33]

그러나 저널리즘 글쓰기는 그 중요도에 비해 언론 현장이나 언론 학계에서 그다지 주목을 받지 못했다. 그동안 지면의 경제성이나 마감시간의 압박 등으로 스트레이트(straight)라 불리는 역피라미드 기사 형식에 밀려 새로운 대안의 가능성이 충분하게 검토되고 검증되지 않고 있기 때문이다.

다매체 다채널시대가 본격화됨으로써 저널리즘 글쓰기에도 새로운 변화들이 일어나고 있다. 실시간 미디어에 육하원칙 중심의 짧고, 빠르고, 직설적인 스트레이트형 기사를 넘겨주고 신문에서는 피처스토리나 탐사보도 형식의 스토리텔링 기법이 본격 도입되고 있다.

하지만 저널리즘 글쓰기 변화는 어느 날 갑자기 기자들이 몇 시간 배워서 실천하기만 하면 되는 간단한 작업이 결코 아니다. 기자들의 새로운 글쓰기에 대한 인식과 태도 변화부터 취재보도 관행까지 바꾸어야 하는 거대 이슈이다. 왜냐하면 기자들이 새로운 저널리즘 글쓰기를 구현하려면 기사 작성의 공정 과정을 바꾸어야 하며, 그것이 가능하려면 취재 과정을 포함한 뉴스룸 취재 시스템과 출입처 제도 등을 먼저 혁신해야 하기 때문이다.[34]

1) 스트레이트 기사에 대한 비판적 접근

스트레이트 기사는 구조상으로는 역피라미드(inverted pyramid)형이라 부르고, 기사 읽기 유형으로는 쉽고 빠르게 전달한다는 의미로 스트레이트(straight)형이라 부른다.

신문 기사는 마감시간과 지면 제약이라는 두 개의 넘지 못할 시공간적 한계 때문에 가장 짧은 시간에 가장 많은 기사를 가장 간결하고 가장 쉽게 전달하는 구성 방식으로 발전해 왔다. 어떤 사실과 정보를 육하원칙에 따라 중요도 순으로 나열하기 때문에 역피라미드 구조를 가진다. 이 형식은 취재기자가 판단할 때 가장 중요하다고 생각하는 팩트를 단순명료한 문장으로 만들어 기사의 리드(lead: 기사의 첫 문장 또는 단락) 부분에 배치한다. 중요도 순으로 사실과 정보를 앞에서부터 뒤로 나열하기 때문에 기사의 무게감이 가분수적이다. 따라서 편집기자는 편집을 할 때 지면 크기에 따라 기사를 뒤에서부터 차례로 잘라 쓸 수 있다.

동아일보 2013년 3월 16일(토)자 주말판이다. 이날 기사의 특징은 '박근혜 정부를 움직이는 77인'이라는 주제를 가지고 1−2−3면에 걸쳐 스토리텔링을 한 것이다. 과거에는 상상도 못할 파격이다. 단순한 사실의 나열에서 배경과 해설, 그리고 미래까지를 예측해 준다.

한겨레 2013년 3월 16일(토)자 주말판이다. 한겨레도 동아일보와 마찬가지로 유시민 전 보건복지부 장관과의 인터뷰 기사를 1‑3‑4면에 걸쳐 실었다. 스트레이트성 인터뷰 기사는 취재원이나 인터뷰 대상자(interviewee)의 말을 기자의 필요에 따라 자르고 재배열해 의제를 설정했다면 이 기사는 인터뷰 전문(全文)을 실어 수용자들이 직접 기사 가치를 판단하게 했다.

중앙일보 2013년 3월 16일(토)자 주말판이다. 중앙일보는 '의(醫)란성 쌍둥이'라는 주제로 다양한 스토리텔링을 했다. 기사가 단편적이지 않고 사례와 이야기 중심이라 흥미를 유발하고 읽는 재미를 선사한다.

이처럼 스트레이트형 기사는 취재와 편집 현장에서 매우 유용하고 가치가 높은 기사 스타일이었다. 마감에 쫓기는 취재기자는 일정한 공식에 따라 기사를 빠르고 정확하게 작성할 수 있으며, 지면 제약에 시달리는 편집기자는 큰 고민 없이 기사를 뒤에서부터 잘라 올라올 수 있기 때문이다. 또한 스트레이트형 기사는 사실이나 정보의 나열이 명쾌하고 불필요한 수식어나 묘사 등을 제거해 군더더기가 없다. 수용자는 어떤 사실이나 정보를 중요도 순으로 앞에서부터 읽어 나가기 때문에 굳이 가치 판단을 할 필요가 없으며 열독 시간을 절약할 수 있다.

따라서 국내 신문 기사는 거의 스트레이트형 중심이다. 스마트미디어에 밀려 신문의 속보성이 현저하게 떨어지면서 다양한 기사 스타일 연구와 실험이 진행 중이지만 여전히 스트레이트형 기사가 주류를 이루고 있다. 중앙일보와 한겨레신문, 그리고 동아일보가 토요일자 주말판을 피처스토리(feature story)형 기사로 바꿔 한 개 지면에 한두 꼭지 기사만 싣기도 하지만 대부분 신문이 한 지면에 여러 꼭지 기사를 싣다 보니 스트레이트형의 한계를 벗어날 수 없다.

따라서 이런 스트레이트형 기사 구조는 취재기자와 편집기자, 신문사에는 효율적이고 맞춤형일지 몰라도 수용자에게는 특별한 이점이 없다.[35] 기사가 전달하고자 하는 핵심을 리드부터 무리하게 제시하기 때문에 수용자가 기사를 끝까지 읽는 것을 방해한다. 오히려 수용자가 기사를 발췌해서 읽게 하거나 취재기자의 가치판단을 일방적으로 강요하는 결과를 낳는다. 또한 이미 중요한 팩트가 리드 부분에 나왔기 때문에 읽을수록 긴장감은 떨어지고 흥미도 반감된다.[36]

국내 신문의 스트레이트형 기사는 리드의 사실이나 정보만 두드러지고 나머지는 병렬로 나열된 '등위적 의미 전개'에 불과하다.[37] 역피라미드 구조는 너무 정형화되어 취재기자들은 그 포맷을 컴퓨터에 설정해 놓고 사안에 따라 사실이나 정보만 달리 채워서 조립하는 방식으로 기사를 쓴다.[38] 따라서 신문 기사가 대체적으로 비슷해 보이거나 신문 기사에 대한 수용자의 느낌이 딱딱하거나 경직된 것도 이 때문이다.[39]

2) 스트레이트 기사의 한계점

역피라미드 구조는 여러 근본적인 한계가 있음에도 불구하고 한국 언론의 독특한 취재편집 관행과 맞물려 심화되어 왔다. 스트레이트형의 한계는 터크만(Tuchman, 1972)이 말한 「기사의 객관주의 비판」에서 잘 드러난다. 터크만은 미국 기자들이 '객관주의를 구현한다'는 미명 아래 스트레이트 기사를 작성한다고 지적했다. 상반된 가능성의 제시, 지지하는 증거의 제시, 인용문의 적절한 사용, 적절한 방식의 정보 구조화가 실제로는 기자들이 데스크나 수용자들로부터 비판, 나아가 소송당하는 부담에서 벗어나기 위해 의례적으로 사용하는 방어적 도구라는 것이다.[40] 즉, 기자들은 기사를 최대한 사실적으로 포장하기 위해 이런 도구들을 사용하는데, 리즈(Reese, 1997)는 그런 식의 객관주의를 형식적 사실주의라고 비판했다. 기자들은 스트레이트 기사

에 대해 '사실이 말하는 것(the fact speak for them selves)'이라고 생각하며 이를 객관적 보도라고 믿는다. 터크만은 이를 '기자들이 (취재원의 입을 빌려서 그린) 사실을 대변하는 것(the reporter speaking for the fact)'에 불과하다고 지적했다. 신문의 취재편집 관행을 고려하면 사실 기사는 형식적인 사실주의일 뿐이지 엄연히 객관적이라고 보장할 수 없음에도 불구하고 의견기사와 분리되어 편집되어 왔다. 그러나 이런 행위들이 더 주관적이고 이데올로기적인 행위이다.[41] 더욱이 객관주의는 보고 수단의 객관성을 강조한 것일 뿐, '기자의 시각이나 기사 내용이 객관적이다'라는 말은 아니다.[42]

　스트레이트형 기사의 또 다른 한계로는 뉴스의 파편화를 들 수 있는데, 이는 한국 신문에서 사건 중심 보도 경향과 맞물려 더 심하게 나타난다. 역파라미드 구조는 관찰된 정보의 사실성만 중시하지 사실들 간의 관계에는 별로 주목하지 못한다. 이는 기사 작성 과정이 정보의 기계적 조립에 지나지 않음을 말한다. 그래서 유선영(1995)은 역피라미드 구조의 기사를 '개별 사실들에 의의를 부여하고 이를 위해 취재원의 언행에 촉각을 곤두세우는 파편적이고 맥락 없는 보도'라고 했으며, 이재경(2006)은 '단순 사실 중심의 글쓰기'와 '개인 언행 중심의 보도 방식'이라고 비판했다.

　또 스트레이트형 기사는 기자들에게 관찰자적 입장을 강제하는 바람에 방관자 역할을 부추겼다.[43] 언론이 다루는 사안은 대중의 일상과 직간접적으로 관련되어 있는데, 스트레이트형 기사는 사안의 핵심이나 진실을 건드리지 못하기 때문에 수용자가 어떤 사안을 자기 일로 인식하는 데 도움이 되지 않는다. 오히려 무관심과 냉소주의를 자극하는 경향이 있다.[44]

　이와 같이 스트레이트형 기사는 언론의 진실 추구와 거리가 멀다. 자칫 언론이 객관주의를 곡해하고 사안의 맥락을 무시한 채 사실 정보만 파편적으로 던져준다면 수용자는 어떤 사안을 언론이 제시한 대로 받아들여 사실과 진실을 혼동할 위험이 있다. 어떤 기사가 분명 사실일지라도 진실과는 거리가 먼 사례가 많기 때문이다. 국내 신문 기자와 데스크는 스트레이트형 기사에 대해 다음과 같은 단점을 이미 인지하고 있다.[45]

- 읽는 재미가 없다.
- 수용자에게 감동을 주지 못한다.
- 헤드라인만 읽어도 내용을 알 수 있으므로 본문은 눈에 안 들어온다.
- 제목과 리드가 거의 같기 때문에 두 줄의 기사만 읽고 나면 더 이상 읽을 의욕이 사라진다.

- 기획기사처럼 긴 기사를 역피라미드 구조로 쓰면, 수용자들이 끝까지 읽을 가능성이 적다.
- 역피라미드 구조 때문에 기사가 획일화됐다.
- 형식이 획일적이어서 기자의 개성 넘치는 문체를 살리기 어렵다.
- 역피라미드 구조로 작성된 기사는 내용이 피상적이며, 사안을 분석적·다면적으로 보여주지 못한다.

2) 기사 작성의 스토리텔링

스토리텔링이라는 용어가 최근 들어 문화콘텐츠 생산 방식의 주류로 등장하고 있지만 언론에서는 내러티브(narrative)라는 용어로 먼저 쓰였다.

내러티브라는 용어는 다의적인데, 내용 측면(narrative content)과 형식 측면(narrative form)에서 논의될 수 있다. 하지만 둘은 완전히 다르다.[46] 형식적인 측면에서 살펴보면 사건의 내용이 실제로 어떠한지, 혹은 어떤 장면들이 순차적으로 구성되었는지를 뜻하며, 내용적인 측면은 그 사건이 수용자에게 어떤 순서로 제시되었는지를 말한다. 따라서 내용적인 측면에서 보면 역피라미드형 기사 역시 넓은 의미의 내러티브 스타일이라고 할 수 있다.[47] 하지만 저널리즘에서 내러티브 스타일은 뉴스메이커의 말과 행동을 모티브로 삼아 사안을 하나의 완성된 이야기로 풀어가는 방식이다.[48] 따라서 이야기로 풀어내듯 사건사고나 이슈를 재구성한 것을 내러티브 혹은 스토리텔링이라고 말할 수 있다.

스토리텔링은 뉴스메이커를 주인공으로 하기 때문에 정보 중심인 스트레이트형과는 기사 구조가 다를 수밖에 없다. 또 스트레이트 기사 구조는 완벽하게 정형화되어 있지만 스토리텔링은 무정형이다. 내러티브는 곧 이야기이기 때문에 구조상 일정한 틀을 줄 수 없다.[49]

월스트리트저널 모델(Wall street Journal Formula)은 스토리의 개인화, 즉 환유를 통해서 기사의 주제를 드러나게 하는 저널리즘 글쓰기의 한 모델이다.[50] 이 모델은 뉴스메이커, 정확히 말하면 뉴스메이커가 겪은 일을 매개로 하므로 그 뉴스메이커는 기사의 주제를 상징적으로 내포할 수 있어야 한다. 월스트리트저널 모델은 ① 주제를 암시하거나 주제로의 반전에 효과적인 에피소드와 장면으로 시작하여, ② 리드 다음에 주제

를 간접적으로 알려주는 문장을 제시하고, ③ 스토리 라인을 소개하고, ④ 이야기의 정보와 단서를 줄 듯 말 듯 애태우는 장치를 곳곳에 배치하고, ⑤ 주제의 세부 정보를 적절하게 제공하며, ⑥ 리드에 소개했던 에피소드나 장면으로 회귀하는 등의 여섯 개 서술전략을 구사한다.[51]

동아일보 2013년 3월 7일(목)자 내러티브 기사의 편집자 주에는 다음과 같이 적혀 있다. '내러티브 리포트(Narrative Report)'는 삶의 현장을 담는 새로운 보도 방식입니다. 기존의 기사 형식으로는 소화하기 힘든 '세상 속 세상'을 이야기체(storytelling)로 풀어냅니다. 동아일보는 내러티브 리포트를 통해 독자 여러분께 더욱 깊이 있는 세상 이야기를 전해드리겠습니다.

내러티브 기사 스타일은 피처스토리(feature story)에서 가장 잘 구현된다. 피처스토리는 시의성보다 기획성 기사에 더 많이 쓰이며, 그에 더 적합한 구조를 지닌다. 일반기사보다 더 길고 심도 있다. 기자들은 피처스토리를 쓰면서 인물과 플롯을 설정하고 감각적 묘사를 구사한다.[52] 그러나 이보다 더 핵심적인 서술 기법은 '말하지 말고 보여줘라'이다.[53] 그저 '예쁜 옷을 입었다'라고 쓰지 말고, 옷의 색깔과 디자인, 맵시를 있는 그대로 묘사하여 수용자가 그렇게 '느끼도록' 만드는 것이다. 내러티브 기사를 쓰는 기자들이 취재현장에서 보고, 듣고, 느끼고, 냄새 맡고, 맛보는 오감을 총동원하는 것은 그 때문이다.[54]

때문에 내러티브 스타일은 수용자에게 정보와 스토리, 즉 인포토리(infotory: information+story)를 읽는 즐거움을 선사한다. 미국 독자는 주제나 내용에 관계없이 이야기 형식의 기사를 읽으면서 정보에 더 민감하게 반응하고 정보를 더 정확하게 받아들인다.[55] 국내 수용자도 연성뉴스에서 글 읽는 재미를 느끼는데, 연성뉴스는 대체로 이야기 형식이다.[56] 김예란(2003)은 '글 읽는 즐거움은 사실의 지각과 인지를 넘어선 지적정보처리 과정에서 얻어지므로 이야기 형식의 기사는 수용자가 사회적 삶을 자기의 주관적 세계로 몰입시키는 데 효용이 있다'고 보고했다.

좋은 서사형 기사의 조건은 장면 묘사, 요약정리와 과정 중시, 관점 개입, 드라마, 연대기적 조직화, 리듬, 예상, 메타포, 아이러니, 대화, 조직화(시작–중간–끝)에다 사실 증명과 다큐멘테이션(documentation)이 조화를 이룬 기사이다. 흡사 신화나 동화가 지니는 스토리 구조를 기사 양식으로 가져와 알기 쉽도록 이야기를 들려주는 것, 이것이 스토리텔링 기사의 가장 큰 특징이 된다.[57]

1) 다매체 다채널시대의 스토리텔링

스토리텔링형의 특징은 기본적으로 사실과 정보를 추구하되 감정을 촉발시키는 서사적 요소를 기사 곳곳에 배치한다는 점이다. 이런 시도는 수용자들을 기사 안으로 끌어들이는 작용을 한다. 스토리텔링형은 스마트미디어 물결에 밀려 신문 수용자가 감소하고 권위적이고 경직된 저널리즘 글쓰기가 지적받자 기사에 문학적 요소를 넣어 수용자와의 간극을 좁히자는 시도로 활성화되고 있다. 물론 이 스토리텔링형 기사는 기존의 스트레이트처럼 일정한 틀이 있는 것은 아니다. 이야기 형식이기 때문에 갈등과 대립, 묘사와 복선 등이 등장하지만 규격화된 틀은 있을 수가 없는 구조이다.[58]

이 스토리텔링형 기사는 탐사보도 형식의 발전과도 연관이 깊다. 1960년대 후반부터 미국 언론사에서는 특별취재반을 편성하여 특정 문제(정치와 행정의 부패)를 폭로하고 이에 대한 비판적 의견을 기사에 반영했다. 탐사보도에 있어 기자들의 인식은 한마디로 '기자는 사건이 실제로 어떻게 작동되고 사건의 진실이 무엇인가를 밝히기 위해 존재하는 것이지, 사건에 대한 정부의 공식적인 입장을 전하려고 존재하는 것이 아니

다'라는 것이었다. 따라서 정부기관이나 출입처 등에서 나오는 공식적인 자료나 취재원의 말을 뉴스화하지 않고 그것을 단지 조사대상으로 삼아 탐사기사를 생산했다.[59] 이때 기자는 단순한 전달자가 아니라 탐구자의 입장이 된다.

탐사보도에서 뉴스는 객관보도에서 주장하는 전통적인 의미의 뉴스라기보다는 하나의 지적인 과정을 거쳐 나타난 발견에 가깝다. 또한 그 풀어가는 방식도 소설 같은 이야기 구조이다. 이것을 위해 기자는 기존의 스트레이트 기사를 쓸 때보다 훨씬 많은 취재와 정보가 필요하며 기사 작성 시간도 길다.[60]

현재 미국의 가장 권위 있는 언론상인 퓰리처상(The Pulitzer Prizes) 수상 기사는 대부분 스토리텔링형 방식을 구사하고 있다.

> "한 구호 요원이 병원 예배당의 나무문을 열었을 때 죽음의 냄새가 그 순간을 제압했다. 안으로 들어갔을 때 말라버린 수십 구의 시신이 바닥에 널브러져 있었고, 시신을 덮은 새하얀 천 끝자락 위로 회색빛 머리카락 꾸러미가 뽑혀져 나뒹굴었다. 그 뒤로는 누군가의 한쪽 무릎이 구부러진 채 튕겨져 나가 있었고, 또 다른 누군가의 창백한 한쪽 손은 마루 위의 파란 가운 위에 놓여 있었다."

소설 같은 이 글은 2010년 퓰리처상 탐사보도 부문을 수상한 셰리 핑크(Sheri Fink · 왼쪽 사진) 기자의 기사 첫 문단이다. 인터넷 매체 '프로퍼블리카(ProPublica)' 소속 기자인 핑크는 2005년 미국 뉴올리언스 주를 강타한 허리케인 카트리나로 고립된 한 병원을 밀착 취재, 1만 3,000단어의 긴 분량의 기사를 내놓았다.

기사 제목은 '메모리얼 메디컬센터의 치명적 선택'.

핑크의 취재 결과 끔찍한 재앙이 닥친 현장에서는 의료진이 희망이 없는 환자들을 '안락사'시켰던 사실이 밝혀졌다. 핑크는 2년 반 정도의 취재기간에 환자 · 간호사 · 의사 등 140명 이상을 인터뷰했다. 이 기사는 뉴욕타임스 매거진 웹사이트에 공동 게재되면서 주목받았고, 프로퍼블리카는 인터넷 매체로는 사상 처음 퓰리처상을 받았다.

이 기사가 웹상에 올라오자 독자들은 '끔찍한 이야기'라면서 의료진의 '비인간적인' 행위에 대한 논쟁을 벌였다. 이 기사로 해당 의사들은 처벌대상이 됐다. 핑크의 기사는 '뉴스'가 단지 '새로운 것'을 이야기하는 데 그치지 않고 숨겨진 진실을 그러모으는 작업이라는 것을 보여준다. 온라인에만 존재하는 기사의 영향력이 커졌으며 소설처럼

길게 풀어낸 기사 형식이 독자들로 하여금 진실에 다가서는 데 도움을 줬다는 평가를 받았다.[61]

핑크는 수상 이후인 2010년 7월 한국을 방문해 "모바일 시대에 1만 3,000단어의 긴 기사가 읽힐 것인가?"라는 질문을 던지며 이에 대한 답으로 "기사가 흥미롭다면 인터넷에서도 읽힌다. 그 답은 이야기식 기사다"라고 했다.

그는 "휴대폰 문자나 댓글, 트위터 등 단문의 시대에 이렇게 긴 이야기 기사가 읽힐까 의심스러웠다"며 "그러나 이야기 자체가 흥미롭다면 인터넷에서도 충분히 읽힐 것이며 그렇기 때문에 심층보도와 이야기식 저널리즘은 살아남을 것이다"라고 말했다. 또 "아이패드와 같은 새로운 플랫폼의 등장도 새로운 희망을 준다"며 수용자들은 진심으로 이야기를 원하고 수천 년 동안 이야기는 사람들이 지식을 공유하는 통로가 되어 왔다는 점을 들어 이야기식 기사가 가진 희망적 미래를 제시했다. 그는 새로운 시대에 이야기가 각광받기 위해서는 재정적 지원과 현장 취재를 위한 시간 자원, 기사를 유통시킬 플랫폼이 중요하다고 지적했다. 더불어 그는 "모바일 기술은 큰 사건이나 재난에 대한 기사를 쓸 때 매우 효과적"이라며 "모바일은 매우 빨리 정보를 얻을 수 있도록 해주지만 이것은 정보 자원과 보도를 연결해주는 초기 단계일 뿐이고 기자들은 이 모바일 정보를 활용해 심층보도에 뛰어들어야 한다"고 전했다.

그는 결론적으로 "심층보도를 하려면 전달력과 수용자의 몰입도를 높이기 위해 이야기 방식이 되어야 한다"고 하였다. 또한 "소셜미디어는 뉴스 유통의 민주화 모형일 뿐이고, 질적으로 깊이 있는 기사가 지속적으로 인정받게 될 것"이라며, "수용자들의 가독성과 현장성의 느낌을 전하기 위해 이야기 구성이 적합하다"고 거듭 강조했다.[62]

2) 스토리텔링형 기사의 발전적 대안

스토리텔링형 기사의 한계점은 단연 편향성이다. 묘사와 표현, 기자 개인의 관점 및 의견 게재를 주요 특징으로 하기 때문에 기존의 스트레이트 기사에 비해 더 적나라하게 관점 및 의견이 드러나게 된다. 상상 · 은유 · 예상 · 대화 기법이 다르기 때문에 어쨌든 기사 작성자 개인의 역량과 시각이 좀 더 뚜렷하게 반영된다. 이로 인해 기사 편향성에 대한 지적은 스토리텔링형 기사의 피할 수 없는 단점으로 작용한다.[63] 물론 '내러티브적 설명, 드라마적 감정 곡선 처리, 연대기적 구성 등으로 수용자에게 재미있고 흥미롭게 사실과 진실을 전달하는 것이 왜 편향성의 범주에 드느냐'라는 반론도

있지만 스토리텔링형 기사는 기존의 스트레이트 기사에 비해 기자의 감정 소모가 많은 것은 분명하다.

　스토리텔링형 기사는 스트레이트 기사가 가지는 관행적 특성이 적다. 스트레이트 기사가 뉴스메이커 중심이라면, 스토리텔링 기사는 뉴스메이커에 의해 직·간접적으로 영향을 받는 일반 대중을 주인공으로 하기 때문에 형식이나 내용이 자유롭다. 이 스토리텔링형 기사는 방송의 'PD저널리즘' 특성을 보인다. 개인이 가지는 문제점을 따라 사회적 난제로 들어가며 이야기를 풀어간다.[64] 미디어는 다매체 다채널시대로 진화하는데 아직도 신문은 종이라는 한정된 공간과 제한된 시간의 압박 속에서 변신이 더디다.

　물론 스토리텔링 스타일만이 기존 글쓰기의 대안은 아니다. 문제는 스토리텔링형 보다는 어떻게 해서든지 기존의 상투적인 글쓰기를 바꾸려는 시도이다. 신문의 미래를 생각한다면 더욱 그러하다. 국내 기자와 데스크들도 저널리즘 글쓰기 미래에 대하여 다음과 같이 답했다.[65]

- 기사 문제는 사회상을 반영하는데, 신문이 스마트미디어시대 유저들의 흥미 유발에 실패했으므로 변화를 모색해야 한다.
- 기사 작성에 공식은 없다. 기사의 소재나 유형에 따라 다양한 글쓰기 실험을 해야 한다. 팩트를 해치지 않는다면, 다양한 형식의 글쓰기가 왜 문제가 되겠는가?
- 역피라미드 구조와 내러티브 스타일을 적절히 혼합할 필요가 있다.
- 기자의 글쓰기는 언론의 편의성이 아니라 수용자와 시장의 요구에 의해 결정되는 것이다.
- 다매체 다채널시대에는 채널에 맞는 새로운 글쓰기가 필요하다. 다양한 수용자 눈높이에 맞는 개성 있고 흡인력 있는 기사 문체로 진화해야 한다.
- 다매체 다채널시대에는 '어느 신문사 기사인가?'보다 '어느 기자의 기사인가?'가 더 중요하다. 따라서 기자 고유한 색깔을 보여주는 글쓰기가 필요하다.
- 역피라미드식 정보 전달 기사는 인터넷에 넘쳐나는데, 왜 수용자들은 굳이 신문을 고집하겠는가? 스토리텔링형 글쓰기가 대안으로 제시될 것이다. 내러티브 스타일보다 더 정교한 문학적 글쓰기가 요청될지도 모른다.

[표 2]
스트레이트와
스토리텔링형
기사의 비교

구 분	구 조	장 점	단 점
스트레이트	역피라미드형	▶ 기자 측면 • 마감에 쫓기는 취재기자: 정형화된 프레임에 맞춰 기사를 빠르고 정확하게 작성 • 시간과 공간의 제약에 시달리는 편집기자: 큰 고민 없이 기사를 뒤에서부터 잘라 편집이 용이	▶ 기자 측면 • 취재원의 입을 빌려서 어떤 사실을 대변하는 것에 불과 • 정보의 기계적 조립에 빠질 위험성 • 기자들이 진실 추구보다 관찰자적 입장에 매몰될 위험성
		▶ 메시지 전달 측면 • 사실이나 정보의 나열이 명쾌 • 불필요한 수식어나 묘사 등을 생략해 정보 습득에 효과적	▶ 메시지 전달 측면 • 리드 부분에 요약된 사실이나 정보만 두드러지고 나머지는 등위적으로 나열할 위험성 • 사안의 맥락을 무시한 채 사실 정보만 파편적으로 던져줄 위험성
		▶ 수용자 측면 • 어떤 사실이나 정보를 중요도 순으로 앞에서부터 배열했기 때문에 굳이 가치 판단을 할 필요가 없다. • 결과적으로 열독 시간을 절약	▶ 수용자 측면 • 리드 부분에 무리하게 핵심을 제시하기 때문에 수용자가 기사를 끝까지 읽는 것을 방해할 위험성 • 사실의 나열로 무관심과 냉소주의를 조장할 위험성
스토리텔링형	내러티브	▶ 기자 측면 • 기자의 능력에 따라 자유로운 글쓰기 가능(형식이나 내용이 자유로워 관행적 글쓰기 탈피) • 기자는 단순한 전달자가 아니라 탐구자의 입장	▶ 기자 측면 • 기존의 스트레이트 기사를 쓸 때보다 훨씬 많은 취재와 정보가 필요 • 기사 작성 시간도 길어 마감시간에 쫓길 위험성
		▶ 메시지 전달 측면 • 감정을 촉발시키는 서사적 요소를 배치함으로 수용자 흡인 효과 • 사실을 기반으로 이면에 숨겨진 진실 추구 가능성	▶ 메시지 전달 측면 • 묘사와 표현, 기자 개인의 관점 및 의견 게재를 주요 특징으로 하기 때문에 편향성에 빠질 위험성 • 기사 길이가 길어 전체적으로 콘텐츠 꼭지수가 감소할 위험성
		▶ 수용자 측면 • 진실 추구와 읽는 재미를 동시에 느낌 • 파편적이고 획일화된 내용이 아닌 다양한 시각의 콘텐츠를 소비	▶ 수용자 측면 • 기사가 너무 길고 장황해 읽기도 전에 질릴 위험성 • 팩트를 파악하는 데 시간을 허비할 위험성

3 스토리텔링을 위한 대한민국 기사 스타일 분류

뉴스 편집의 스토리텔링을 위해서는 먼저 기사의 종류별 특성을 명확하게 알아야 한다. 기사 스타일에 따라 헤드라인이나 제목의 내용과 형식이 달라지기 때문이다. 기사 스타일은 매체별로, 또는 언론사별로 다양하게 구분해서 사용하기 때문에 명확하게 정의 내리기는 어렵지만 다음과 같이 형식에 따라 나눌 수 있다.

1) 스트레이트(straight) 기사

정치 · 경제 · 사회 · 스포츠 등 사건사고나 주요 이벤트를 시간 순서에 따라, 있는 그대로, 육하원칙(누가, 언제, 어디서, 무엇을, 어떻게, 왜)에 의해 수용자에게 전달하는 기사이다. 기자가 어떤 기획 의도를 갖고 '만든 기사'가 아니라 자연 발생적인 상황 즉, 정치적 사건이나 천재지변, 화재, 대형 참사, 저명인사의 사망, 스포츠 · 연예 스타의 결혼과 이혼, 스포츠 경기 결과 등을 사실대로 기술하는 것이다.

스트레이트성 기사에 부분적으로 해설이나 분석이 포함되어 있더라도 그 내용(해설이나 분석)이 전체 기사의 3분의 1을 넘지 않을 경우 스트레이트로 구분할 수 있다.

2) 복합(complex) 기사

SNS 등을 통한 실시간 뉴스 생산과 뉴스 소비가 가능해짐에 따라 온라인이나 모바일에 비해 시의성이 떨어지는 신문은 스트레이트 중심의 속보성 기사에서 의견이나 논평을 제시하는 '복합형 담론' 방식으로 생존전략을 바꿔나가고 있다. 복합기사는 '사실'이라는 뼈대에 기자의 '의견(관점)'이라는 옷을 입혀 신문 매체의 약점인 시간적 제약을 극복하는 것이다. 과거에는 1면 기사 대부분이 단순한 스트레이트성 기사였다면 인터넷이 주류미디어로 급부상한 이후에는 사실과 의견이 혼합된 복합 기사로 진화하고 있다.

내용적으로 구분할 때 사실적 정보와 해설이 각각 전체 기사의 3분의 2를 넘지 못하는 경우를 복합 기사라고 한다.

3) 해설(commentary) 기사

스트레이트와 함께 기자가 생산하는 대표적인 기사담론 유형의 하나로 어떤 주요 사건의 배경과 원인, 의미, 영향 그리고 앞으로의 전망 등을 해설한 것을 말한다. 스트레이트가 사실을 중시하는 방식으로 담론을 구성한다면 해설 기사는 정보들 사이의 관계와 의미, 맥락 등을 설명하는 것이 목적이다. 해설 기사는 사설이나 칼럼보다 주관성 표출이 제약되기는 하지만, 분석과 설명이 주목적이기 때문에 스트레이트보다 기자의 관점이 더 많이 개입된다. 따라서 해설 기사에서는 기자가 현실에 대한 특정 해석을 객관화하려는 전략이 보다 분명하게 드러난다.

통상적으로 많이 쓰이는 해설 기사는 '큰 사건사고의 원인과 파장', '정치적 행위의 배경과 전망', '주요 정책의 설명과 영향' 등이다. 이렇게 원인 분석과 대안 제시 등 기자의 관점이 전체 기사의 70% 이상을 차지할 때 해설 기사로 분류할 수 있다.

미국의 경우 해설 기사는 1차 세계대전 이후부터 중요시되어 신문이나 시사주간지 등에서 많이 다루게 됐다. 왜냐하면 1차 세계대전 당시 언론이 그 전쟁을 객관적으로만 보도한 결과, 그 전쟁이 왜 일어났으며, 왜 미국이 참전하게 되었는가를 많은 미국인들이 제대로 알지 못했다는 것이다. 따라서 미국의 일부 신문들이 그 원인과 이유 등을 자세히 해설하는 기사를 싣게 되자 독자들로부터 커다란 호응을 받게 됐다. 그러자 다른 신문이나 잡지들도 다투어 해설 기사를 싣는가 하면, '해설칼럼'을 신설하고 또한 주요 사건들에 대한 논평기사(commentaries)들도 게재했다. 그 뒤 1930년대에 이러한 해설기사가 더욱 각광을 받게 되었는데, 그것은 특히 경제공황에 대처하기 위한 뉴딜(New Deal) 정책이 복잡한 경제적 사회적 프로그램이었던 까닭으로 이에 관한 언론의 해설 기사가 필요했기 때문이었다. 그런가 하면 2차 세계대전이 발발하자 라디오방송들도 이러한 해설 기사를 그 뉴스 프로그램에 도입하게 되었고, 다른 나라들도 이를 모방하게 됐다. 뿐만 아니라 이러한 해설 기사는 그 뒤 해설 저널리즘(interpretative journalism)이라는 새로운 언론사조까지 등장시키게 됐다. 그 결과 오늘날에 와서는 전 세계적으로 모든 신문이나 시사주간지 등은 물론, 방송에서도 해설 기사가 중요한 부분을 차지하고 있다.

4) 기획 기사(depth news story)

스트레이트 기사의 주체가 뉴스를 발생시킨 사건사고나 취재원이라면 기획 기사는 언론사가 어떤 이슈나 사람을 부각시켜 공중의제(public agenda)로 발전시키기 위해 의도적으로 만드는 것이다. 기획 기사는 통상적으로 경성뉴스(스트레이트 기사)와 완전한 의견 기사(사설, 칼럼, 인터뷰)를 제외한 심층, 고발, 르포기사 등을 말한다.

기획 기사는 수용자의 이성이나 감성에 호소해서 공감대를 이끌어 내는 것이기 때문에 기자의 의도나 해당 언론사의 사시(社是)가 많이 개입된다. 이미 기자가 사전취재를 통해 해당 기사를 어떤 방향으로 이끌어 결론을 내겠다는 생각을 갖고 시작한 것이기 때문이다.

5) 탐사보도(investigative reporting)

미국탐사기자 및 편집인협회(IRE: Investigative Reporters and Editors)는 '특정 개인이나 집단이 숨기고자 하는 중요한 사건이나 정보를 파헤쳐 보도하는 것'으로 탐사보도를 정의했다. 이와 함께 탐사보도 스토리는 '① 다른 기관의 탐사보도에 대한 인용이 아닌, 기자 자신의 작업물이어야 하고, ② 기자의 기획이 없이는 드러날 수 없는 정보를 담아야 하며, ③ 대중에게 정확한 진실을 전달해야 한다'는 세 가지 원칙을 제시했다.

국내에서도 많은 언론학자들과 언론인들이 IRE의 정의를 바탕으로 한국적 탐사보도 프레임을 만들고 이해하고 수용하였다.

박현수(2005)는 탐사보도란 '발표되는 뉴스나 사건의 표면만 전달하지 않고 그 배경을 추적해서 감춰진 진실을 찾아내는 보도'라고 정의했다. 즉, 기자가 누군가에 의해 발표되는 사건의 사실만을 단순히 받아 적는 것이 아니라 원인과 결과를 구조적인 맥락 속에서 파헤쳐 진실을 밝혀내는 것을 의미한다. 이병철(2006)도 탐사보도를 '공익과 사회정의를 위해서 권력이나 금력을 갖고 있는 개인 및 기관 등에 의해 의도적으로 숨겨져 있는 사건이나 정보를 기자가 폭넓게 발굴 분석하고, 독자적인 취재과정을 거쳐서 심층적으로 보도하는 언론 형태'라고 정의했다.

탐사보도는 취재보도의 절차와 과정에서 시간과 노력, 그리고 비용이 필요하며 기자 개인의 경험과 취재 기술 등도 상대적으로 강조되는 특징이 있다.

6) 에디토리얼(editorial)

'누구나 기자가 되는 1인 저널리즘시대' 다양한 채널을 통해 어떤 사건사고나 이슈에 대한 개인적인 주의주장이 넘쳐난다. 이런 '의견'은 SNS를 통해 급격히 확산되고 사회적인 의제로 확대되기도 한다. 하지만 SNS 담론은 감정적이고 즉흥적인 측면이 강해 '사실 확인'과 '진실 추구'라는 기사의 기본 요건을 간과할 수 있다. '주의주장'에 '사실'이 빠지면 '선동'으로 왜곡될 위험이 있다.

기존 언론은 게이트키핑(gatekeeping)이라는 안전장치를 통해 최대한 사실에 입각한 기사를 내보내고 있다. 따라서 언론사의 미디어 의제는 SNS 담론보다 정제되고 신뢰성이 높다고 할 수 있다.

수용자는 미디어를 소비할 때 누군가가 '영웅'과 '악당', '진실'과 '거짓'을 구별해주길 원한다. 그리고 그들이 생각하는 '영웅'과 '악당', '진실'과 '거짓'이 맞는지 비교해서 확인하고 싶어 한다. 따라서 언론은 '사설'이나 '칼럼' 등과 같은 에디토리얼을 통해 '옳고 그름' 등 자사(自社)의 입장을 밝힌다.

사설은 에디토리얼의 대표적인 것으로 이슈나 쟁점에 대한 언론사의 입장(사시나 뉴스정책)을 논설위원의 글로 표명하는 것이다. 칼럼은 기자나 외부 필진의 글을 통해 해당 언론사의 주의주장을 전파한다. 칼럼의 경우 '본 칼럼은 본사의 입장과 다를 수 있습니다'라는 주석을 통해 민감한 문제에 대해 책임소재를 피해나가기도 한다.

7) 인터뷰(interview) 기사

인터뷰 기사는 취재 대상인 인터뷰이(interviewee)를 주인공으로 내세우는 '큰따옴표 저널리즘'의 일종이다. 대부분은 인터뷰이가 한 말을 시간 순으로 옮겨 적는데, 이럴 경우 지루하고 재미없는 글이 될 수 있다. 그래서 기자는 3인칭 관찰자 시점에서 인터뷰이의 행동이나 감정의 변화, 또는 말하는 습관 등을 기사에 가미해 현장감을 살리기도 한다.

인터뷰 기사는 정부 부처 기자회견이나 스포츠 선수들의 소감(발췌 또는 전문)을 그대로 전달하는 '일문일답형 인터뷰'와 기자가 멘트를 녹여 재가공하는 '피처스토리형 인터뷰'로 나눌 수 있다. '일문일답형 인터뷰'는 폭발력 있는 발언(폭로 등)이나 인터뷰이의 삶을 파노라마 형식으로 말할 때 유용하며, '피처스토리형 인터뷰'는 기자가 인터뷰이의 수많은 멘트 중 '특별하다고 생각하는 부분'을 선택과 집중시켜 제2의 얘깃거리를 만드는 것이다.

8) 레저(leisure) 기사

레저 기사는 여행의 기록과 여행의 안내, 두 가지로 나뉜다. 여행의 기록을 통해서는 수용자들에게 기자의 경험과 감동을 간접적으로 전하고, 여행의 안내를 통해서는 감동을 객관화시켜 수용자들이 글을 읽고 행동으로 옮기는 데 필요한 정보를 제공한다.

Chapter 5

스토리텔링의
커뮤니케이션 효과

Contents

1 소통하라, 그리고 공유하라!

커뮤니케이션은 미디어에 의한 소통행위이다. 미디어는 커뮤니케이션의 핵심 변인으로 사람의 음성부터 매스미디어에 이르기까지 다양하다. 우리 주변에서 이뤄지고 있는 커뮤니케이션의 형태를 살펴보면 다음과 같다.

첫째, 두 사람이 대화를 나누고 있다면, 그들은 음성을 통한 대인 커뮤니케이션(interpersonal communication)에 참여하고 있는 것이다.

둘째, 두 사람이 이메일이나 SNS등을 통해 메시지를 주고받는다면 미디어(또는 매개) 커뮤니케이션이 발생한다.

셋째, 어떤 사건사고나 스포츠 경기에 대한 경기 결과가 종이 신문이나 방송을 통해 전국 수용자들에게 전달되는 것은 매스 커뮤니케이션(mass communication)이다.

아주 사소한 대인 커뮤니케이션부터 실시간 매스 커뮤니케이션에 이르기까지 모든 커뮤니케이션 과정은 대개 송신자 입장에서 어떤 종류의 효과 발생을 목적으로 한다. 예를 들면 아이의 울음은 배고프다는 신호이고, 어떤 남자의 러브레터는 구애작전이며, 신문과 방송의 뉴스보도는 미디어 의제를 여론으로 확산시키기 위한 전략이다.

제닝스 브라이언트(Jennings Bryant)와 수잔 톰슨(Susan Thompson)은 "아무리 단순한 형태의 커뮤니케이션이라 할지라도 좀처럼 단순하지 않으며 보통 상호작용적(interactional)이거나 상호교류적(transactional) 차원에서 이루어진다"고 말한다. 그들은 또 "대인적인 대화에서는 즉각적으로 피드백이 일어나지만 매스 커뮤니케이션은 단일 정보원(보통 방송사나 신문사)이 규격화된 동일 메시지를 수천 또는 수백만 사람들에게 전달하는 과정을 포함한다. 수용자 구성원들은 보통 이질적이거나 인구통계학적으로 다양하며 메시지 정보원에게 알려져 있지 않다. 비록 신문사나 방송사 웹사이트와 스마트미디어 기술이 매스 커뮤니케이션에 새로운 대인적 차원을 제공하기 시작했지만 여전히 매스미디어에서 대인적 관계는 발생 하기 어렵다"고 진단했다.

신문의 기사 작성과 편집 과정도 송신자의 의도를 수용자에게 극대화하는 의도된 커뮤니케이션 행위라고 말할 수 있다. 그렇다면 이러한 기사는 신문사 내부의 어떠한 공정모델에 의해 생산되고, 헤드라인은 어떠한 법칙에 의해 압축되고 가공되는가를 알아야 한다.

1) 기사 생산의 공정모델

기사는 어떻게 만들어지고 틀지어지는가?

기사는 기자나 언론사에 의해 틀지어진(framing) 가공품이다. 즉, 있는 그대로 사건 사고를 비추는 평면거울이 아니라 오목하거나, 볼록하거나, 색을 넣거나, 무늬를 입힌 '성형거울'인 셈이다. 슈펠(Scheufele, 1999)은 기사가 기자와 언론사 내부의 어떠한 변인에 의해 통제되고 가공되는가를 '기사의 공정모델' 중 과정(process)을 통하여 설명하고 있다. 기사의 생산 메커니즘을 체계적으로 이해하는 데 매우 유용한 틀이다.[66]

먼저, 프레임빌딩(frame building) 과정은 언론사의 조직문화, 조직의 압력, 기자의 직업적 가치, 이데올로기, 다른 엘리트와의 경쟁 등이 얼마나 기사에 개입하는가를 나타내준다. 프레임빌딩은 '언론인의 개인적 속성 중 어떤 요인이 미디어프레임에 영향을 미치는가?', '미디어시스템의 조직적이고 구조적인 요인 중 어떤 것이 미디어프레임에 영향을 미치는가?' 또는 '미디어에 압력을 가하는 외부 요인 중 어떤 것이 미디어프레임에 영향을 미치는가?'와 같이 기사를 둘러싼 역학관계를 밝히는 데 유용하다. 위의 질문을 분류해 보면 기사내용에 영향을 미치는 요인으로, '기자의 영향력', '언론조직의 영향력', 그리고 '외부의 영향력'으로 구분할 수 있다. 여기서 보도내용에 영향력을 미치는 각 단계의 하위개념을 살펴보면 다음과 같다.

'기자의 영향력'을 형성하는 하위개념으로서 이데올로기, 이슈를 대하는 태도, 또는 경향성(attitude), 직업적 규범 등이 있다. '언론조직의 영향력'을 형성하는 하위개념으로서 언론사의 정치성향, 조직관행 등이 있고 '외적 영향력'을 형성하는 하위개념으로서 정치주체(political actor), 이익집단, 경쟁상대, 광고주 등이 있다.

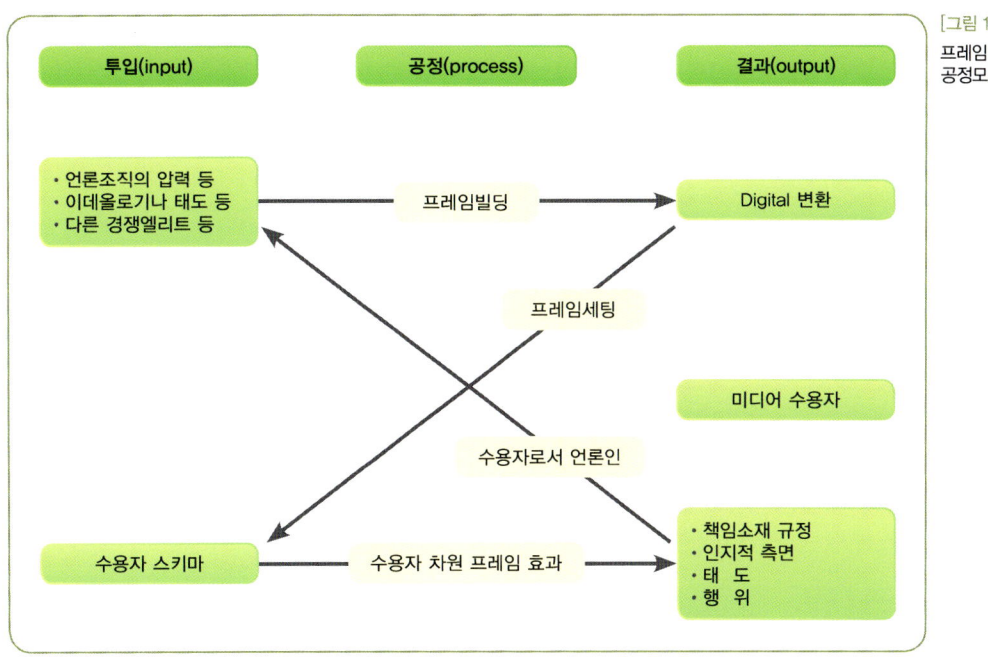

[그림 1]
프레임 연구의
공정모델

출처: 양문석(2001). 「수용자 스키마가 미디어 프레임 평가에 미치는 영향 연구」. 성균관대학교 박사학위 논문

둘째, 프레임세팅(frame setting) 과정은 '이슈 속성 부각(the salience of issue attributes)'에 관한 연구로서, '이슈 부각'은 1단계 의제설정연구이고 '이슈 속성 중 몇몇 측면의 부각'은 2단계 의제설정연구이자 프레임세팅이라고 할 수 있다.

이러한 슈펠(Scheufele)의 공정모델은 기사뿐만 아니라 편집기자의 헤드라인에도 적용된다. 헤드라인도 기사와 마찬가지로 '편집기자의 영향력', '언론조직의 영향력', '외부의 영향력'이 개입되고 작동되기 때문이다.

2) 헤드라인의 커뮤니케이션 구조

신문 헤드라인은 수용자와의 커뮤니케이션이기 때문에 커뮤니케이션의 최종 목표인 효과를 발생시키는 것이 중요하다. 신문에서의 헤드라인 효과는 수용자가 기사를 읽게 유도하고 생각이나 태도, 그리고 행동의 변화를 유발하는 것이다. 때문에 편집기자는 헤드라인을 작성할 때 소속 신문사의 정체성을 고려하고, 목표 수용자(target audience)가 누구인가를 알고, 기사의 의도를 정확하게 파악해야 한다. 그래야만 미디어 의제를 확산시켜 공중 의제로 만들 수 있는 것이다.

헤드라인 작업 과정을 라스웰(Laswell)의 언어적 모델에 적용해보면 [표 1]과 같다.

누가(who)	편집기자
누구에게(to whom)	수용자(독자)
어떤 매체로(which channel)	신문*
무엇을(what to say)	의제설정
어떻게(how to say)	헤드라인과 제목
어떤 효과를(witch what effect)	태도나 행동의 변화

* 다매체 다채널시대에는 종이 신문뿐만 아니라 PDF로 온라인과 모바일 플랫폼을 통해서도 서비스

다시 말해서 헤드라인 작업이란 편집기자(who)가 목표 공중인 수용자(to whom)에게 신문(which channel)을 통해서, 여론(with what effect)을 형성하기 위해, 의제(what to say)를 만들어 헤드라인(how to say)으로 전달하는 과정이라고 할 수 있다.

[표 2]
커뮤니케이션 기능과
헤드라인의 역할

송신자 목적	수신자 목적	헤드라인의 사례
정보 제공	매일 발생하는 뉴스와 사회적인 이슈를 알게 한다.	· 정보 제공형 헤드라인 · 인포머셜한 제목 ※ 인포머셜(informercial)은 information과 commercial의 합성어로 신문 헤드라인에서 구체적인 상품 정보를 제공함으로써 수용자의 구매를 유도. 경제면의 신상품 소개나 기업 PR페이지 등이 해당)
교 육	사회생활에 필요한 지식과 방법을 익히게 한다.	헤드라인의 계도적 기능
설 득	사회 구성원으로서의 적절한 가치를 알게 하고 행동이나 역할을 하게 한다.	설득 메시지로서의 헤드라인
오 락	언어적인 유희를 통해 수용자의 흥미를 유발하고 긴장을 풀게 한다.	· 헤드라인의 수사학(pun) · 헤드라인의 오락적 기능

출처: Alexis S. Tan(1985). *Mass communication theories and research*를 바탕으로 재구성

송신자와 수신자의 목적에 따라 헤드라인은 다양하게 만들어져 전달되는데 '정보 제공'은 언론의 가장 기본적인 역할로 수용자들에게 이슈를 제시해서, 수용자들이 올바른 판단을 하고, 적확한 선택을 하도록 한다.

송신자의 목적 중 '교육' 부분은 '신문은 선생님이다'라는 슬로건처럼 수용자를 가르치고 일깨우는 기능을 한다. 과거에는 계도적으로 접근했다면 이제는 쌍방향적인 참여형으로 변화되고 있다. 또 설득커뮤니케이션 과정에서 헤드라인은 설득 메시지 역할을 한다. 캠페인성 기사나 기획기사의 경우 수용자들을 설득시켜 변화를 요구한다.

수사학 관점에서 볼 때 헤드라인은 다양한 언어적 유희를 구사하는데 이것은 헤드라인이 갖는 오락적 특성(pun)이다. 예를 들면 '영화 포스터나 드라마 스틸 사진의 패러디가 유행이다'라는 기사의 헤드라인을 'Fun Fun한 포토의 재발견'이라고 달았다면 수용자는 'Fun Fun'이라는 단어를 통해서는 '재미'를 상상하고 '뻔뻔한'으로 읽히는 한

글 발음을 통해서는 '사진에 뭔가 패러디한 사람의 의도가 숨어 있겠구나'라고 생각하게 된다. 사자성어 등의 동음이의어나 대구법(對句法)을 통해 익살, 풍자, 촌철살인을 제공한다.

2 공급자와 수용자의 쌍방향 소통

1) 뉴스 편집의 S−M−C−R−E 모델

벌로(Berlo, 1960)의 S−M−C−R 모델은 의사소통의 요인을 송신자(Source), 메시지(Message), 채널(Channel), 수신자(Receiver) 등 네 가지로 구분하고 각 요인을 구성하는 요소들을 제시하였다. 송신자의 요인을 구성하는 요소에는 발신자의 의사소통 기능, 태도, 지식, 사회 시스템, 문화 등이 있으며, 메시지 요인은 내용, 요소, 처리 방식, 구조, 부호 등이 포함된다. 그리고 의사소통 통로를 구성하는 채널 요인에는 시각, 청각, 촉각, 후각, 미각의 5감각이 있다. 수신자 요인을 구성하는 요소에는 수용자의 의사소통 기능, 태도, 지식, 사회 시스템, 문화 등이 있다. S−M−C−R 모델에서 송신자와 수신자가 메시지를 지각할 수 있는 모든 감각 기제를 의사소통의 채널 속에 포함시키고 있으며, 의사소통을 구성하는 각 요인들의 상호작용적 특성을 강조하고 있다.[67]

좀 더 이해가 쉽도록 편집기자에서 수용자에 이르는 커뮤니케이션 과정을 벌로(Berlo)의 S−M−C−R 이론으로 옮겨보면 [표 3]과 같다.

송신자 (Source)	기호화 (encodes) →	메시지 (Message)	→	채널 (Channel)	해독 (decodes) →	수신자 (Receiver)
의사소통 기능 (communication skill)		내용 (content)		청각 (hearing)		의사소통 기능 (communication skill)
태도 (attitudes)		요소 (elements)		시각 (seeing)		태도 (attitudes)
지식 (knowledge)		처리 방식 (treatment)		촉각 (touching)		지식 (knowledge)
사회 시스템 (social system)		구조 (structure)		후각 (smelling)		사회 시스템 (social system)
문화 (culture)		부호 (code)		미각 (tasting)		문화 (culture)

[표 3]
Berlo의
S−M−C−R 모델

출처: Berlo, David K.(1960). *The Process of Communication*. NewYork: Holt, Rinehart, and Winston

의사소통이 제대로 이루어지기 위해서는 송신자(편집기자)와 수신자(독자)가 있어야 하고, 메시지(기사와 헤드라인, 그리고 사진)가 있어야 하고, 송신자와 수신자 사이의 의사소통 채널(신문)이 있어야 한다. 이러한 네 가지 요인 외에도 의사소통 현상을 구성하는 요인에는 공통의 생활공간(field of experience), 의사소통 효과, 의사소통 맥락 등이 있다.[68] 송신자와 수신자는 의사소통 과정에서 상호작용을 통한 양면적 역할을 한다. 즉, 의사소통 과정에서 송신자는 수신자 역할을 해야 하고 수신자는 송신자 역할을 해야 한다. 의사소통은 빈 공간에서 이루어지는 것이 아니고 공통적인 생활공간에서의 의사소통 채널을 통해서 이루어진다. 송신자와 수신자가 공유하는 경험이 많으면 많을수록 의사소통의 충실도는 높아진다. 일정한 효과를 수반하지 않는 의사소통은 진정한 의미에서 의사소통이라 할 수 없다.

맥과이어(McGuire, 2000)는 벌로의 S-M-C-R 모델을 수정하여 효과 측면을 강조하였다. 기존의 S-M-C-R에 효과(E: effect)를 추가하여 수사적 표현을 S-M-C-R-E 모델로 설명하면서 송신자, 메시지, 채널, 수신자, 그리고 목표(who says it, what is said, via which medium, to whom, aimed at changing what)와 대응시켰다([표 4]). 수사적 표현은 설득 커뮤니케이션 과정에서 전달 메시지의 효과를 높이기 위해 사용되는데, 맥과이어는 S-M-C-R-E 과정에서 수용자의 주의·이해·태도 등의 효과가 발생한다고 설명하였다. 수사적 표현은 메시지에 해당하고 메시지의 형식에 따라 주장, 함축·생략, 명령, 극단, 스타일 등 다섯 가지로 나누며, 세부항목으로는 강도·복잡성·유머·문채(文彩) 등 네 가지로 구분하였다.[69]

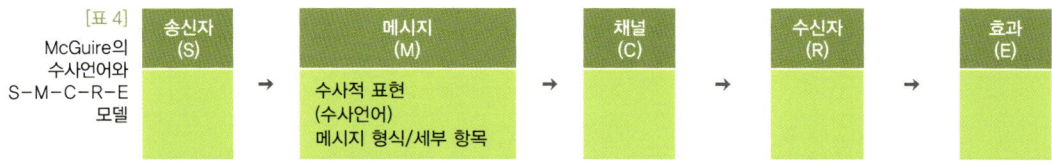

[표 4]
McGuire의
수사언어와
S-M-C-R-E
모델

출처: McGuire, W. J.(2000). "Standing on the Shoulders of Ancients: Consumer Research, Persuasion, and Figure Language". *Journal of Consumer Research*, 127(June)을 재구성

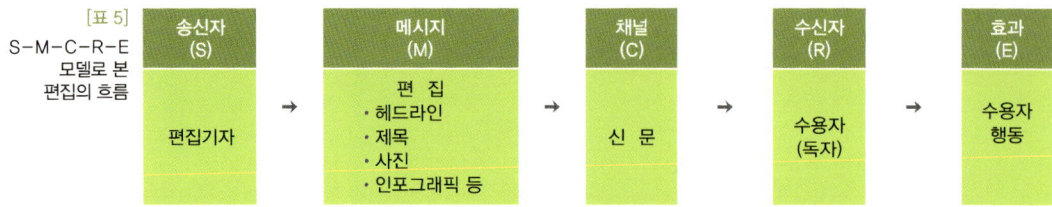

[표 5]
S-M-C-R-E
모델로 본
편집의 흐름

※ 비고: 과거에는 채널이 종이 신문에만 한정되었으나 다매체 다채널시대가 되면서 One Source Multi Use가 가능해짐.

　맥과이어의 수사언어와 S−M−C−R−E 모델은 편집기자의 신문 편집, 특히 헤드라인 작업 과정을 설명하기에 적합한 제안이다.

　이를 편집에 세부적으로 적용한 것이 [표 5]이다. 여기서 송신자를 편집기자로 보고 메시지는 헤드라인이나 제목, 그리고 사진(이미지), 채널을 신문, 수신자를 수용자(독자), 효과를 수용자의 판단과 선택으로 한 차원 추가하였다. 결국 편집기자가 송신자(Source)로서 다양한 기사를 설득 메시지로 작성하는 편집(기호화, encoding)을 하면 그것이 메시지(Message)가 되어 신문(Channel)에 실리게 된다. 수용자인 독자(Receiver)는 이 편집(헤드라인이나 제목, 사진 등)을 접한(해독, decoding) 후에 판단이나 선택 등의 수용자 행동이라는 효과(Effect)를 거두게 된다. 과거에는 이러한 설득 커뮤니케이션이 일방향(one way)이었으나 온라인과 모바일 채널이 발달하면서 수용자들이 다양한 피드백을 '언제, 어디서나' 편집기자에게 전달하는 쌍방향 커뮤니케이션으로 급변하고 있다.

2) 뉴스 편집의 의제설정과 프레이밍 이론

　만약 정부가 '성범죄와의 전쟁'을 선포한다면 신문에서는 성범죄의 원인과 현상, 그리고 '전쟁'의 결과 등을 분석하는 기사들로 넘쳐날 것이다. 이런 보도를 접하는 수용자들은 성범죄를 국가의 가장 중요한 문제로 인식하게 되는데, 이러한 현상을 설명하는 개념이 의제설정이다. 미디어의 의제설정 기능이란, 반복된 뉴스보도를 통해 수용자 마음 속에 이슈의 중요성을 부각시키는 미디어 능력을 말한다.

　1990년대 신문은 의제설정(agenda setting) 기능을 통해 수용자가 '어떻게 생각할 것인가'에 대해서는 정확하게 말해주지 못했지만 적어도 '무엇에 대하여 생각할 것인가'에 대한 이슈는 끊임없이 던져주었다. 다시 말하면 신문이 어떤 아이템을 상대적으로 중요하게 다루고 특정 이슈를 더 크고 도드라지게 보도하는 것이다. 그리고 수용자는 신문이 제공해주는 문제를 더 많이 생각하고 이를 더 가치 있게 평가한다는 것이다.

　그러나 매체가 늘어나고 채널이 다양화될수록 미디어의 영향력은 더 커지게 된다. '무엇에 대하여 생각할 것인가'뿐만 아니라 수용자의 생각하는 방식에도 영향을 미치게 된 것이다. 이때 헤드라인의 힘이 강력하게 작동되는데, 이런 미디어 현상을 프레이밍(framing, 틀짓기)이라는 개념으로 설명할 수 있다.

　프레임은 '그림이나 사진 등을 끼우는 틀'로서 '액자(額子, picture frame)'이다. 액자는 그림의 어느 부분을 포함할 것인가를 결정한다. 그리고 액자의 형태를 가지고 그림의 스타일을 설정한다. 이와 같은 방식으로 프레이밍 이론을 설명할 때 프레임은 어떤 사건이나 이슈에 의미를 부여하고, 그 의미를 해설하는 것이다. 뉴스 밸류 관점에서의 프레이밍이 가치가 '있고 없고', '크고 작고'를 판단하는 '행위'라고 할 수 있다. 그래서 프레이밍을 '의미를 생산하는 활동(meaning making exercise)'이라고 규정하기도 한다.

수용자 앞에 놓인 신문은 선택의 모든 과정을 거친 결과물이다. 어떤 뉴스가 인쇄될 것이며, 어떤 관점에서 쓰일 것이며, 몇 칼럼(단) 크기로 지면에 실릴 것이며, 어떤 점을 강조할지가 고려된 것이다. 그러나 이러한 선택에서 객관적인 기준이란 존재하지 않는다. 단지 신문사와 뉴스룸, 그리고 편집기자의 관행이 있을 뿐이다.[70]

립프먼(Lippmann)이 언급한 '어떤 뉴스가 인쇄될 것인가?'는 수많은 정보 중에서 게이트키핑 과정을 거쳐 무엇을 선택할 것인가에 대한 지적이다. 의제설정이론의 핵심적인 개념으로 볼 수 있다. 그리고 '어떤 관점에서 쓸 것인가?'는 매일매일의 이슈에 대한 기자의 생각과 언론사의 사시(社是)에 맞는 어떤 측면을 중심으로 서술할 것인가를 지적한 내용이다. 미디어프레임의 기본 개념을 포괄적으로 언급한 내용이다. 또한 '몇 칼럼(단) 크기로 지면에 실릴 것인가?'는 어떤 이슈나 그 이슈의 특정 측면에 대한 강조 또는 부각을 의미한다. 그리고 '어떤 점을 강조할지가 고려된 것'은 뉴스 가치 판단에 의한 헤드라인이나 지면 레이아웃을 의미한다.[71]

또한 매스 커뮤니케이션 이론 분야의 선구적 이론가인 탠카드(Tankard)는 미디어 프레임을 '맥락을 제공하고, 해당 이슈를 선정(selection), 강조(emphasis), 배제(exclusion), 그리고 정교화(elaboration)하는 과정과 방식을 거침으로써 뉴스의 내용에 대한 핵심적인 생각을 조직화한다'고 정의했다. 미디어 프레임에 대한 정의에 사용된 네 개의 개념, 즉 선정, 강조, 배제, 그리고 정교화는 신문이 해당 이슈나 사건을 의제로 설정하는 데에만 국한하지 않고 이러한 잠재적 대상에 포함된 구체적 속성의 현저성을 전환시킨다. 주로 신문에서 기사의 구체적 속성은 헤드라인에 의해 드러나고 강조된다.

[표 6]
미디어 프레임의
성격과 기능

구 분	성 격	기 능
1차	일상의 본질적 부분 뉴스의 가장 중요한 특징	'일상적인 현실'을 구성
2차	공중담론의 핵심적인 특징 이슈와 사건을 구성한 핵심 아이디어 사건에 의미를 부여하는 스토리라인	'사건의 쟁점'이나 '이슈의 핵심'을 제시
3차	뉴스 그 자체의 특성 뉴스 텍스트의 특성 기사의 핵심	'어떻게 생각할 것인가'와 '무엇을 해야 할 것인가'를 제시

출처: 양문석(2001), 「수용자 스키마가 미디어 프레임 평가에 미치는 영향 연구」, 성균관대학교 박사학위 논문의 재구성

재주 넘고 갈채 받는 비단잉어 태몽이 현실로…

양학선, 비장의 무기 '양1' 흔들렸지만 2차 시기 완벽 착지
1m59 강심장 '작은거인' 한국 체조 52년 '노골드' 한 풀어

첫 올림픽 출전서 일냈다

출처: 스포츠조선 2012.08.07.

　2012년 런던 올림픽에서 양학선 선수는 남자 체조 도마에서 금메달을 목에 걸었다. 양학선 선수가 다른 금메달리스트들보다 대중의 주목을 더 끌 수 있었던 이유는 무엇일까? 일부는 양학선 선수의 훌륭한 경기력, 어떤 이들은 양학선 선수의 도전정신에 열광했을 것이다. 그러나 무엇보다도 양학선 선수의 금메달이 가진 본질적 속성 뒤에 숨겨진 다른 잠재적 특징이 있었는데 그것이 더 크게 작용했을 수도 있다. 예를 들면 다음과 같다.

- 가난: 비닐하우스 단칸방에 살면서 인간승리
- 효도: 금메달을 따서 부모님께 집을 지어드리겠다는 효심
- 부모: 운동하는 아들을 위해 헌신적인 뒷바라지
- 포상금과 후원금: '기업이나 협회 등으로부터 얼마나 많은 돈을 받을까?' 하는 호기심

　거의 모든 신문의 기사에 이러한 내용이 포함되어 있었지만 다양한 속성 중에서 '무엇을, 어떻게' 부각시키는가를 결정하는 헤드라인에는 큰 차이가 있었다.

　이와 같이 의제설정에는 두 가지 단계가 있음을 알 수 있다. 의제설정 1단계는, 매

스미디어에서 현저하게 드러나는 태도 대상(attitude object)을 수용자 머릿속의 상(像)으로 전환시키는 것이다. 이로써 양학선 선수의 체조 금메달은 수용자에게 중요한 이슈가 되는 것이다. 이것이 전통적인 의제설정 기능이다.

의제설정의 두 번째 단계는 매스미디어에 의해 '현저하게 드러난 태도 대상'의 숨겨진 속성들 중에서 몇 가지만을 취사선택해 틀짓기 하는 것이다. 양학선 선수의 금메달뿐만 아니라 '가난을 극복한 인간승리', '효자 금메달리스트' 등 프레임을 만들어주는 것이다.

결과적으로 신문은 수용자에게 '무엇에 대하여 생각할 것인가?'뿐만 아니라 그것을 '어떻게 생각할 것인가?'를 알려주며, 심지어는 '무엇을 해야 할 것인가?'에 대해서도 말해준다.

과거 올드미디어(old media) 중심의 미디어 환경에서 신문 헤드라인은 1차 정보 전달 역할을 했지만 온라인과 모바일 시대에서는 2차 내지는 3차로 우선순위가 밀리게 되었다. 즉, 속보성 콘텐츠는 실시간으로 웹(web) 채널을 통해 유통되고, 신문은 해설과 분석 중심으로 역할이 바뀌고 있는 것이다. 이러한 추세 속에서 신문 헤드라인도 변신을 해야 한다. 기사를 요약하고 정리하는 수준의 단순 헤드라인으로는 수용자의 열독 욕구를 충족시킬 수 없다. 이제 헤드라인도 이야기를 만들어주어야 한다. 기사 속 다양한 정보로 스토리빌딩(story building)을 한 다음 편집기자의 시각으로 스토리텔링을 해야 한다.

3) 신문 편집의 이용과 충족 이론

토요일 아침 서울 신문로의 한 신문 가판대 앞 풍경이다.

수용자1: 학교 도서관을 향해 바삐 발길을 옮기던 20대 대학생은 1면부터 호흡이 긴 심층해설 기사로 꽉 채운 한겨레신문이나 동아일보에 800원을 투자한다.

수용자2: 친구들과 잠실야구장으로 두산 응원을 가기로 약속한 20대 직장인은 역동적이고 비주얼이 강한 스포츠조선을 산다.

수용자3: 가까운 공원으로 산책을 가는 60대 남성은 정치·경제·사회 등 스트레이트성 기사 중심 정보가 풍부한 조선일보 한 부를 집어 든다.

수용자4: 아이들과 함께 박물관 나들이에 나선 30대 주부는 콤팩트 판형이라 휴대하기 편하고 1면 헤드라인 부분에 과감한 여백을 준 중앙일보에 손길이 간다.

이와 같이 수용자들은 여러 가지 개인적인 욕구를 충족시키기 위해 특정 신문이나 특정 편집 스타일을 선택하고 소비한다. 미디어를 선택할 때 수용자들의 행위는 목적 지향적(goal oriented)이 된다. 그들의 미디어 선택은 '만족'을 기반으로 한다. 미디어의 이용과 충족 접근 방법은 수용자들의 개인적 차이가 그들에게 각기 다른 메시지를 추구하게 하고, 메시지를 다르게 이용하게 하며, 메시지에 대해 다르게 반응하게 만든다고 가정한다. 왜냐하면 매스미디어의 메시지는 수용자에게 서로 다른 미디어 효과를 경험하게 할 뿐 아니라 서로 다른 미디어 내용물을 선택하게 만드는 사회적이고 심리적인 요인들 가운데 하나에 지나지 않기 때문이다.

이용과 충족 연구는 매스미디어가 수용자에게 미치는 직접적인 효과에 초점을 맞추기보다는 수용자들의 동기화와 행위, 즉 그들이 어떻게, 그리고 왜 미디어를 이용하는지 조사한다. 이 이론은 언제나 수용자들이 그들의 개인적인 욕구를 충족시키기 위해 능동적으로 신문이나 신문 콘텐츠를 선택한다고 가정한다. 이용과 충족의 핵심에는 몇몇 기본적인 가정이 자리를 잡는데, 능동적인 수용자, 충족을 위한 미디어 이용 등이다.

수용자들이 신문을 선택하고 소비하는 것은 자신의 정체성을 드러내는 목적지향적 행위이기 때문에 신중하다. 예를 들면 아침 출근길 지하철 안 풍경을 상상해 보자. 여러분 앞에 앉아 있는 승객들이 신문을 읽고 있는데 맨 왼쪽부터 조선일보, 한겨레신문, 매일경제, 스포츠조선, 무료신문, 코리아헤럴드를 보고 있다면 여러분은 어떻게 그 독자들을 미루어 짐작할 수 있을까? 신문에 가려 독자들의 나이나 얼굴, 그리고 옷차림 등을 정확하게 알 수 없다면 아마 여러분은 그 사람들이 읽고 있는 신문 브랜드의 정체성에 맞춰 그들의 정체성까지 판단할 것이다.

조선일보는 보수를 표방하니까 그 독자는 안정적인 50대 이상일 것이고, 한겨레신문은 진보적인 색채를 띠니까 그 독자는 20대일 가능성이 높고, 매일경제는 경제신문이니까 그 독자는 재테크에 관심이 많은 40대 직장인일 것이고, 스포츠조선은 스포츠와 연예 중심이니까 그 독자는 프로야구에 관심이 많은 20~30대 직장인일 것이고, 코리아헤럴드는 영자신문이니까 그 독자는 영어를 잘하는 30대 외국계 회사원으로 예단할 수 있다.

따라서 이용과 충족 이론에 대입해 볼 때 신문의 의제설정 방향과 편집 프레임은 수용자들의 충성심을 유발하는 충분조건이 된다.

4) 뉴스 헤드라인의 울림과 떨림

　송신자인 편집기자가 만든 헤드라인은 메시지로 기호화되어 신문이라는 채널을 통해 수용자에게 전달된다. 이때 신문의 목표인 커뮤니케이션 효과가 일어나게 된다. 기본적으로 수용자의 태도 변용을 가져오게 되는데 여기에는 인지적·감성적·행동적 차원의 효과를 포함한다.

　신문의 헤드라인 효과는 일반적으로 신문의 의제설정이 수용자의 인지과정에 미치는 영향의 정도로 측정할 수 있다. 편집기자가 수용자들에게 메시지를 전달하여 수용자들로부터 얻은 여러 가지 반응들 중에서 편집기자나 신문사가 의도했던 반응을 주된 효과로 볼 수 있다. 편집기자가 의제설정을 통해서 얻고자 하는 목표는 신문의 잠재 소비자인 수용자에게 '인지 → 이해 → 확신 → 행동'의 과정을 거쳐 일정한 수용 단계에 이르게 한다.

　먼저 이슈가 무엇인지를 알게 하고, 그 다음 단계에서는 그 이슈에 대하여 관심을 갖게 하고, 마지막 단계에서는 기사를 읽고 판단하고 선택하게 하는 전략을 사용한다. 효과적인 커뮤니케이션 과정을 위해서 사용되는 공명(resonance: 동음이의어의 익살에 의한 카피와 비주얼의 상호작용을 활용한 카피 수사학의 한 방법)의 효과는 인지적·감성적·행동적 차원의 태도를 포함하여 무수히 많은 차원으로 생각할 수 있으나 효과로서 측정이 가능한 최종 결과를 살펴보면 주의·이해·태도에 이르는 과정을 공명이 영향을 주는 커뮤니케이션 변인에 포함할 수 있다.[72]

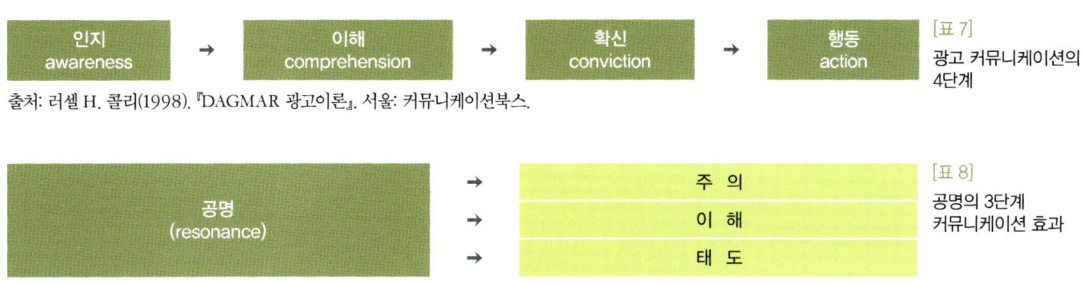

[표 7] 광고 커뮤니케이션의 4단계

| 인지 awareness | → | 이해 comprehension | → | 확신 conviction | → | 행동 action |

출처: 러셀 H. 콜리(1998). 『DAGMAR 광고이론』. 서울: 커뮤니케이션북스.

[표 8] 공명의 3단계 커뮤니케이션 효과

| 공명 (resonance) | → 주 의 → 이 해 → 태 도 |

출처: 조병량 외(2010). 『광고 카피의 이론과 실제』. 서울: 나남의 제3장(이희복: 카피와 커뮤니케이션)을 재구성

Memo

Chapter 6

스토리텔링과
스마트미디어의 상호작용

1 뉴스 편집의 스토리텔링

스토리텔링(storytelling)이 문화 전반에 걸쳐 정보 전달의 대세로 떠오르고 있다. 그러나 장르를 넘나들며 스토리텔링 기법이 소개되고 있지만 스토리텔링이 명확하게 무엇이며, 장르에 따라 어떻게 구현되며, 어떻게 미디어를 통해 노출되는가에 대해 한마디로 정의 내리기는 쉽지 않다. 스토리텔링에 대한 여러 정의를 종합해 보면 다음과 같은 공통점을 찾아낼 수 있다.

첫째, 사실(fact)에 기초해야 한다.
둘째, 사실을 전달하는 미디어에 맞게 가공해야 한다.
셋째, 단순히 지식이나 정보를 전달하는 수준을 넘어서 수용자의 감정 변화를 일으켜야 한다.
넷째, 수용자의 태도와 행동 변화를 일으켜 문화로 만들어야 한다.

즉, 스토리텔링은 어떤 정보나 상품의 기능적 특성을 일방적으로 따분하게 설명하는 '내용 중심의 메시지 전달 전략'이 아니라 정보나 상품에 담긴 의미나 그것들을 통해 만들어지는 부가 스토리를 지속적으로 이끌어 내 수용자와 브랜드의 교감을 유도하고 하나의 문화로 만드는 것이다.

미래학자 롤프 옌센(Rolf Jensen)은 "사람들은 쓸모 있는 상품보다 자신의 꿈과 감성을 만족시키는 것을 구매하려는 경향이 있다. 사람들을 매혹시키는 것은 상품의 사용가치나 교환가치가 아니라 그 상품에 깃들어 있는 이야기"라고 주장했다. 또한 그는 "정보화 시대가 지나면 소비자에게 꿈과 감성을 제공하는 것이 차별화의 핵심이 되는 드림 소사이어티(dream society)가 도래할 것"이라고 예견한다.

미래에는 이야기와 꿈이 부가가치를 만들며 이를 통해 새로운 시장이 형성된다는 것이다. 이러한 드림 소사이어티는 광고나 일반 상품에만 적용되는 것이 아니라 정보를 생산하고 가공하는 신문 등 미디어 업계에서도 곧 불어닥칠 바람이다. 이에 대응하기 위해 신문은 단순한 정보의 나열에서 벗어나 '정보'와 '이야기'를 접목한 '인포토리'에 주력해야 한다. 정보 습득이 딱딱하고 지루한 '공부'가 아니라 소설책 읽듯 흥미를 유발하고 재미가 넘치는 인포테인먼트(infotainmant: information＋entertainment)가 되어야 하는 것이다. 그러기 위해서는 기사를 쓰는 방법부터 편집 스타일까지 모든 것을 바꿔야 한다. 흥미 있는 주제를 어떻게 재미있게 풀어나갈 것인가를 고민해야 한다. 이슈 메이킹(issue making)이 취재기자의 고민이라면 편집기자는 그 이슈를 어떻게 짧고 강렬하고 쉽게 하나의 완결된 스토리로 응축시켜 다양한 채널을 통해 서비스하느냐의 문제다. 이제는 종이 매체 하나에 승부를 걸 수 없다. 온라인과 모바일 채널에도 알맞은 스토리를 만들어 내야 한다. 채널의 특성에 따라 이야기 형식이나 내용이 다르게 적용될 수 있기 때문이다.

스토리는 곧 재미를 의미한다. 과거, 정보가 희소하던 시절에는 신문사들이 공급자입장에서 권위적이고 딱딱한 콘텐츠를 일방적으로 생산하고 전달했다면 정보가 넘쳐나는 멀티미디어시대에는 신문이 먼저 수용자의 빛깔과 향기에 알맞은 이름을 불러줘야 한다. 스토리를 만들어 흥미와 재미를 불러일으켜야 한다. 그래야 수용자들은 나(신문)에게로 와서 꽃(열독)이 될 것이다.

1) 뉴스 편집에서의 스토리텔링이란?

스토리텔링(storytelling)은 단어 그대로 스토리(story)와 텔링(telling)의 합성어이다. 여기서 '스토리'는 '이야기'를 뜻하며, '말하기'는 '미디어'를 지칭한다. 그러므로 스토리텔링은 '미디어를 전제로 한 이야기하기'라고 정의할 수 있다. '다매체 다채널시대' 스토리텔링은 미디어에 따라 다르게 적용된다.

[표 1]
스토리텔링의
구조

스토리(story)	이야기	무엇을(What)
텔(tell)	내용＋표현	어떻게(How to)
링(ing)	상황의 공유	

※ 스토리텔링에서의 'tell'은 단순히 말한다는 의미 외에 시각은 물론 청각이나 후각과 같은 다른 감각까지 포함한다. 특히 구연자와 청취자가 같은 맥락 속에 포함됨으로써 구연되는 현재상황이 강조된다. '현재성의 회복', 즉 새롭게 확장된 '구술문화'의 차원이 되는 것이다. 여기에서 'ing'는 상황의 공유, 그에 따른 상호작용성의 의미를 내포한다.[73]

　스토리텔링이 사회 전체 영역에서 각광을 받고 있는 것은 사회적 효용가치가 크기 때문이다. 즉, 어떤 메시지를 단순 '정보'로 전달하는 것과 '이야기'로 가공해 전달하는 것과는 수용자 각인 효과 측면에서 커다란 차이가 있다는 것이다. 이야기가 수용자의 마음을 움직이고 영향력을 발휘하려면 이야기가 먼저 수용자에게 전달되어야 한다. 바로 이 지점에서 '텔링(telling)'의 중요성이 제기된다. 따라서 '스토리'가 아니고 '스토리텔링'이라고 부르는 것이다. 기사라는 스토리가 있는데 이것을 '어떻게 이야기할래?' 하는 것이 뉴스 편집의 스토리텔링에 대한 방법론적 연구이다. '스토리'를 '텔링' 하는 매체와 방식은 다양하고, 목적에 따라 그것은 한 가지가 아니라 여러 기법이 혼용된다. 스토리를 '어떻게 텔링하느냐'에 따라 수용자의 기억 속에 그 스토리가 어떻게 작용되느냐가 결정되며, '텔링을 어떻게 할 것이냐'에 따라 스토리 분석 방법이 달라질 수도 있다.[74]

　뉴스 편집의 경우 어떤 신문사, 어떤 편집기자가 어떻게 헤드라인을 뽑고, 어떻게 사진을 쓰고, 어떻게 레이아웃을 하느냐에 따라 메시지의 전달력과 수용자의 태도가 달라진다. 뛰어난 편집기자는 수용자들을 판단과 선택의 과정으로 이끄는데, 이때 기사가 스토리라면, 그것을 더 알기 쉽고, 더 보기 좋고, 더 빠르고, 더 생생하게 이야기하고 전달하는 행위가 편집의 스토리텔링 과정이라고 할 수 있다. 동일한 기사(스토리)라고 하더라도 신문의 어느 면에 어느 정도의 크기로 실리느냐에 따라 '텔링'의 내용과 형식이 달라진다.

　스토리텔링에 대한 현대사회의 광범위한 요구는 디지털 정보사회의 특성에 기인한다. 디지털 미디어 환경 속에서 사는 수용자들은 지식이 곧 정보이고 에너지라고 할 수 있지만, 정보의 홍수 속에서 혼란을 겪을 수밖에 없다. 정보의 홍수 앞에서 이를 자신의 지식으로 활용 못 하는 사람들이 많아지자 새로운 방법이 구상되었고 그 대체 방법 중 하나로 인식된 것이 '이야기'라고 할 수 있다. 이들은 단순한 정보보다는 '사건을 겪은 사람들의 경험을 통해 한 번 걸러진' 담화 또는 스토리를 원하게 되었다. 또한 디지털 미디어의 발달과 더불어 콘텐츠의 중요성이 날로 증가하자 콘텐츠의 핵심이라고 할 수 있는 스토리텔링이 더욱 부각되었다. 이처럼 스토리텔링은 다매체 다채널 환경의 디지털미디어 발달과 그 상호작용을 하고 있다.

　SNS 등을 통한 디지털 스토리텔링은 모노미디어(monomedia)와 달리 상호작용(interactivity)을 할 수 있어서 송신자와 수신자의 구분이 없어지고 오직 참여자만 존재하게 되었다. 본질적으로 디지털 스토리텔링은 모두가 이야기 구성 과정의 참여자가

[표 2]
스토리텔링의
의미 차이

구 분	전통적 스토리텔링	디지털 스토리텔링	뉴스 편집 스토리텔링
매 체	구술	디지털미디어	신문(종이)
	문자		디지털미디어(PDF 등)
화자와 청중	화자/저자: 1인	화자: 다수	화자(기자): 1인
	청중: 다수	수용자(독자/시청자): 다수	수용자(독자): 다수
서사 구조	선형성	비선형성	비선형성
		다기성(多技性)	다기성(多技性)
엔 딩	종결성	개방성	개방성
구성요소	서사	서사＋비주얼＋음향의 결합	텍스트/이미지
감각 기관	청각	다감각성	시각
	시각	다매체성	다매체성
소 통	일방성	무한대 상호작용성	제한적 상호작용성

출처: 최정예·김성룡(2005). 『스토리텔링과 내러티브』, 서울: 글누림의 재구성

될 수 있는 것이다. 미디어에서의 스토리는 다양한 모티브와 원형을 통해서 만들어지며, 이를 통해서 만들어진 이야기는 새로운 창작물에도 영향을 미치게 된다. 이 이야기가 구연·공간·출판·컴퓨터 등에 따라 다르게 연출되고, 목표 청중(target audience)도 미디어에 따라서 다르게 불린다.

뉴스 편집의 스토리는 허구의 이야기, 즉 서사가 아닌 정보의 가공이기 때문에 단순히 '스토리'라고 하기에는 용어의 한계가 있다. 따라서 위에서 언급한 것처럼 정보와 이야기가 결합된 인포토리라고 부르는 것이 더 정확한 표현이 될 것이다.

[표 3]
뉴스 편집의
인포토리

인포토리 (Infotory)		정보(information)＋이야기(story)
	형식	수용자의 이성과 감성을 동시에 자극한다.
		블로그나 SNS 등에 글을 올리듯 수용자 중심 언어를 쓴다.
		헤드라인 글자 수나 제목 형식 등에 얽매이지 않고 자유롭게 접근한다.
		정보를 지루하게 설명하지 말고 인포그래픽 등으로 한눈에 보여준다.
		서체의 크기나 서체의 종류(고딕과 명조 등)로 강약을 조절한다.
	기사와의 관계	기사의 재구성이다.
		문자로 된 사실이나 정보를 시각화한다.
		인포토리만으로도 완성된 형식을 갖추어야 한다.

2) 뉴스 편집의 스토리텔링(storytelling) 과정

뉴스 편집의 스토리텔링은 단순한 정보의 요약과 나열이 아니라 정치적·경제적·사회적·문화적 관계를 감안하고 고려해서 미디어 의제(agenda setting)를 설정하고 수

용자들에게 공감을 불러일으켜 여론으로 확산시키는 전략적 행위이다. 따라서 조직과 조직과의 역학관계, 조직과 기자와의 영향관계, 조직과 대중과의 신뢰관계를 반영하고 형성해야 한다([표 4]).

스토리텔링	조 직 ↔ 조 직	신문사 vs.	정부기관	역학관계
			기 업	
			사회단체	
			스포츠 구단 등	
	조 직 ↔ 개 인	신문사 vs.	취재기자	영향관계
			편집기자	
		출입처 vs.	취재기자	
	개 인 ↔ 개 인	취재기자 vs.	취재원	
			편집기자	
	조 직 ↔ 수용자	신문사 vs.	종이 수용자	신뢰관계
			온라인 수용자	
			모바일 수용자	

[표 4]
전략적 행위로서
편집의 스토리텔링

인포토리 소재	인포토리 가공	인포토리 소비
· 기사에 내포된 요소 　: 육하원칙, 각종 데이터 등 · 사진 · 뉴스 메이커 프로필 · 기사를 이미지화할 수 있 　는 상징물 · 인터넷 관련 정보 · 지난 자료(DB)	· 헤드라인 · 레이아웃 · 인포그래픽 · 사진트리밍 등	· 수용자 　: 신문, 포털, SNS 등을 　통해 콘텐츠 이용

→ 스토리빌딩
story building

스토리세팅
story setting

→ 스토리텔링
story telling

[표 5]
뉴스 편집의 스토리
빌딩 → 스토리세팅
→ 스토리텔링

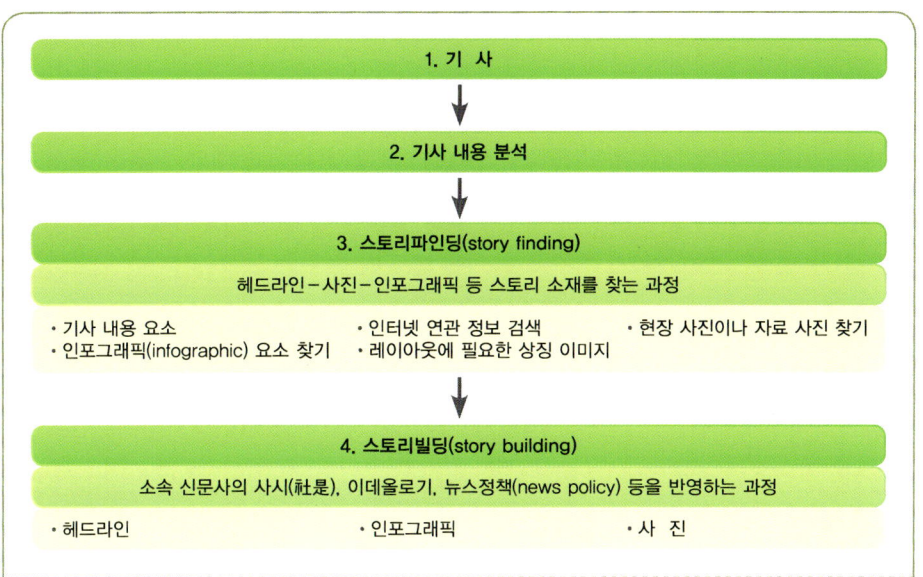

[그림 1]
뉴스 편집의
스토리텔링 과정

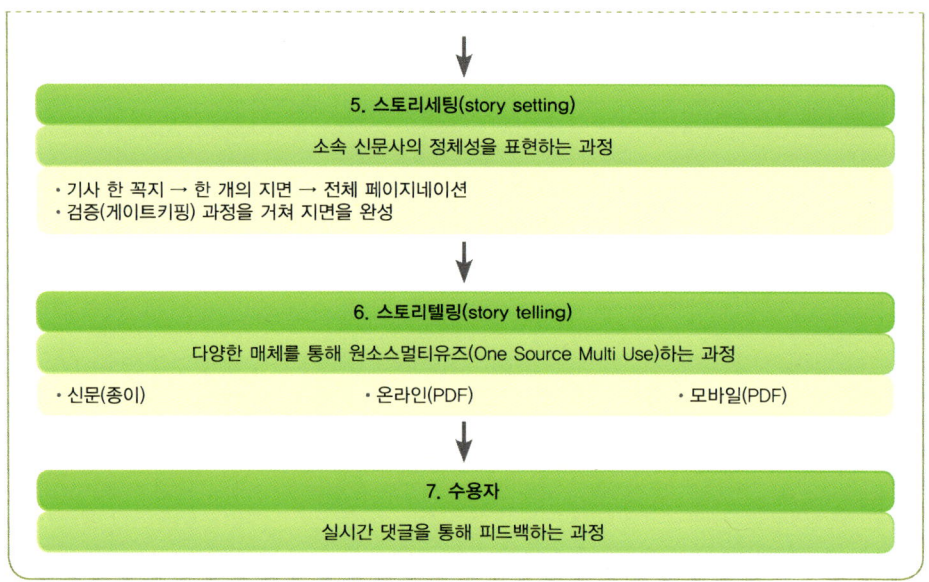

(1) 스토리파인딩: 인포토리 소재를 어떻게 뽑아낼 것인가?

스토리파인딩(story finding)은 인포토리 소재를 찾는 것으로서 스토리를 텔링하기 위한 핵심 과정이다. 뉴스 편집의 스토리는 허구가 아니라 정확한 사실을 기반으로 하기 때문에 원천 소스(source)인 기사 내용에 충실해야 한다. 그렇다고 기사 내용을 요약하거나 일정 부분만을 오려붙이기 하는 수준의 스토리는 재미있지도 않고 흥미롭지도 않아 수용자에게 소구할 수 없다.

편집기자의 스토리텔링 능력의 기본은 정확하게 기사의 핵심을 뽑아내고, 그 핵심을 가시화할 수 있는 이미지를 구상하고, 관련 자료들을 검색해 인포토리 자료들을 풍성하게 쌓아놓는 것이다. 그 인포토리 재료가 풍성하고 정확해야 다양한 텔링을 할 수 있다([그림 1]).

① 기사 내용 분석: 스토리 소재는 기사와 이슈의 흐름을 통해 찾을 수 있다. 먼저 스토리의 원천 소스인 기사를 분석한다. 이때 가장 중요한 것은 뉴스의 생명인 정확성이다. 팩트를 찾아내고(fact finding), 헤드라인과 제목으로 뉴스를 재가공하고, 정보를 시각화할 수 있는 인포그래픽 요소를 구상하고, 이미지는 무엇으로 쓸 것인가 고민한다.

② 인터넷 연관 정보 검색: 인터넷 검색을 통해 이슈의 흐름을 알고, 기사에 대한 이해를 넓히고, 다른 매체와 차별화를 시도한다.

③ 현장 사진이나 자료 사진 찾기: 기사에 적합한 사진이 무엇인지 실시간 업로드되는 포토 아카이브(연합뉴스 등 포함)를 검색하고, 최선의 사진을 선택한 후 데스크 등과 상의한다. 만약 현장 사진이 없을 경우 자료(DB)사진 활용 방안도 강구해야 한다.

④ 인포그래픽 요소 만들기: 인포그래픽은 기사를 더 쉽게 이해시키고 시각적 효과를 거두기 위해서 활용한다. 이러한 인포그래픽 요소는 1차적으로 기사 분석 과정에서 만들어 낼 수 있으나 부족한 경우 취재기자에게 요청하기도 한다. 또한 인터넷 검색 등을 통해 필요한 기록이나 정보 등을 찾을 수도 있다. 그러나 이때 가장 중요한 것은 정보의 정확성이다. 인포그래픽을 만들기 전에 취재기자와 상의를 하고 상호검증을 해야 한다. 그리고 지면에 어울리는 인포그래픽을 만들기 위해서는 인포그래픽팀(미술팀)과도 긴밀하게 소통해야 한다.

⑤ 레이아웃에 필요한 상징 이미지: 피처(feature)면, 프런트페이지(front page), 그리고 엔터테인먼트면 등을 편집하기 위해서는 다양한 상징 이미지가 필요하다. 기사 내용을 형상화할 수 있는 이미지를 활용하면 메시지를 쉽고 빠르게 전달할 수 있고 지면 미화 기능도 된다. 이때 주의할 점은 상징 이미지가 기사를 압도하거나 복잡해서 가독성을 떨어뜨려서는 안 된다는 것이다.

(2) 스토리빌딩: 스토리 아이디어를 어떻게 얻을 것인가?

스토리빌딩(story building)은 스토리 소재를 소속 언론사 사시(社是)와 뉴스정책(news policy), 편집기자의 직업적 가치와 편집관 등에 맞게 구성하는 것을 말한다. 즉, 기사를 둘러싼 대내외적인 역학관계와 영향관계를 밝혀 편집에 반영하는 것이다.

① 수용자들이 무엇을 알고 싶어 하는지 니즈(needs)를 발견
② 다양한 매체 분석을 통한 이슈 트래킹(tracking)
③ 드라마 · 영화 · 가요 등 대중문화의 흐름
④ 커뮤니케이션 기술의 변화와 새로운 뉴미디어의 개발
⑤ 공급자와 수용자 입장을 바꿔서 접근
⑥ 스크랩북(기사 · 헤드라인 · 레이아웃 · 인포그래픽 등)이나 메모장 활용
⑦ 다양한 인쇄매체, 웹매거진, 그리고 웹 디자인 등을 벤치마킹

스토리 소재가 찾아졌다면 다음과 같은 점을 점검해야 한다.

① 기사의 팩트(fact)를 정확하게 담고 있는가?

② 쉽고 빠르게 메시지를 전달할 수 있는가?

③ 가독성이 높은가?

④ 일반 수용자가 이해할 수 있는가?

⑤ 소속 신문사의 사시(社是)나 뉴스정책을 반영하고 있는가?

⑥ 지면의 일관성과 통일성을 해치지는 않는가?

⑦ 차별화가 되는가?

스토리텔링의 성패는 좋은 스토리 소재를 찾고 어떻게 구성하느냐에 달려 있다. 스토리 요소가 부실하고 스토리빌딩이 잘못되면 전체적인 스토리텔링이 한계를 가질 수밖에 없다. 즉, 수용자에게 효과적으로 메시지를 전달할 수 없게 되는 것이다.

(3) 스토리세팅: 스토리 아이디어 중 무엇을 강조할 것인가?

스토리세팅(story setting)은 '기사 내용 중 무엇을 부각시킬 것인가?'를 결정하는 단계이다. 다양한 이야기(이슈) 중 몇몇 측면을 헤드라인과 레이아웃을 통해 부각시키는 것을 말한다. 궁극적으로는 소속 언론사의 정체성을 표현하는 과정이다.

스토리세팅을 할 때 고려할 점은 다음과 같다.

① 너무 많은 이야기(이슈)를 전달하려 하지 말고 몇 가지 이야기에 선택과 집중을 한다.

② 수용자 입장에서 공감할 수 있도록 한다.

③ 수용자가 흥미를 느낄 수 있도록 구성한다.

④ 수용자가 쉽게 이해할 수 있도록 한다.

⑤ 수용자의 태도와 행동을 변화시켜 여론으로 발전시킬 수 있게 한다.

검증은 최종 게이트키핑(gate keeping)이라고 할 수 있다. 최종 게이트키핑은 편집의 오류를 바로잡고 뉴스 밸류 측정에 신문사의 뉴스정책이 제대로 반영되었는지 확인하며, 지면의 통일성과 일관성을 점검하는 마지막 절차로서 데스크와 편집기자 사이의 피드백 과정이다. 편집에 대한 모든 책임은 1차적으로 편집기자 본인이 져야 하고 중간 데스크와 종합 데스크를 거치면서 수정되고 보완되어 하나의 지면이 완성된다. 최종 게이트키핑 단계는 신문사마다 다르다. 종합 편집 데스크 선에서 끝나는 곳도 있고 발행인에게까지 피드백을 받는 신문사도 있다.

(4) 스토리텔링: 완성된 스토리를 어떤 경로를 통해 노출시킬 것인가?

멀티미디어시대 이후 많은 신문들이 주말 섹션을 중심으로 편집에 스토리텔링 기법을 도입하고 있으나 독창적인 포맷과 내용은 아직 보이지 않고 있다. 셀링 포인트 (selling point)가 없는 밋밋한 광고처럼 장황한 기사에 단순한 이미지, 그리고 직설적 헤드라인 등 전체적으로 편집의 힘이 부족해 보인다. 편집의 힘이 부족하다는 것은 스토리파인딩 → 스토리빌딩 → 스토리세팅 과정을 통한 편집의 스토리텔링이 약하다는 의미와도 같다. 결국 편집의 스토리텔링이 강하려면 '기사＋헤드라인(제목)＋사진(인포그래픽)'이라는 3박자 요소를 잘 짜인 인포토리(infotory)로 만들어서 수용자 중심으로 의제를 설정해야 한다.

이와 같이 3박자가 잘 어우러진 인포토리는 수용자들에게 다음과 같은 다섯 가지 요소를 제공하고 만든다.

① 지면 전체가 하나의 정선된 메시지로서 강렬하게 와 닿는 '힘(수용자들이 기사를 읽지 않아도 헤드라인과 레이아웃만으로도 메시지를 이해해야 한다)'
② 기사를 읽게 만드는 '흥미'
③ 언어적 유희와 이미지 가공을 통한 '재미'
④ 공감을 불러일으켜 태도를 변화시키는 '영향력'
⑤ 지속적으로 구독과 열독하게 만드는 '문화'

또한 잘된 인포토리는 어떤 사건과 사고, 또는 이슈가 '어떻게(how)' 그리고 '왜(why)' 일어났는가와 앞으로 어떻게 될 것인가(next)에 대해 설명한다. 이러한 것들은 기존의 단편적인 편집 방법으로는 해결하기 어려운 부분이다. 정보 요약형 헤드라인 한 줄과 부제와 제목 몇 줄로 표현하기에는 너무 일방적이고 수용자들에게 너무 많은 궁금증을 유발하기 때문이다.

신문들이 편집을 통한 스토리텔링을 하기 위해서는 먼저 각사의 정체성(종합지 · 경제지 · 스포츠지 등)에 적합한 스토리 형식을 발굴하고 이를 적절하게 지면에 녹여내야 한다. 수용자들이 좋아하고 소속 신문의 가치를 가장 잘 표현할 수 있는 매력적인 스토리를 만들 필요가 있다. 차별화된 스토리를 통해 수용자의 매력타점(sweet spot)을 가격해야 한다. 실시간 미디어 등으로 수용자의 정보 이용 채널이 바뀌는 상황에서 이미 알려진 사실을 나열하는 단순 스토리로는 그들의 마음을 사로잡을 수 없다.

스토리텔링의 완성은 이렇게 만들어진 스토리를 어떻게, 어떤 경로로 전달(telling)하느냐의 문제다. 이제 신문도 스토리를 전달하기 위한 수단으로서 보다 다양한 채널을 복합적으로 활용해야 한다. 수용자가 종이 외에 스토리를 접할 수 있는 접점을 다원화시킴으로써 스토리 효과를 극대화할 수 있기 때문이다.

신문이 시간과 공간의 제약을 받는 종이 매체 한계를 극복하고 영역을 확장하려면 채널 파괴를 통한 새로운 스토리를 만들고 지속적으로 수용자에게 노출돼야 한다. 온라인과 모바일을 통한 스토리텔링이 궁극적으로는 종이와 디지털의 시너지 효과를 가져올 것이다. 신문 편집의 스토리텔링이 일시적인 유행을 넘어 수용자의 열독 습관을 바꿀 만한 문화가 되기 위해서는 수용자의 피드백을 반영한 네버엔딩스토리(never ending story)를 만들어야 한다.

네버엔딩스토리는 단편적인 일회용 스토리에 그치는 것이 아니라 각 신문사의 정체성을 반영한 지속적이고 차별화된 스토리 창출을 통해 일관되고 통일된 이미지를 형성할 수 있어야 한다. 이렇게 일관되고 통일된 스토리텔링은 수용자의 피드백을 통해 완성된다. 수용자의 피드백은 스토리에 대한 반응이고, 그 반응을 스토리텔링에 반영함으로써 쌍방향 커뮤니케이션 문화로 만드는 것이다. 댓글 등 수용자의 피드백 반영은 그들과의 공감대를 형성하는 중요한 감정적 교감이다.

[표 6]
뉴스 편집의
아이디어 원리와
적용

실천 목표	실천 아이디어
나는 기자다.	• 편집의 기본 원칙은 팩트 파인딩(fact finding)이다. • 팩트를 정확하고 빠르고 쉽게 수용자에게 전달해야 한다.
나는 디자이너다.	• 편집기자 개인 또는 팀 단위로 아이디어를 모으고 새로운 편집 형식과 스토리를 만들어야 한다. • 매뉴얼 북을 만들어 지면의 일관성과 통일성을 유지해야 한다.
나는 카피캣(copy cat)이다.	• 편집기자가 수용자 관점에서 경쟁신문이나 다른 매체의 편집 스타일을 벤치마킹해야 한다. • 편집 디자인 사이트나 우수 사례를 엮은 책 등을 통해 변화의 정보를 수시로 입수하고, 다양한 분야의 많은 전문가들과 만나 트렌드의 변화를 재빨리 캐치(catch)할 수 있는 능력을 길러야 한다.
나는 롤모델이다.	• 어제의 지면과 다르고, 경쟁 매체를 리드하고, 동종 업계의 롤모델이 되어야 한다. • 디자인뿐만 아니라 내용도 구별짓기를 해야 한다.
나는 스토리리더다.	• 개인의 아이디어를 부서 매뉴얼로 만들고, 부서 매뉴얼을 발전시켜 전체 디자인 정책이나 뉴스 정책에 반영시켜야 한다. • 궁극적으로는 전체 신문 매체의 편집 패러다임을 바꾸고 트렌드를 선도하는 것이다.

[표 7]
수용자의 불만 ❶:
뉴스 편집의
내부 문제는
무엇인가?

의제 1	문제	결과
차별화된 편집이 안 된다.	편집기자 인원이 적다. 편집 시간이 촉박하다. 편집기자 역량이 부족하다. 편집기자들이 자기 계발을 게을리 한다. 원천 소스인 기사가 부실하다.	수용자가 만족을 못한다.

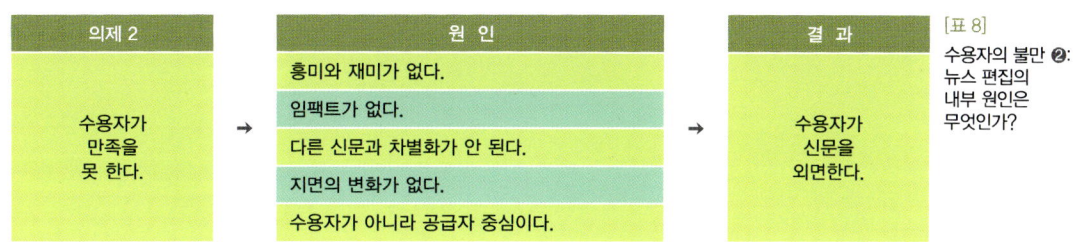

2) 스토리텔링 편집의 3C

과거의 뉴스 편집이 선배에서 후배로 대물림되는 신문사의 전통과 도제식 교육, 그리고 개개인의 직관에 의존한 수직적 시스템이었다면 뉴미디어의 발달과 함께 전략과 내부 커뮤니케이션이 필요한 수평적 시스템으로 변화되어야 한다. 더 나아가 수용자와의 쌍방향 커뮤니케이션으로 그들의 참여를 이끌어내고 충성도를 높여야 한다는 과제까지 안게 되었다. 이렇게 수용자와 커뮤니케이션 합의를 이루기 위해서는 뉴스 편집에도 스토리텔링 기법이 필요하고, 스토리텔링을 만드는 전략적 요소는 콘셉트(concept), 콘텐츠(contents), 컬처(culture) 등 3C로 요약될 수 있다. 스토리텔링의 3C는 뉴스 편집의 정체성을 만들고, 유지하고, 차별화하는 데 유용하다.

1) 콘셉트(concept)는 전략이다

콘셉트는 한마디로 '뉴스 편집을 어떻게 할 것인가'에 대한 방향성이다. 한 꼭지의 기사, 한 개의 지면, 그리고 전체 페이지네이션에 적용되는 개념으로서 '어떻게 전체적인 맥락 속에서 일관성과 통일성 있게 스토리를 만들 것인가' 방향을 잡는 것이 콘셉트이다.

큰 틀에서 신문 편집 콘셉트는 신문사의 정체성을 반영하고 있기 때문에 단순히 편집부서나 편집국 차원에서 만들어지는 것이 아니다. 발행 형태가 석간이냐 조간이냐, 신문사의 이데올로기가 진보냐 보수냐, 판매가 배달 중심(가정이나 상가)이냐 가판이냐, 주 독자층이 누구냐에 따라 콘셉트는 다르게 적용된다.

[그림 2]
뉴스 편집의
콘셉트란?

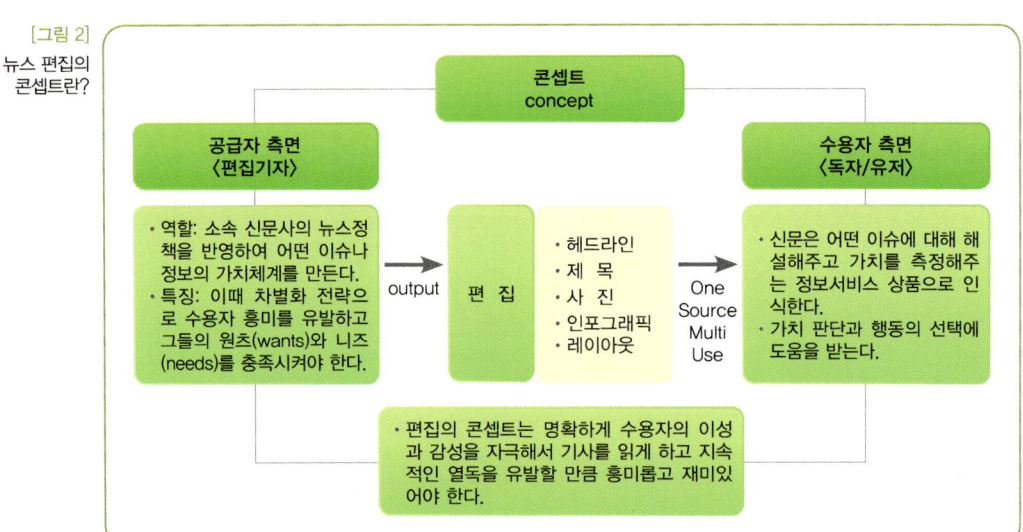

편집 실무 차원에서는 페이지네이션과 연관이 있다. 예를 들면 K-pop 스타가 미국 빌보드 차트에서 1위를 차지했다고 가정해보자. 이 뉴스를 어떻게 처리할 것인가? 1위를 차지한 아이돌 그룹에 초점을 맞춰 문화면이나 연예면에 배치할 것인가? 아니면 문화산업 측면으로 접근해서 경제면에 실을 것인가? 또는 스토리를 아이돌 그룹에 맞춰 흥미를 유발할 것인가, K-pop 시스템을 집중 분석해 투자자들에게 정보를 줄 것인가 등 기사의 방향과 편집하는 방법은 여러 가지로 제시될 수 있다.

그리고 편집 콘셉트는 미디어의 변화와도 밀접한 관계가 있다. 어떤 아이돌 그룹이 빌보드 차트 1위에 올랐다는 속보는 온라인과 모바일 매체를 통해 실시간으로 퍼져나갔을 것이다. 그렇다면 '길게는 하루 늦게 전달되는 신문은 어떤 스토리로 수용자들의 니즈를 충족시켜 줄 수 있을까?' 고민하는 것이 콘셉트이다. 콘셉트의 기본은 독창성을 통한 차별화이다. 기존 지면과 다르고 경쟁신문과 완전히 구별짓기를 해야만 수용자들에게 차별화된 이미지를 심어줄 수 있다.

[표 9]
뉴스 편집
콘셉트의
두 가지 측면

[표 10]
뉴스 편집의
콘셉트 단계

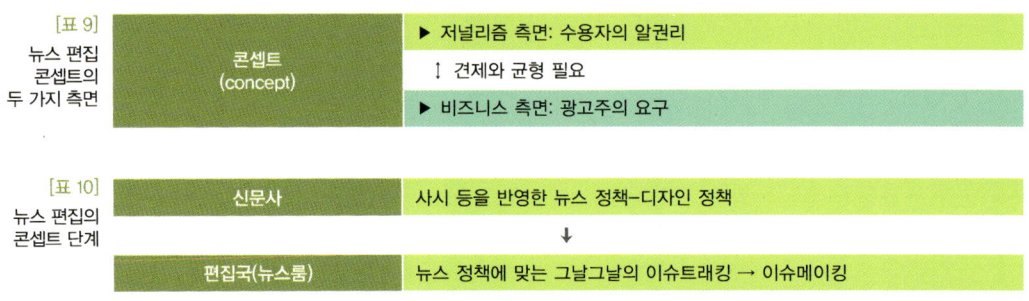

콘셉트 (concept)	▶ 저널리즘 측면: 수용자의 알권리
	↕ 견제와 균형 필요
	▶ 비즈니스 측면: 광고주의 요구

신문사	사시 등을 반영한 뉴스 정책–디자인 정책
↓	
편집국(뉴스룸)	뉴스 정책에 맞는 그날그날의 이슈트래킹 → 이슈메이킹
↓	

편집팀(에디딩센터)	디자인 정책에 맞게 이슈를 스토리텔링
	전체 페이지네이션을 일관성과 통일성 있게 구성

↓

편집기자(에디터)	한 개의 지면을 스토리파인딩 → 스토리빌딩 → 스토리세팅 → 스토리텔링

[표 11]
차별화된
뉴스 편집
콘셉트의 구성

신문의 위기
- 다매체 다채널시대 수용자의 미디어 이용 형태가 바뀐다.
- 정보의 희소성이 사라지고 무료 콘텐츠가 넘친다.
- 신문의 구독률과 열독률이 지속적으로 하락한다.
- 신문사마다 차별화(기사와 편집)가 안 된다.

수용자 원츠(wants)와 니즈(needs)
- 맞춤형 정보를 받아봤으면 좋겠다.
- 누군가가 정보의 지도를 그려줬으면 좋겠다.
- 고급 정보를 소비하고 싶다.
- 흥미있는 콘텐츠를 재미있게 읽고 보고 싶다.

편집기자의 능력
- 뉴스 콘텐츠 전문가로서 이슈 트래킹(issue tracking)을 잘하는가?
- 뉴스 큐레이터로서 다양한 콘텐츠를 목적에 따라 가치 있게 구성하고 배포할 수 있는가?
- 기자(writer)로서 언어적 감각을 익히는가?
- 편집 디자이너로서 미적 시각을 넓히는가?
- 미디어의 변화를 꿰뚫고 대응하는가?

방향
- 단순한 정보 전달이 아닌 why나 how 형으로 가공한다.
- 기사의 요약이 아닌 짧고 강렬한 뉴스 스토리를 만든다.

→ 콘셉트
(스토리텔링 편집)

　이렇듯 콘셉트는 뉴스 편집 전반에 영향을 미치기 때문에 회사 차원에서 설정되어야 한다. 즉, 뉴스 정책(news policy)을 만들어야 하는 것이다. 콘셉트가 어떻게 정해지느냐에 따라 헤드라인과 디자인 정책(design policy)도 달라질 수 있다. 콘셉트를 설정하기 위해서는 충분한 미디어 시장 조사와 미디어 트렌드 분석이 선행되어야 하며, 수용자 알권리 충족이라는 저널리즘의 본질과 광고주 욕구 충족이라는 비즈니스 전략에도 맞춰야 한다. 콘셉트는 나(공급자)를 알고 상대(수용자)를 연구해 전략을 구사하는 것으로서 미디어 시장의 변화에 흔들림 없이 대처할 수 있는 대응력을 갖게 하며 나아가 미디어 트렌드의 변화와 혁신을 주도할 수도 있게 해준다.

　신문사 전체의 콘셉트가 있는가 하면 그날그날의 편집에도 콘셉트가 있어야 한다. 어떤 이슈를 어느 지면에 어느 정도의 크기로 배치할 것이며 각 지면의 일관성과 통일성을 어떻게 할 것인가에 대한 편집국(편집부서) 차원의 콘셉트가 필요하다. 최종적으로는 편집기자 개개인이 한 개 지면을 어떠한 콘셉트로 구성할 것인가 고민해야 한다([표 10]).

2) 콘텐츠(contents)는 영혼이다

다매체 다채널시대 기존 신문사의 기사 생산 범위는 너무 좁다. 한정된 인력으로, 한정된 지면에, 한정된 내용만 싣다 보니 한계 상황에 도달했다. 반면 수용자의 정보 욕구는 날로 커져만 가고, 관심 범위는 넓어지고, 읽고 보고 싶은 주제도 매우 다양해 졌다. 오리지널 소스(original source)인 기사생산의 제한은 콘텐츠의 부족으로 이어지고, 콘텐츠의 부족은 스토리 빈곤으로 귀결된다.

멀티미디어시대 편집 과정 역시 올드미디어 중심 시대와 달라야 한다. 취재기자가 업로드(upload, 혹은 전송)한 기사만으로는 더 이상 경쟁력 있는 편집 콘텐츠를 만들어 낼 수 없다. 앞에서 언급한 것처럼 스토리빌딩 요소가 가미되어야 한다. 뉴미디어시대 뉴스 편집은 취재기자가 생산해서 뉴스 아카이브(archive: 기자들이 생산한 기사나 사진 등을 저장해 놓은 콘텐츠 저장소)에 올려놓은, 즉 내용과 양이 한정된 기사에만 의존 해서는 안 된다. 편집 소싱(sourcing)의 경계를 허물어 온-오프라인 등 모든 곳에서 스토리 요소를 찾고 만들어야 한다. 소싱된 요소를 콘셉트에 맞게 가공하는 스토리빌딩 기능을 강화해야 한다.

편집 콘텐츠를 소싱하기 위한 대상은 세 가지로 나눌 수 있다.

첫째, 취재기자가 생산한 오리지널 콘텐츠(original contents)이다.
둘째, 온-오프라인 매체들이 생산하는 오픈 소스 콘텐츠(open source contents)이다.
셋째, 레이아웃에 필요한 사진이나 상징 이미지를 만들기 위해 아이디어를 얻는 시각 콘텐츠(visual contents)이다.

물론 오리지널 콘텐츠만으로도 편집은 할 수 있으나 차별화된 스토리텔링을 하기 위해서 나머지 두 가지 요소가 필요한 것이다. 하지만 이들 범주에서 편집 콘텐츠는 재료에 불과하다. 이러한 재료를 가공해서 하나의 완성된 콘텐츠로 만들어야 한다. 하나하나의 완성된 콘텐츠가 모여 하나의 지면이 되고, 전체 신문이 만들어지는 것이다.

이렇게 편집기자가 편집 콘텐츠의 범위를 넓혀서 생각하지 않으면 뉴스시장에서 살아남을 수 없다. 위기의 종이신문 시장에서 신문 매체의 UI(User Interface: 수용자 중심의 지면 설계)와 UX(User eXperience: 수용자의 사용 경험)를 높일 수 있는 방법이 편집이기 때문이다.

뉴스 편집의 콘텐츠 법칙을 정리하면 다음과 같다.

첫째, 편집기자는 최고의 이슈메이커(issue maker)가 되어야 한다.

스마트미디어를 통해 누구나 기자가 될 수 있는 '1인 저널리스트시대'이다. 블로그 (blog), 팟캐스트(podcast), 유튜브(youtube), 트위터(twitter), 페이스북(facebook) 등 소셜네 트워크를 통해 누구나 일상의 콘텐츠를 손쉽게 공시할 수 있게 되면서 콘텐츠의 가치 를 판단하기가 어려워졌다. 따라서 누군가는 핵심(core) 콘텐츠를 만들고 다양한 채널 을 통해 유통시켜야 한다. 그 역할을 편집기자가 해야 한다.

둘째, 편집에 대한 통찰력이 독창성을 만든다.

편집기자에게는 진정한 프로 정신과 장인 정신이 필요하다. 편집의 메커니즘과 프 로세스에 정통해야 콘텐츠를 제대로 만들어 낼 수 있다. 편집 콘셉트를 명확히 하고 소속 신문사의 정체성에 따라 차별화된 관점과 인포토리를 제시해야 한다.

셋째, 수용자의 충성심을 유발하라.

편집기자가 스토리텔링을 하는 이유는 무엇인가? 궁극적으로 열독률을 높이고 매 체 파워를 높이기 위한 작업이다. 따라서 모든 스토리텔링에는 목적과 목표, 그리고 제작 의도가 내포되어 있다. 잘된 스토리텔링은 목적을 구현하고 목표 달성에 필요한 킬러 콘텐츠를 기반으로 한다.

넷째, 친밀하게 접근하라.

수용자가 알아야만 하는 것, 수용자가 알면 좋은 것, 수용자가 즐길 만한 것 등을 수용자 입장에서 흥미롭고 재미있게 전달해야 한다. 콘텐츠의 종류에 따라 메시지 전 달 방법을 달리해서 지속적 충성심을 유발해야 한다. 뉴스와 정보가 널려 있는 세상, 딱딱하고 권위적인 스토리텔링은 외면받기 쉽다.

다섯째, 콘텐츠를 재창조하라.

편집기자들은 널려 있는 콘텐츠를 재활용(recycle)하는 경우가 많다. 하지만 재활용 은 처음부터 치밀하게 기획하고 의도된 '나만의 콘텐츠'가 아니라 모방이나 패러디에 불과하다. 처음부터 종이와 PDF 등 다양한 플랫폼으로 서비스될 수 있다는 전제하에 서 '의도된 콘텐츠'로 재창조[reimagine: 어떤 콘텐츠를 차용하되 스토리를 완전히 바 꾸어버리는 것을 말한다. 혹은 리노베이트(renovate)라 부르기도 한다]해야 한다.[75]

여섯째, 가치를 심어줘라.

좋은 콘텐츠는 수용자의 정보 욕구를 충족시키고, 지적 호기심을 만족시키며, 삶의 질을 향상시키는 역할을 한다. 따라서 수용자를 설득시켜 그들과 공감하는 콘텐츠가 가장 가치 있고 이상적인 콘텐츠이다.

일곱째, 설명하지 말고 보여줘라.

장황하게 설명하지 말고 콘텐츠를 시각화해야 한다. 시각화하면 인포그래픽 등 이미지만을 연상할 수 있으나 다양한 편집 요소들을 시각적으로 디자인하는 것도 지면의 시각화이다.

여덟째, 깜짝 놀랄 만한 콘텐츠를 만들어라.

때로는 편집 형식을 파괴하는 과감한 콘텐츠 전략도 필요하다. 수용자들을 놀라게 함으로써 새로운 호기심과 기대를 갖게 하는 것이다. 이러한 파격은 편집의 정체성을 강화할 뿐 아니라 신문의 개성을 살리는 중요한 요소로 작용한다.

아홉째, SNS에 SOS를 보내라.

이제 더 이상 편집이 종이 매체라는 한계에 매몰되어서는 안 된다. 좋은 편집 콘텐츠를 만들어서 멀티 플랫폼으로 서비스할 수 있어야 한다. 좋은 편집 콘텐츠는 SNS 공간에서 상호작용의 중요한 촉매가 되어 수용자와 신문사, 수용자와 기자 간 쌍방향 커뮤니케이션을 활성화시킨다.

열째, 너 자신을 알아라.

앞에서 지피지기 전략을 소개했다. 나를 알아야 수용자를 공략할 수 있다는 말이다. 소속 신문가가 가장 잘 만들 수 있는 콘텐츠를 특화시켜야 한다. 소속 언론사만의 킬러 콘텐츠가 있어야 한다. 모든 콘텐츠를 만들려고 해서도 안 되고 만들 수도 없다.

3) 문화(culture)는 힘이다

수용자의 미디어 선택과 이용은 그 사람의 정체성을 반영하는 것이기 때문에 무척 신중하고 까다롭다. 그러나 한번 이용하기 시작하면 쉽게 바꾸기도 어려운 것이 매체 이용 속성이다. 이러한 매체 충성도는 세대나 계층의 열독 문화로 굳어지기도 한다.

신문은 편집에 의해 품질 차이가 확연하게 구별되는 정보 상품이다. 단순하게 정보의 나열에 그친 것부터 다양한 스토리텔링을 구사하는 신문까지 너무나 다양하다. 하지만 수용자들은 무엇이 좋은 편집이고 무엇이 나쁜 편집인지 쉽게 구별하지 못한다.

단순히 '신문'으로만 인식할 뿐이다. 종이 신문이라는 커다란 카테고리 안에 있는 수많은 브랜드(제호)의 특징과 특성을 잘 모를 수 있다는 것이다.

일간지의 경우 한번 구독하기 시작하면 다른 신문으로 바꾸기가 쉽지 않다. 여러 가지 요인이 있겠지만 대부분 시각적으로 익숙해졌기 때문이다. 타이포그래피, 헤드라인 형식, 페이지네이션에 길들여져 '매체 충성심'을 갖게 되는 것이다.

그러나 이러한 매체 충성도가 약해지고 있다. 구독률이 낮아지고 열독률이 곤두박질치고 있다. 새로운 수용자 확보는 고사하고 기존 수용자 이탈이 가속화되고 있다. 그렇다면 이러한 위기를 어떻게 극복할 수 있을까? 뉴스의 편집 측면에서 해결책을 찾는다면 '열독 문화'를 만들어 주는 것이다.

단순히 정보를 파는 게 아니라 편집 문화를 서비스해야 한다. 다양한 종류의 정보, 임팩트 있는 사진, 일목요연한 인포그래픽, 가독성 높인 레이아웃, 잘 디자인된 공간 등 편집기자가 연출하는 '문화'를 소비하게 해야 한다.

편집기자는 수용자에게 '정성들여 잘 만들었다'라는 느낌을 줘야 한다. 이러한 작은 느낌과 감동이 모아져 충성도 높은 열독 문화로 자리 잡게 한다. 이렇게 수용자에게 차별된 문화를 제공하기 위해서는 편집국(편집부) 내부에서도 '수용자 중심' 문화가 만들어져야 한다. 이는 편집부와 인포그래픽 담당자, 그리고 취재기자들까지 참여해서 새로운 아이디어를 모으고, 토론을 거쳐 실행에 옮기는 열린 조직 문화를 가져야 가능하다. 콘셉트를 제시하는 데스크와 그 콘셉트에 맞는 새로운 아이디어를 찾아내고 편집에 반영하는 편집기자들의 열정이 있다면 뉴스 편집, 그 이상의 문화 상품을 만들어 낼 수 있다.

[표 12]
뉴스 편집의 3C

콘셉트 (concept)	광의의 콘셉트	뉴스 편집 전반에 영향을 미치는 것으로 신문사의 정체성이 반영된 뉴스 정책(news policy)과 디자인 정책(design policy)이 필요
	협의의 콘셉트	어떤 이슈를 뉴스 정책과 디자인 정책에 맞게 어떤 면에 배치하고 어떻게 스토리텔링하느냐의 문제
콘텐츠 (contents)		• 편집 소싱(sourcing)의 경계를 허물고 온-오프라인 모든 곳에서 스토리 요소를 찾아야 한다. • 편집 콘텐츠는 오리지널 콘텐츠(기사), 오픈 소스 콘텐츠(온-오프라인), 비주얼 콘텐츠(시각 이미지)를 통해 다양화할 수 있다.
컬처 (culture)		• 수용자들의 충성심을 유발하는 특화된 편집 문화를 만들어야 한다. • 내부적으로 콘셉트를 제시하는 데스크의 역량과 편집기자의 열정이 필수적이다.

3 ⟩⟩ 편집 데스크의 변화

편집 데스크는 '편집의 꽃'이다. 연차에 따라 오를 수 있는 관리형 자리가 아니며 누구나 할 수 있는 일반적인 업무도 아니다. 편집에 대한 전문적인 지식과 노하우, 그리고 이성적 판단과 정서적 능력을 동시에 갖추어야 한다. 그리고 취재와 제작, 판매와 광고 부서까지 협업하며 신문의 브랜드 파워를 극대화해야 하는 막중한 책임과 의무가 있는 자리이다.

그중에서도 스마트미디어시대 편집 데스크에 가장 중요하게 요구되는 능력은 새로운 편집 리더십이다. '스토리텔링'형으로 편집의 패러다임이 변하기 위해서는 편집을 책임지고 있는 데스크의 편집관과 리더십이 변해야 한다. 기존의 편집 데스크 역할이 지면을 기획하고 페이지네이션을 정하고 레이아웃과 헤드라인, 그리고 제목을 수정하는 것에 그쳤다면 이제는 뉴스 정책을 입안하고 디자인 정책을 만드는 뉴스룸의 코디네이터(coordinator)와 미디에이터(mediator: 중재자)가 되어야 한다. 데스크의 지휘 아래 전체 지면이 상호작용하며 하모니를 이루어야 한다.

데스크의 새로운 리더십에 따라 지면이 거듭날 수도 있고 신문의 위기를 가속할 수도 있다. 데스크가 편집을 변화시키기 위해 스스로에게 질문할 내용은 다음과 같다.

① 우리 신문사 편집 방향은 수용자 중심형인가?

편집 데스크가 변해야 편집이 변하고, 편집이 변해야 신문이 산다. 데스크가 서비스맨 정신으로 신문을 편집해야 명품 신문이 탄생한다. 데스크의 자아도취형 장인정신은 자칫 신문을 수용자로부터 더 멀어지게 할 수 있다.

② 우리 신문사 편집은 수용자들에게 흥미를 불러일으키고 재미를 주고 있나?

뉴스 편집은 수용자의 시선을 잡아끌고 기사를 읽게 만드는 매력타점이 있어야 한다. 헤드라인과 이미지 그리고 레이아웃을 통해 강렬하게 어필해야 한다.

③ 스토리텔링 개념을 도입하고 편집에 적용하고 있나?

스트레이트 기사와 직설적인 편집 시대는 끝났다. 스토리텔링이라는 시대적 언어로 수용자에게 이야기를 걸고 그들과 지속적으로 이야기를 나눠야 한다.

④ 새로운 편집 방향(concept)을 만들어내고 공유하고 있나?

편집 데스크는 창조자(creator)이다. 지면 전체를 꿰뚫어 보는 통찰력과 뉴스 감각,

그리고 이성과 직관의 조화 속에서 편집의 닻을 내리고 돛을 달아 이슈를 만들고 그 이슈를 여론으로 확산시켜야 한다.

⑤ 뉴스룸 기자들의 참여를 적극적으로 이끌어내고 있나?

편집 데스크는 뉴스룸 전체의 협력과 참여를 이끌어내는 최후의 스위퍼(sweeper)이다. 편집 부서만의 데스크가 아니다. 콘텐츠 생산부터 편집까지 전 과정에 적극적으로 개입하고 조율하고 의견을 개진해서 최선의 결과물을 만들어내야 한다. 이렇게 되기 위해서 편집 데스크는 리더십을 갖추고 뉴스 흐름에 정통해야 한다.

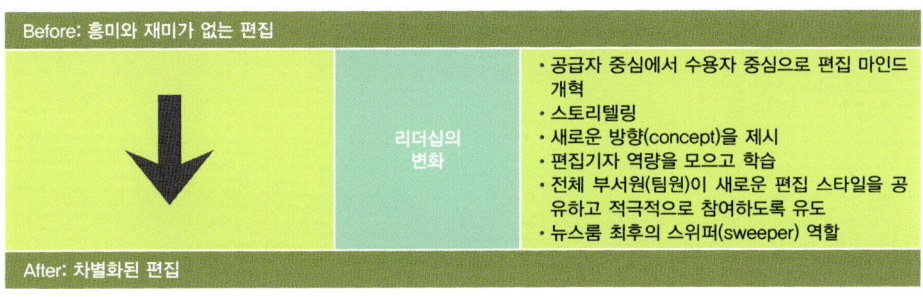

[표 13]
편집 데스크의 역할과 리더십 변화

데스크는 고뇌하는 '편집의 시시포스(Sisyphos)'이다. 창조적이고 정열적으로 뉴스룸을 이끌면서 끊임없이 대내외적인 부조리(편집에 대한 외부의 압력이나 내부의 나태함 등)와 싸워 궁극적으로 수용자 중심의 지면을 만들어내는 그리스 신화 속 시시포스와 같다.

Memo

Chapter 7

스토리텔링 편집의
읽는 재미와 보는 느낌

Contents

1 ☽ 스마트미디어시대의 헤드라인

'종이신문은 무엇으로 사는가?'

신문 열독률이 갈수록 떨어지고 있다. '2012년 언론수용자 의식조사(한국언론진흥재단)'에 따르면 신문 주간 열독률은 40.9%로 지속적인 하향세를 기록하고 있다. 2011년과 비교하면 1년 사이에 3.7%p 하락했고, 지난 2002년보다는 40.9%p가량 급락한 수치다. 신문 기사를 이용하는 경로도 종이신문(40.9%)보다 인터넷 포털사이트(57.4%)가 더 많은 것으로 나타났다. 그런데 흥미로운 것은 스마트폰과 태블릿PC 등 모바일 기기를 통한 뉴스 소비가 급증(47.4%)한 것이다. 종이신문과 인터넷 포털사이트 이용률은 점차 줄어들고 있는 대신 이동 중에 콘텐츠를 이용할 수 있는 모바일 기기가 대안 미디어로 급부상하고 있는 것이다.

이와 같이 신문의 열독률은 떨어지고 있지만 헤드라인의 중요성은 더 커지고 있다. 지난 일주일간 인터넷 뉴스 이용 방법을 복수응답으로 확인한 결과, '포털사이트 메인 페이지의 제목을 보고 뉴스를 클릭해서'가 87.4%로 가장 높게 나타났다. 이것은 '수용자들이 기사를 제공하는 언론사보다 헤드라인만 보고 기사를 클릭한다'는 것을 의미한다.

이렇게 헤드라인 위주의 콘텐츠 소비자를 '헤드라인 쇼퍼(headline shopper)'라고 부르는데, 이런 조사 결과들은 현실적으로 헤드라인이 오히려 본문 기사보다 더 중요하고 수용자에게 더 큰 영향을 끼칠 수 있다는 가능성을 보여주고 있다.

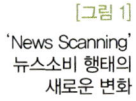

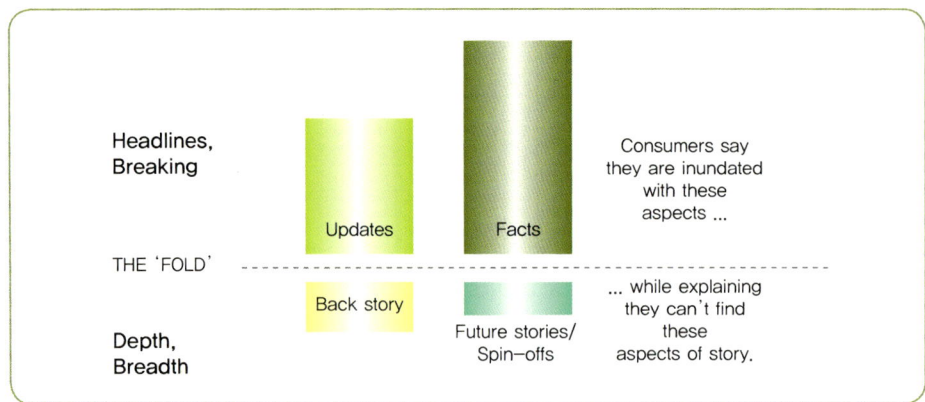

출처: A News Model for News, AP http://www.ap.org/newsmodel.pdf

스마트미디어시대 수용자들의 뉴스 소비는 'News Reading'에서 'News Scanning'으로 급속하게 변하고 있다. 모바일로 무장한 유비쿼터스 수용자들은 신문 중심의 정태적 뉴스 소비에서 벗어나 집, 지하철, 직장 등 언제, 어디서나 시간과 장소의 한계를 뛰어넘어 스마트폰이나 태블릿PC 등으로 뉴스를 소비하고 있다. 이러한 동태적 뉴스 소비의 가장 큰 특징은 열돌률은 높지만 몰입도가 낮다는 것이다. 이동 중에 뉴스를 소비하기 때문에 눈길을 끄는 헤드라인 위주로 클릭해서 가볍게 콘텐츠를 소비하고 또 다른 사진이나 기사의 핫링크를 눌러 콘텐츠 쇼핑을 하는 것이다. 이런 것을 'News Scanning'이라고 한다. 결과적으로 가볍고 빠르게 소비할 수 있는 헤드라인 뉴스나 팩트 중심의 속보 기사는 열독률이 높지만, 호흡이 긴 장문의 심층해설 기사, 즉 In Depth Report는 상대적으로 클릭수가 떨어지고 있다.

[그림1]은 2007년 AP통신사가 주관한 연구보고서에 실린 것으로 현재 통용되고 있는 뉴스 모델을 모형으로 도출한 것이다. AP연구의 모델([그림1])은 '어떤 사건이나 이슈가 언제, 어디서 발생했나(Facts: 사실 보도)', '어떻게 진행 되고 있나(Updates: 연속 보도)', '사건의 의미는 무엇인가(Back story: 배경 보도)', '앞으로 어떻게 발전-전개될 것인가?(Future story: 미래 전망 보도)' 등 네 가지 유형과 수준의 보도와 그러한 유형의 뉴스가 얼마나 많이 보도되는지를 4개의 박스 크기로 비교해 놓은 것이다. 그림에서 보듯 헤드라인형 기사가 심층분석형 기사에 비해 압도적으로 많이 들어 난다. 겨울마다 온 국민을 공포에 떨게 하는 조류인플루엔자(AI)를 예로 든다면 '올 겨울 들어 조류인플루엔자 첫 발생(사실 보도)' → '오늘 충북, 경북 등에서도 추가 발생(연속 보도)' → '왜 해마다 악순환이 거듭 되는가/조류 인플루엔자의 매개체는 무엇인가(배경 보도)' → '조류인플루엔자 어떻게 막을 것인가(미래 전망 보도)'로 요약할 수 있다. 뉴스를 실시간으

로 전달할 수 있는 플랫폼이 발달하면서 뉴스 수용자들은 빠른 검색에만 몰두, 점선 하단의 배경 설명과 미래 전망 기사까지 깊이 파고 들어가지 않아 정보의 빈곤을 느끼는 것처럼 보이기도 한다.[76]

또한 수용자들의 하루 평균 신문 이용시간은 15.7분으로 조사됐다. 이 조사 결과대로라면 어떤 수용자가 32개 면 체제의 종합지 한 개 면을 읽는 시간은 30초 남짓한 수준에 그친다. 수용자의 시선은 헤드라인을 쭉 훑어가면서 흥미 있는 기사와 사진에 잠깐잠깐 시선을 멈출 뿐이다. 이러한 '헤드라인 쇼핑'시대에 제목은 다양한 지면의 구조물 속에서 정보의 로드맵을 그려주고, 수용자가 그 기사를 읽게 '호객' 하는 역할을 하고 있는 것이다.

다매체 다채널시대, 수용자의 열독 습관이 다이제스트 형식으로 보편화되는 상황에서 헤드라인이 단순한 본문의 요약이 아니라 헤드라인만으로도 훌륭한 이야깃거리를 만들어 주어야 한다. 본문 내용을 그대로 옮기는 소극적 정보전달에서 편집기자의 관점을 녹인 스토리빌딩(story building)과 스토리세팅(story setting), 그리고 스토리텔링(story telling)을 해야 한다. 물론 스토리빌딩 과정에서는 기사의 팩트를 간과해서는 안 되고 스토리텔링 과정에서는 쉽고, 빠르고, 강렬하게 메시지를 만들어야 한다.

그렇다면 '헤드라인 저널리즘' 또는 '헤드라인 독립'의 시대, 편집기자는 어떠해야 하는가? 한마디로 날카로운 이성의 잣대와 부드러운 감성의 상상력을 겸비한 '지면(紙面)의 제왕' 같아야 한다. 기사의 전체적인 맥락을 이해하고, 분석하고, 대안까지 제시할 수 있는 통찰력과 그 통찰력을 통해 뽑아낸 제목들을 어떻게 배치할 것인가 하는 디자인 과학도 필수적이다.

예를 들면, 스트레이트 기사의 경우, 육하원칙에 따라 단순하게 제목을 뽑으면 되나 스토리의 선택과 집중이 필요한 해설성 기사나 감성적 접근이 필요한 피처스토리(feature story)의 경우에는 편집기자의 창의력과 언어적·논리적 능력이 구분된다. 같은 내용의 기사라도 언론사마다 헤드라인이 다른 것은 뉴스정책이나 편집기자의 관점 차이에서 나온 경우가 대부분이지만 개인의 능력과 열정 차이도 무시할 수 없다.

결과적으로 '지면의 제왕'인 편집기자는 기사의 본질을 꿰뚫는 통찰력과 그 이해를 바탕으로 수용자가 이해하기 쉽고 짧은 시간에 일목요연하게 정보를 정리할 수 있게 하는 언어의 압축 기술과 풍부한 언어적 상상력이 필요한 것이다.

1) 헤드라인의 정의

기사의 제목은 일반적으로 사용되는 '제목'의 의미와 조금 다르다. 책이나 영화 그리고 연극 등의 제목이 작품 내용을 상징하고 주제어(key word)를 내세우는 '선언적 언어'라면 신문 제목은 뉴스와 정보를 포함한 '기능적 언어'인 것이다. 즉, 기사의 내용을 함축하고, 기사에 성격을 부여하고, 기사의 가치를 가늠하는 기능을 동시에 가지고 있다.

제목은 기사라는 원천 소스가 있어야만 가능한 작업이기 때문에 일부에서는 기사의 들러리라든가, 기사의 종속변수라고 평가절하하기도 하지만 제목 단독으로도 훌륭한 저널리즘적 역할을 수행해 왔다. 이제껏 역사를 기록하는 것이 기사였다면 역사적 이슈를 만들고 역사를 변화시킨 것은 제목의 힘이었다. 왜냐하면 제목도 하나의 완전한 스토리로서 편집기자가 사건사고, 또는 어떤 이슈의 가장 중요한 부분을 부각시켜 확대 재생산하기 때문이다.

그런 의미에서 신문 제목은 기사를 요약하고 있으나 기사의 전문(前文)은 아니다. 그것은 하나의 '요약된 기사'이고 '압축된 사건의 기술'인 것이다. 따라서 제목은 기사 전체를 진술하는 완전체가 되어야 한다.

또한 다매체 다채널시대로 미디어가 확장되면서 제목의 역할이 신문 중심에서 온라인과 모바일 매체로 확대되고 있다. 온라인이나 모바일을 통해 유통되는 기사는 단 한 줄의 제목에 의해 클릭 수가 결정된다. 신문의 경우에는 한 꼭지 기사를 서너 줄 제목으로 표현할 수 있기 때문에 다양한 스토리텔링이 가능하나 온라인이나 모바일 콘텐츠는 한 문장으로 승부를 걸어야 하기 때문에 더 강렬하고 자극적이다. 이렇다 보니 때로는 사실(fact)을 왜곡하거나 어느 한 부분을 지나치게 부각시켜 '낚시' 논란에 휘말리기도 한다. 오히려 온라인이나 모바일에서는 신문보다 제목의 역할이나 힘이 더 커졌다고도 할 수 있다.

신문 제목은 이와 같이 사전적 용어로서의 제목과는 다른 점이 많다. 과거의 신문 편집론에서는 표제(겉장에 쓰인 그 책의 이름)와 구분하여 제목을 설명했으나 이제는 표제라는 용어가 일상에서 별로 사용되고 있지 않기 때문에 영어의 표현을 통해 제목의 정의를 다시 내리기로 한다.

영어에서 신문의 제목은 헤드라인(headline)이라는 말을 사용하여 일상적 의미의 제목을 뜻하는 타이틀(title)과 구분한다. 타이틀은 '책, 시, 그림 따위의 이름(name of book, poem, picture, etc.)'이라고 옥스퍼드 영어사전에서 간략하게 정의되고 있는 것과

는 달리 헤드라인은 신문의 제목, 신문의 맨 꼭대기 첫줄, 뉴스의 요약 등등의 복잡한 설명들로 구성되어 있다. 이는 신문의 제목이 가지는 특수성을 보여주는 것으로 기능까지를 포함하고 있는 설명이라고 할 수 있다. 헤드라인과 타이틀을 다음과 같이 구별할 수 있다.

- 헤드라인(headline): 신문이나 신문 기사의 앞에 내용을 가리키거나 요약하기 위해 굵은 활자로 붙인 낱말이나 낱말군
- 타이틀(title): 책이나 법률문서의 이름을 나타내는 제명(題名)

또한 카피라는 용어를 혼용하기도 한다. 카피는 흔히 광고의 문안 즉, 말과 글로 된 상업적 메시지를 말한다. 광고 전략의 핵심(backbone)을 이루는 메시지가 바로 카피인 것이다. 카피를 구성하는 요소는 헤드라인(head line), 보디카피(body copy), 캡션(caption), 슬로건(slogan), 브랜드(brand) 등이 있다. 이렇듯 카피는 광고의 비주얼 부분을 제외한 언어적·문자적 영역을 통칭하는 용어이다. 따라서 신문 제목을 카피라고 부르는 것에는 한계가 분명 있다.

구 분	신문 헤드라인	광고 헤드라인
본문과의 관계	원천 소스인 기사를 기반으로 스토리텔링	제품의 특징을 강조하는 짧고 강렬한 메시지로 수용자 눈길 끌기
공간의 문제	15자 내외로 글자 수 제약	비교적 제약 없음
단어 생략	조사나 서술어 등 생략	문법 파괴도 용인
커뮤니케이션 효과	설명적	설득적
비주얼과의 관계	보완 작용: 사진이나 인포그래픽 등 지면 구성요소들과 영향을 주고받음	상호 작용: 비주얼 요소들과 필요충분조건을 형성하며 '메시지 전달' 상승효과

[표 1]
신문 헤드라인과 광고 헤드라인의 차이

그러나 편집 현장에서는 일반적으로 헤드라인과 제목을 분리해서 부르고 있다. 실전에서 사용되고 있는 제목군의 정의를 역할별로 다시 내리면 다음과 같다.

- 헤드라인: 각 기사의 메인제목이다. 기사의 내용을 함축하고 강렬한 메시지를 전달함으로써 수용자들이 기사를 읽게 만드는 기능을 한다.
- 부제: 기사의 정체성을 직접적으로 표현하는 문패 역할을 한다. 스포츠면의 예를 들면 대회명이나 선수이름, 또는 헤드라인에 대한 부연 설명 기능을 한다.
- 제목: 헤드라인에 미처 담지 못한 정보나 헤드라인과 반대되는 의견, 그리고 전문가 멘트 등을 11.5pt에서 17pt까지의 크기로 기사 시작하는 부분이나 중간에 다는 것을 말한다.

2) 헤드라인의 기능과 종류

(1) 헤드라인의 기능

헤드라인은 가치(news value)다.
헤드라인은 메시지(message)다.
헤드라인은 이미지(image)다.
헤드라인은 내비게이터(navigator)다.
헤드라인은 이데올로기(ideology)다.

뉴스 편집에서 헤드라인은 기사의 뉴스 가치를 판단(news value)하고, 기사 내용을 함축적으로 요약(message)하고, 그 내용을 수용자가 알기 쉽게 다양한 언어적 기법을 통해 형상화(image)하고, 기사의 흐름이나 방향을 인도(navigator)하고, 해당 언론사의 이념적 정체성(ideology)을 대변한다.

이처럼 헤드라인은 지면에 생명을 불어넣는 핵심요소이며, 수용자가 기사를 읽어주느냐, 아니냐를 결정하게 하는 '15자의 매직(magic)'인 것이다.

비록 신문이라는 매체의 생명이 하루에 불과하지만 한 마디의 촌철살인, 한 줄의 강력한 폭발물 같은 헤드라인이 있어야 오랫동안 수용자의 기억 속에서 살아남을 수 있다.

따라서 기사는 다양한 멀티미디어를 통해 누구나 생산할 수 있는 1인 저널리스트 시대이지만 헤드라인은 여전히 아무나 작성할 수 없는 '전문가의 영역'으로 남아 있다. 편집기자의 뇌구조를 그림으로 그리면 가장 많은 부분을 차지하고 있는 고민거리가 헤드라인이고 그 다음이 레이아웃일 것이다([그림 2]).

헤드라인의 기능을 정리하면 첫째는 수많은 뉴스 중에서 가치를 판단해서 '정보 게시판'을 만드는 것이며, 둘째는 수용자의 주목을 끌어 '정보 게시판'으로 그들을 이끄는 기능이며, 셋째는 '정보 게시판'을 통해 의제를 설정하는 기능이며, 넷째는 수용자의 태도와 행동을 변화시켜 여론을 형성하는 기능이다.

미국의 언론학자 바스켓(Floid K. Baskette)과 시로스(Jack Z. Sissor)는 신문 헤드라인의 기능을 다음과 같이 정리하고 있다.

① 독자의 관심을 기사로 이끈다.
② 기사를 요약하거나 분석한다.

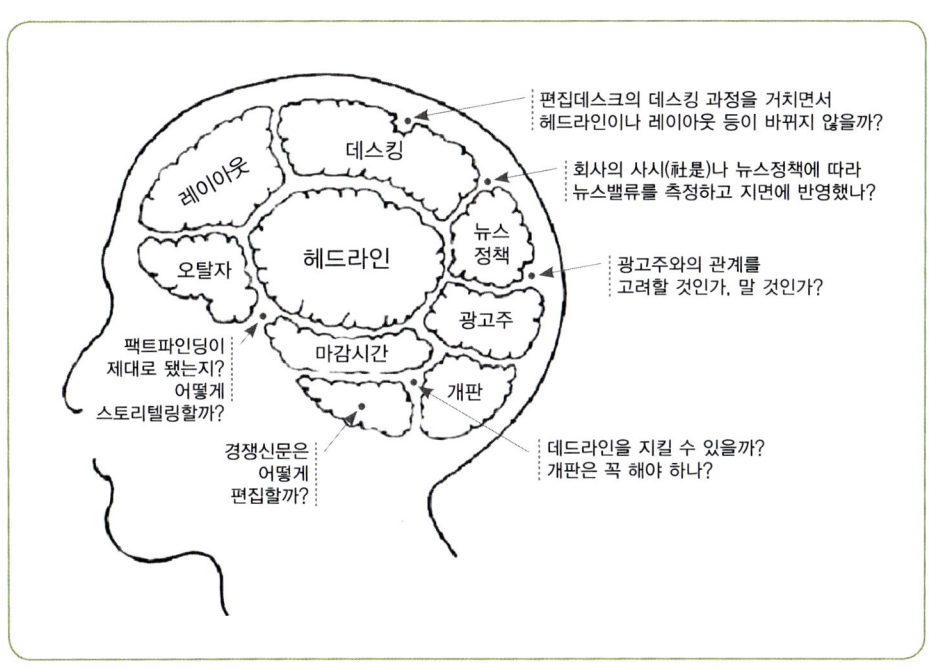

[그림 2]
편집기자의
뇌구조

③ 기사의 분위기를 표현한다.

④ 독자가 지면 내용을 색인하는 데 도움을 준다.

⑤ 독자가 논조에 집중하도록 유도한다.

⑥ 지면 장식의 요소를 제공한다.

또한 한국편집기자협회에서 발행한 『신문, 세상을 편집하라』에서는 다양한 헤드라 인의 기능들을 종합해 다음과 같이 분류하고 있다.

① 정보 전달 기능: 헤드라인은 기사의 내용을 압축 요약한다.

② 뉴스 색인 기능: '정보의 게시판'을 만들어 산만한 독자의 호기심을 기사로 이끈다.

③ 뉴스 밸류 평가 기능: 뉴스를 취사선택하고, 뉴스의 가치를 측정하고, 그 뉴스의 의미를 파악해주는 것을 말한다.

④ 지면 미화 기능: 다양한 형식과 내용의 헤드라인으로 되풀이되는 지면의 단조로 움을 방지한다.

이와 같이 헤드라인은 내용으로나 형식으로나 '지면의 핵심 요소'이다. 일반적으로 수용자의 열독 습관은 지면 전체의 헤드라인을 훑어보며 순간적으로 뉴스의 흐름을 감지하고, 자신만의 뉴스 밸류 순위를 매기고, 시선이 머문다. 즉, 수용자의 뉴스 가치는 편집기자가 매기는 중요도 순위와 다르다. 이와 같이 헤드라인은 수용자를 유인하고 본문을 읽게 만드는 강력한 도구이다.

우리나라 신문 헤드라인은 대체로 '헤드라인'과 '부제', 그리고 '제목'의 형식을 취하고 있다. 기사의 핵심을 헤드라인으로 뽑아내고, 부제에서는 기사의 육하원칙 중 나머지 요소를 보완해 헤드라인 정보를 완성한다. 예를 들면 헤드라인에서 육하원칙의 'why' 부분을 강조했다면 부제에서는 '누가(who)'와 '언제(when)', 그리고 '어디서(where)' 등을 담아 수용자가 본문을 읽지 않아도 기사의 내용을 파악하게 한다.

한편 헤드라인은 은유와 직유, 그리고 조어(造語) 등으로 정보를 상징화하고, 타이포그래피의 변형 등을 통해 시각화한다. 이럴 경우 헤드라인에서 기사의 핵심을 완벽하게 전달하기 힘들다. 육하원칙 중 한 가지 요소를 강력하게 부각시키다 보면 나머지 요소는 생략되기 마련인데 이때 유용하게 활용되는 것이 부제이다. 제3제목에서는 헤드라인과 부제에서 언급하지 못한 정보를 요약해 준다. 다양한 사례를 열거한다든가 헤드라인과 반대되는 입장을 달아 주기도 한다. 제목의 3대 요소인 헤드라인과 부제, 그리고 제목은 단어와 내용이 서로 중복되지 않고 각각의 정보(의미)를 가져야 한다.

이렇게 정보를 차별화하고, 지면의 개성을 표현하고, 수용자들에게 강한 인상을 심어줄 수 있는 일차적인 요소가 헤드라인이다. 그 신문만의 컬러를 갖고 싶다면 수용자들의 열독 트렌드(trend)에 맞는 헤드라인의 형식을 고민해야 한다.

(2) 헤드라인의 종류: 내용에 의한 분류

편집기자들은 수습교육 기간에 '편집이란 이런 것이다'라는 기본을 배우지만 대부분 선배들이 도제식으로 가르쳐주는 것들뿐이지 매뉴얼이 없는 실정이다. 이런 기사에는 왜 이런 헤드라인을 뽑아야 하며, 이런 헤드라인을 무엇이라 부르는지 가르쳐 주지도 않았고 알려 하지도 않았다. 그동안 감으로 익히고 감으로 숙달했다. 이렇다 보니 기본적인 용어조차 정리가 안 되어 일본식 용어와 미국식 용어를 혼란스럽게 혼용하고 있는 실정이다. 데스크가 후배 편집기자에게 헤드라인을 지시할 때도 '오늘 이 기사는 ○○○형 헤드라인으로 뽑아'라고 말하지 못한다. 애매모호하게 말하기 일 쑤다.

또한 헤드라인이 단순히 뉴스를 던져주는 기능만을 하는 것이 아니라 뉴스의 숨은 의미까지를 파악, 전달, 경고하는 역할을 담당하고 있다는 점 때문에 편집기자의 주관적 판단이 매우 중요한 의미를 갖는다. 가령 '의료보험 수가'가 올랐다는 뉴스를 전

달할 때 그냥 얼마로 올랐다는 것을 알리는 데 초점을 둘 것인지, 아니면 그 의미를 짚어 서민 부담 증가에 초점을 맞출 것인지를 결정하는 것이 편집의 과정이며, 그 과정의 결과가 제목으로 나타나게 되는 것이다. 헤드라인은 기사 혹은 뉴스에 색깔을 입히는 역할을 한다. 수용자의 입장에서 말한다면 기사를 읽기 전에 어떤 선입견을 가지게 되는 것이다. 그러므로 편집기자의 주관과 객관성의 조화는 헤드라인 작업에서 아무리 강조해도 지나치지 않는다.

헤드라인 종류에 대한 의견은 개별 신문사와 연구자에 따라 다양하다. 헤드라인의 내용과 형식에 따라 정보제공형, 호기심유발형, 질문형, 명령형, 주장형, 권장형, reason−why형, 증언형 등 여덟 가지로 구분할 수 있다([표 2]).

종 류	내 용
정보제공형(presents information)	육하원칙 중심의 뉴스와 사실 소구형
호기심 유발형(inspire curiosity)	수용자의 궁금증을 유발해서 기사에 대한 주목도를 높임
질문형(ask a question)	수용자의 공감을 이끌어 스스로 답을 찾도록 유도
명령형(give a command)	지시−경고 등의 표현을 통해 어떤 이슈를 집중 부각
주장형(make a claim)	이슈에 대한 언론사나 기자의 관점을 일방적으로 전달
권장형(offers advice)	기사의 내용에 수용자가 동참하도록 넌지시 청유
이유형(reason−why)	원인과 이유를 제시해서 결과를 이끌어 냄
증언형(give evidence)	권위자의 증언을 통해 공감과 신뢰 얻음

[표 2]
신문
헤드라인의
종류

출처: 조병량 외(2010). 『광고 카피의 이론과 실제』. 서울: 나남의 제3장(이희복: 카피와 커뮤니케이션)을 재구성

① 정보제공형 헤드라인

기사 내용을 직접 헤드라인에 올리는 것으로 언어의 유희나 은유, 직유 등을 사용하지 않고 육하원칙에 따른 핵심적인 정보만을 제공한다. 사건사고나 정부의 주요 발표, 통계자료를 인용한 기사 등의 헤드라인에 주로 쓰인다.

- 의협, 내달 11일부터 진료 거부
- 바닷가 주민 C형 간염 더 잘 걸린다

② 호기심유발형 헤드라인

수용자의 궁금증을 유발시켜서 적극적으로 기사를 읽게 하는 티저(teaser) 기법이다. 호기심유발형 헤드라인은 강한 궁금증을 불러일으켜 수용자가 기사를 읽고, 판단하고, 선택하게 하는 것이 성공 포인트다.

- 성형미인? 화장발 미인!

• 사람도 개구리처럼 겨울잠?

③ 질문형 헤드라인

수용자가 답을 찾아가도록 질문을 통해 자극하는 헤드라인이다. 개인의 이해와 호기심, 니즈(needs)를 자극하면 수용자는 '왜?'라는 물음에 대한 반응을 하게 된다. 모순된 질문을 통하여 헤드라인에 집중하게 하는 효과가 있다.

• 이래도 MSG를 드시겠습니까?
• 힘겨웠던 2013년… 안녕들 하셨습니까?

④ 명령형 헤드라인

수용자의 의식에 강편치를 날리는 것으로 헤드라인에 수용자의 행동을 요구하는 강한 명령, 또는 충고 형태를 취한다. 경고 등을 통한 위협적 의미도 여기에 속한다.

• '네 바퀴' 출입금지!
• 민주노총에 첫 공권력… 그래도 노사 대화는 이어가라

⑤ 주장형 헤드라인

수용자를 향해 일방적으로 의견을 제시해 동참을 이끌어 내는 형태로 언론의 객관성보다 언론사의 주의주장이 담긴 경우가 많다. 사회나 국가의 '공공의 적'에 대한 해결 방안이나 국민의 전체 이익 등을 대변할 때 주로 쓰인다. 특히 칼럼이나 사설 제목 등으로 활용된다.

• 무분별한 의원입법 막아야 한다
• 지방공기업 손실나면 지자체가 책임져야

⑥ 권장형 헤드라인

주장형 헤드라인이 강력하게 수용자의 행동을 유발하는 것이라면 권장형은 은근한 설득을 통해 동참을 이끌어내는 것이다. 이미 취재기자나 편집기자의 경험을 통해 옳고 그름과 좋고 나쁨을 판단한 후에 수용자들 선택에 도움을 주는 것이다.

• 아이디어 '톡톡'… 캠핑용품 '반값'에 사볼까
• 청년들이여, 스마트폰 끄고 서점으로 가자

⑦ reason-why형 헤드라인

헤드라인에서 어떤 사건사고나 이슈에 대한 원인이나 이유를 제시하고 그 결과까지 적시해주는 것을 말한다. 대부분 인과관계가 명확할 때 이런 헤드라인을 활용한다.

- 사채에 덜미 잡혀… 외국 끌려가 피싱 사기
- '복지 일자리'가 끌어올린 고용률

⑧ 증언식 헤드라인

유명하거나 믿을 만한 소스(source), 또는 인터뷰이(interviewee)를 통해 사건의 진실 등을 수용자에게 소구해 설득하는 헤드라인이다. 신뢰와 호소력을 바탕으로 수용자들의 눈길을 사로잡고 열독으로 이끌어야 한다.

- 교황 "바티칸, 비대한 관료주의 경계해야"
- 오바마 "2013년은 저주 같은 한 해였다"

(3) 헤드라인의 종류: 형태에 의한 분류

헤드라인은 분류 기준에 따라 여러 가지로 구분할 수 있다. 분류 방식에 따라 부분적으로 중복되기도 하지만 헤드라인의 형식은 크게 형태적인 분류와 정렬 방식에 의한 분류로 나뉜다.

① 배너(banner)형

- 정의: 배너형은 플래카드처럼 통단으로 지면 상단을 뒤덮는 헤드라인
- 형식과 내용: 메시지를 강렬하게 전달하고자 할 때 사용하는 최고의 수단이다.
  : 편집기자나 수용자 모두가 신문에서 보도할 수 있는 가장 큰 사건이라는 데 암묵적으로 합의되어 있는 형태이다.
- 다매체 다채널시대 중요도: 중
- 이유: 신문이 속보(recently news)를 담당하던 올드미디어 시절에는 배너형 헤드라인의 시각적 효용성이 높았으나 멀티미디어시대로 접어들면서 역할이 급격하게 줄어들고 있다. 수용자들이 이미 최신 뉴스를 온라인이나 모바일 미디어로 접하기 때문에 신문에서 굳이 '헤드라인 거품'을 일으킬 필요가 없어졌기 때문이다.

• 사례

위의 예처럼 배너형 헤드라인을 강조하기 위해 헤드라인에 바탕색을 깔아 시각적 효과를 부각시키기도 한다. 종합일간지에서는 거의 쓰지 않는 스타일이나 경제신문이나 스포츠신문 등에서는 이슈를 강조하기 위해 사용한다. 과거 지하철 등 가판 판매가 많던 시절에는 이동 수용자들의 시선을 붙잡기 위해 강렬한 컬러와 자극적 헤드라인으로 호객을 했으나 이제는 정보를 접하는 열독 습관이 스마트폰으로 무게중심을 옮기면서 헤드라인 인플레이션이 줄어들고 있다.

출처: 스포츠서울 2013.01.25.

② 1줄(행)형(barline)

• 정의: 한 줄로 이루어진 가장 기본적인 제목

• 형식과 내용: 사설이나 칼럼, 또는 기자석의 제목 등으로 사용된다.

  : 1칼럼(단) 제목의 경우 가장 짧은 형식이지만 9~12자 안에 완결적인 내용을 담아야 하기 때문에 제목 달기의 기본이 된다. 해설이나 기획기사와 같이 텍스트가 긴 경우 수용자의 이해를 돕기 위해 소단락의 중간 제목으로도 활용된다.

• 다매체 다채널시대 중요도: 중

• 이유: 사설이나 칼럼 제목의 경우 내용을 함축해서 전달하기 때문에 직설적이거나 고도로 함축적이어야 한다. 또한 1칼럼(단) 제목은 지면을 안내하고 기사를 등급화하는 최소 단위이기 때문에 매우 중요하다.

• 사례

역사도 모르고 패싸움까지… 무자격 가이드 급증

무자격 관광 안내원들이 국내여행을 하는 외국인 관광객들의 안내를 맡는 경우가 증가하면서 이들에 대한 단속과 제도개선이 시급한 실정이다. 25일 한국관광통역안내사협회에 따르면 국내에서 활동하는 1200여 명의 외국인 상대 관광 안내원들 중 500명가량이 이 같은 무자격자로 추정된다. 협회 관계자는 "이들 무자격 관광 가이드들이 짧은 역사지식과 언어 실력으로 외국인들에게 '한글이 중국 한자를 모방해 만들었다'든가 승례문 소실을 말하지 않는 등 사실과 다르게 전달하고 있어 문제가 크다"고 우려를 나타냈다.

이들 무자격 관광 안내원들이 활개를 치는 것은 여행사 상당수가 정식 관광통역사를 고용하기보다 무자격 가이드를 쓰는 것을 선호하기 때문이라고 분석했다. 단속이 시급한 실정이지만 단속을 맡은 지방자치단체나 문화관광부 등은 손을 놓고 있는 실정이다. 문화부의 한 관계자는 "이를 단속해야할 지자체가 나몰라라 하는 바람에 우리가 하는 수 없이 소극적 단속을 해왔지만 사실상 문화부는 단속 권한이 없다"고 말했다.

한편 지난 8일 서울 마포경찰서는 인신공격을 했다는 이유로 수십 명이 모여 내국인과 패싸움을 벌인 중국동포 출신 무허가 가이드들을 불구속입건했다.

박준우 기자 jwrepublic@

스트레이트성 기사의 1행 제목은 20자 내외에 사실(팩트)을 전달해야 하기 때문에 직설적이고 서술형인 경우가 많다.
출처: 아시아경제 2013.01.25(왼쪽) / 문화일보 2013.10.25(오른쪽)

③ 다행 제목

헤드라인은 한 줄로 완전한 경우도 있지만 기사의 내용을 충분히 표현하기 위해서는 여러 행으로 이루어진 '헤드라인 집단' 사용이 불가피하다. 보통 두 줄 형태를 많이 사용해 레일(rail)형 헤드라인이라고도 부른다.

㉠ 주부제형(보완형)

• 정의: 헤드라인을 부연설명하거나 보충

• 형식과 내용: 헤드라인 한 줄로 온전히 메시지가 전달되지 않을 때 헤드라인 밑에 부제를 달아 메시지를 온전하게 한다.

　: 기사의 육하원칙 중 헤드라인에서 빠진 부분을 보완한다. 예를 들면 헤드라인에서 기사의 '왜(why)'를 언급했다면 부제에서는 '누구(who)'와 '무엇(what)'을 언급한다.

　: 헤드라인과 부제의 서체 종류나 크기를 달리해서 시각적인 주종관계를 만들어주는 것이 좋다. 예를 들면 헤드라인이 50pt 고딕체라면 부제는 17~23pt 명조체를 쓴다.

• 다매체 다채널시대 중요도: 하

• 이유: 과거에는 주부제형 헤드라인이 많이 쓰였으나 대부분 인터넷 헤드라인이 한 줄로 굳어지면서 지면에서도 한 줄 헤드라인이 대세다. 헤드라인을 부연 설명하는 부제는 기사 박스 중 1칼럼(단)이나 2칼럼(단)을 할애해 작게 쓴다.

• 사례

엔저의 습격… 일본 고객 발걸음 뚝
명동-동대문 등 관광객 30% 줄고 씀씀이 반토막

ⓛ 각 행 독립형

• 정의: 각행이 하나의 범주 내에서 전혀 다른 사실을 전달할 때 사용
• 형식과 내용: 같은 크기와 강도로 어떤 메시지를 병렬로 전달할 때 주로 쓰인다.
　: 각 행은 형식뿐만 아니라 메시지도 독립되어야 한다.
　: 병렬되는 각 헤드라인이나 제목은 같은 크기(pt)를 사용해야 하며, 자수와 운율
　까지 맞춰주면 편집의 시각적인 효과까지 얻을 수 있다.
• 다매체 다채널시대 중요도: 중
• 이유: 정부 정책을 차례로 열거하거나, 두 가지 의견을 동등하게 전달할 때 이용
　된다. 그러나 헤드라인이 무거워지고 메시지의 임팩트가 떨어질 위험이 있다.
• 사례

"각료 제청권 행사했나"
질문받자 정후보 "했다"
의원들은 "의문스럽다!"
▶ 정홍원 총리 후보 인사청문회 첫날

ⓒ 원인과 결과형

• 정의: 어떤 사건사고의 원인과 결과를 동등하게 처리하고 싶을 때 주로 사용
• 형식과 내용: 이 헤드라인은 원인과 결과, 모두를 강조함으로써 수용자의 호기심
　을 더 자극한다. 사건이나 사고, 또는 정부 정책 등 비판할 때 유용하다.
• 다매체 다채널시대 중요도: 중
• 이유: 헤드라인에서 원인과 결과를 너무 자세하게 다뤄주면 수용자들이 기사를
　읽지 않을 수도 있다. 수용자의 호기심을 자극하고 수용자들을 흥분하게 만드는
　것이 '원인과 결과형' 헤드라인 작성의 기술이다.
• 사례

1인 독단-전횡 막는다
청와대에 인사위 신설

ⓔ 연결형

- 정의: 하나의 문장을 두 줄로 꺾어서 사용
- 형식과 내용: 헤드라인을 배너형으로 길게 뽑지 못할 때 2~3칼럼(단) 안에 줄줄이 이어서 기술한다.

  : 인터뷰나 기자회견 등 멘트나 발표 등을 그대로 옮길 때 주로 쓰인다.
- 다매체 다채널시대 중요도: 하
- 이유: 기본적으로 헤드라인 내용은 각 행 독립을 원칙으로 한다. 헤드라인의 문장이 갈지(之) 자처럼 늘어지면 내용적으로 긴장감이 떨어지고 형식적으로 가독성이 떨어지는 단점이 있다.
- 사례

통화만 해도 걷기만 해도
기부하는 '착한어플' 뜬다

④ 어깨 제목(kicker)

- 정의: 헤드라인 왼쪽 위에 붙어 헤드라인을 수식해주는 역할
- 형식과 내용: 헤드라인 하나로 메시지가 완전하게 전달되지 않을 때 헤드라인 내용의 원인이나 주체를 위에 올려 수식하는 기능을 한다.

  : 서체는 주로 고딕체를 쓰며 크기(pt)는 헤드라인 크기의 절반 이하를 쓴다. 예를 들면 헤드라인이 50pt 고딕체라면 어깨 제목은 17~23pt 고딕체를 쓴다.

  : 형식적으로 헤드라인과 구별짓기 위해 어깨 제목 앞에 약물기호(▶)를 쓰거나 밑줄을 긋기도 한다.
- 다매체 다채널시대 중요도: 하
- 이유: 이런 어깨 제목은 편집기자의 '의도'이거나 편집기자의 '직무유기'일 수 있다. 극단적으로 표현한 편집기자의 '의도'란 헤드라인을 더욱 돋보이게 하기 위한 하나의 시각적 장치란 의미이고, 편집기자의 '직무유기'란 헤드라인을 은유와 상징을 통해 압축하지 않고 줄줄이 나열한 흔적일 수 있다.
- 사례

▶ <u>왜 지금 '레 미제라블'인가?</u>

모든 억압에 대한 '도도한 저항'

⑤ 기사 사이 제목(blurb)

- 정의: 헤드라인을 부연 설명하는 제목으로서 지면에서 독립된 제목 공간을 차지하지 않고 기사 칼럼(단) 안에 배치
- 형식과 내용: 기사의 부제나 여러 가지 사실을 나열할 때 사용한다.
  : 기사만으로 빼곡하게 채워진 '지면의 답답함'을 해소해주는 역할을 하며, 제목 크기가 작아 지면을 절약하는 효과도 가져온다.
  : 글자 크기는 12~17pt가 주를 이루며 2~5행으로 구성된다.
- 다매체 다채널시대 중요도: 상
- 이유: 기사 사이 제목은 기사 박스의 맨 위에 위치하는 것을 원칙으로 하나 지면의 답답함을 해소하기 위해 기사 중간에 파고들기도 한다. 이럴 때는 기사의 흐름을 방해하면 안 되고 수용자들의 열독에 혼란을 주어서도 안 된다.
- 사례

우리집 '대사증후군' 치료하는 새해맞이 정리 정돈의 노하우

정리·수납의 8계명
1. 버리기가 시작, '지금 쓰는 것'만 남기고 주저 없이 버린다.
2. 쓰기로 정한 물건을 종류별로 분류한다.
3. 물건 종류별로 수납공간을 정하거나 만든다.
4. 수납공간마다 한 종류 물건만 넣어둔다.
5. 무엇을 넣어 두었는지 라벨을 써서 붙인다.
6. 물건을 반드시 제자리에 가져다 놓는 습관을 들인다.
7. 새 물건이 하나 들어오면 다른 하나는 처분한다.
8. 수납공간은 가득 채우지 말고 20% 여유를 둔다.

대사증후군이란 고혈압, 고지혈증, 비만 등 여러 질환이 한꺼번에 나타나는 현상. 쉽게 말하면 먹어서 섭취한 만큼의 열량을 모두 써버리지 못해서 생기는 무서운 병이다. 우리가 사는 집도 '대사증후군'을 앓는 경우가 많다. 무심코 구입하거나 선물 받은 물건이 쌓이고 쌓여서 그 물건들로 편리함을 누리기는커녕 오히려 불편을 겪는다. 대사증후군이 인체 건강에 해로운 것처럼 '집 대사증후군'은 집 건강에 위험하다. 우리 집이 건강한 상태로 새해를 맞으려면 어떻게 집 안을 정리·정돈해야 할까.

◇정리·수납의 시작은 '버리기'
정리·수납의 달인으로 파워블로그 '털팽이의 정리 비법' 운영자이자 베스트셀러 '3배속 살림법'(스타일북스)을 낸 조윤경(37)씨는 "일단 '버리기'가 시작"이라며 "잘 버리기만 해도 반은 성공"이라고 말했다. 일본의 수납·정리 전문가 요시카와 에리코씨는 자신의 책 '정리 정돈 대사전'(초록물고기)에서 '버리기를 위한 3단계' 요령을 제시한다. 우선 물건을 전부 꺼내 바닥에 쏟아낸다. 이 중 '지금 사용하는 것'만을 골라낸다. 물건을 원래 자리에서 바로 골라내지 못하고 손길이 머뭇거린다면 지금 사용하고 있지 않다는 증거. 바닥에 남은 물건들은 다시 '버린다' '고민한다' '보관' 등 셋으로

모든 물건 바닥에 쏟아낸 뒤 지금 사용하는 것만 고르고 종류별로 수납공간에 정리 정돈된 상태 잘 유지하려면 20% 여유 공간 확보도 필수

로 분류한다. 나오지 않는 편이나 이용 기간이 지난 쿠폰, 3개 이상의는 제품은 바로 쓰레기통에 버린다. 아무리 비싸게 구입한 옷이라도 유행이 지났다면 과감히 처분한다. '고민한다'로 분류된 물건은 오늘 날짜를 쓴 상자나 종이봉투에 담아 잘 보이는 곳에 놓아둔다. 요시카와씨는 "반년 동안 한 번도 사용하지 않았던 것은 깔끔하게 처분하라"고 말한다. '보관'으로 구분한 물건은 추억 상자에 넣고 보관하거나 차츰 사용해서 '지금 사용하는 것'으로 만든다.

◇종류별 분류해 '집' 만들어준다
사용할 물건은 종류별로 분류한다. 조윤경씨는 "정리되지 않은 집의 공통점은 같은 종류의 물건이 모여있지 않고 여기저기 흩어져 있는 것"이라며 "물건이 흩어져 있는 것을 찾기 위해서 여기저기로 움직여야 하므로 시간을 낭비하게 된다"고 조언했다.
물건을 종류별로 구분하면 넣어두는 '집' 즉 수납공간을 마련해준다. 수납함을 구입해도 좋고, 옷장이나 수납장에 구획을 만들어도 좋다. 종이 소재 과자 상자를 서랍장 높이에 맞춰 잘라서 사용하거나 페트병·우유팩 따위를 재활용해도 좋다. 중요한 것은 물건마다 수납공간이 있어야 한다는 점이다.

◇정리 정돈된 상태 유지하기
이렇게 집 안을 정리해놓으면 아무리 어질러지더라도 빠르고 쉽게 효율적으로 정리할 수 있게 된다. 라벨을 붙여 사용한 다음 제자리에 되돌려놓는 습관을 들이는 것도 중요하다. 또 책 한 권을 사면 한 권을 버리는 식으로 전체 물건의 양을 일정하게 유지하는 것이 중요하다. 수납공간을 가득 채우지 말자. 80% 정도만 채워 20% 여유를 남겨둔다. 그래야 물건을 찾고 꺼내기 쉽다.
김성윤 기자

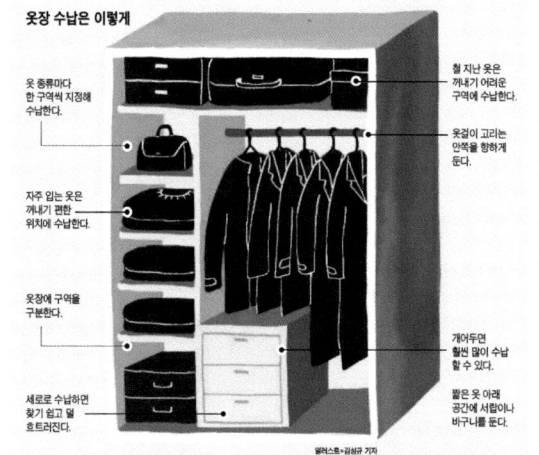

옷장 수납은 이렇게
옷 종류마다 한 구역씩 지정해 수납한다.
자주 입는 옷은 꺼내기 편한 위치에 수납한다.
옷장에 구역을 구분한다.
세로로 수납하면 찾기 쉽고 덜 흐트러진다.
철 지난 옷은 꺼내기 어려운 구역에 수납한다.
옷걸이 고리는 안쪽을 향하게 둔다.
개어두면 훨씬 많이 수납할 수 있다.
짧은 옷 아래 공간에 서랍이나 바구니를 둔다.
일러스트=김성규 기자

기사 중간에 5줄짜리 제목(blurb)을 배치함으로써 기사 내용을 요약, 정리해 주고 시각적 쉼터 역할도 한다.
출처: 조선일보 2013.12.26

⑥ 대립형(shot gun)

- 정의: 대립되는 두 개의 사안에 대해 중립적인 편집을 할 때 사용
- 형식과 내용: 여야 간의 정쟁이나 스포츠 경기 등에 많이 사용되는데 같은 크기의 활자를 병렬적으로 배치한다.
  : 크기나 헤드라라인의 운율 등을 동등하게 대치시킴으로써 수용자들에게 흥미를 불러일으킬 수 있다.
  : 대립형은 편집기자의 의도를 나타낼 수 있는 좋은 형식이다. 글자 수, 내용의 대칭이나 대조 등을 통해 흥미롭게 헤드라인을 장식하고 표현할 수 있다.
- 다매체 다채널시대 중요도: 중
- 이유: 수용자를 미소 짓게 하거나 긴장하게 만듦으로써 몰입도를 높인다. '언어의 유희'를 유감없이 발휘할 수 있는 형식이지만 너무 '언어적 유희'에 치우치다 보면 팩트를 훼손하는 오류를 범할 수 있다.
- 사례

이승엽 홈런 치고 '장군'
봉준근 삼진 잡고 '멍군'

⑦ 가지(branch)형과 꺾기형

- 정의: 헤드라인 앞에 행위가 되는 주체 등을 헤드라인의 절반 정도 되는 크기로 수식하거나 헤드라인 앞뒤에 작은 제목을 두 줄로 배열
- 형식과 내용: 헤드라인이 짧을 때 사용되며 지면을 절약하는 효과가 있다.
  : 여러 사람이나 여러 주체가 헤드라인의 내용(fact)과 독립변수 또는 종속변수로 인과관계를 이룰 때 효율적이다.
  : 꺾기형은 어깨제목(헤드라인의 위에 붙어 헤드라인을 수식)을 두 줄로 꺾어서 만든 형식이다.
- 다매체 다채널시대 중요도: 하
- 이유: 세로쓰기 시절에 애용했던 스타일로 가로쓰기에서는 편집기자의 명확한 의도가 있을 때만 사용하는 것이 좋다.
- 사례

南男北女   남한은 남자가 많고, 北은 심한 女超
北한 군인·벌목공들 사고사 많은 탓

용산참사 4주년 피해증언대회 "재개발로 쫓겨난 뒤 내 인생은 구멍났다"

⑧ 스토리텔링(story telling)형

• 정의: 기사의 핵심을 스토리로 짧게 엮어 수용자들에게 '또 다른 기사'를 읽는 느낌을 줌

• 형식과 내용: 스토리텔링형은 기존의 헤드라인 형식을 파괴하거나, 여러 가지 형식을 조합한 '정보＋이야기'의 새로운 스타일이다.

 : 장문의 기획기사나 해설기사, 또는 무드(mood)형 피처스토리의 헤드라인으로 적합하다.

 : 기존의 헤드라인 형식들이 무미건조하게 메시지만을 일방적으로 전달한다면 스토리텔링형은 편집기자가 스토리텔러(storyteller)가 되어 감정을 이입하고, 주관을 개입시켜 또 다른 읽을거리를 주는 것이다.

 : 스토리텔링형은 헤드라인과 헤드라인을 수식하는 설명형 제목들로 이루어지는 경우가 많으며 이미지까지 포함시킬 수 있다.

• 다매체 다채널시대 중요도: 상

• 이유: 멀티미디어시대 신문 헤드라인은 점차 연성화되고 있다. 사실 중심의 스트레이트 보도는 이미 온라인이나 모바일 미디어를 통해 실시간으로 확산되기 때문에 하루 늦은 신문은 어떤 뉴스의 해설이나 분석에 초점을 맞추는 경우가 많다. 이럴 경우 단순한 헤드라인과 제목보다는 스토리텔링형이 유용하고 메시지 전달에 효과적이다.

• 사례

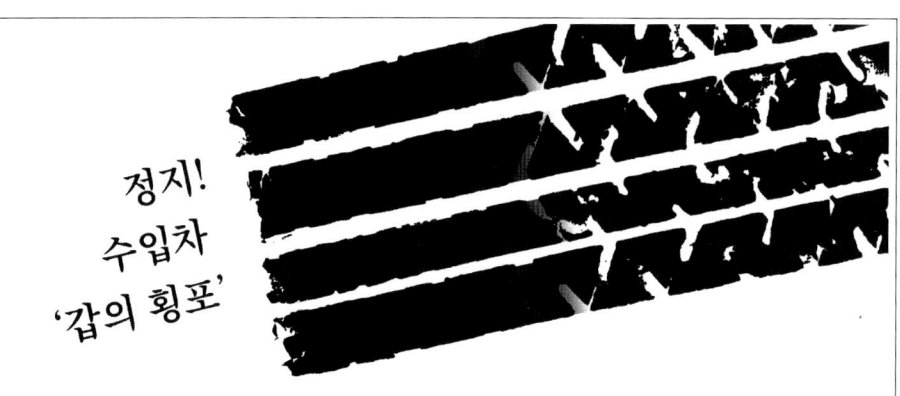

헤드라인에서도 스토리텔링은 유효하다. 단순히 헤드라인만으로 정보를 전달하는 것이 아니라 이미지까지 첨부를 하면 주목도와 가독성이 높아진다. 위의 사례는 자동차가 급정거 했을 때 도로 위에 찍히는 스키드 마크(skid mark)를 헤드라인과 결합시켜 '정지!'라는 메시지를 강렬하게 표현했다.

출처: 중앙일보 2013.02.21

(4) 헤드라인의 종류: 정렬 방식에 따른 분류

헤드라인의 정렬 방식은 신문사마다 다르다. 가로쓰기 초창기에는 대부분 신문사들이 칼럼(단)의 한 중앙에 헤드라인 중심을 맞추는 중간 정렬을 기본으로 했으나, 2000년대 중반 이후부터는 앞 끝(왼쪽) 정렬이 대세다. 기사의 성격(스트레이트 기사냐, 박스형 기사냐)에 따라 앞 끝 정렬과 중간 정렬을 혼용하기도 한다.

① 양 끝 정렬

- 정의: 칼럼(단)의 양쪽 끝에 꽉 차게 헤드라인이나 제목을 배열

- 형식과 내용: 양 끝 맞춤은 기본적인 신문 기사의 흐름 방식이다. 헤드라인이나 제목을 칼럼에 꽉 채움으로써 시각적 안정감을 준다.

  : 양 끝 맞춤 헤드라인은 각행의 크기(pt)가 같고 보통 2줄 제목으로 많이 사용된

다. 3~4행 제목은 주로 부제에서 작은 활자로 활용된다.

- 다매체 다채널시대 중요도: 하
- 이유: 만약 헤드라인을 칼럼(단)의 양 끝에 맞추면 지면이 무거워질 수 있다. 또한 시각적으로도 여백이 없어 답답할 수 있다. 따라서 헤드라인 정렬 방식으로는 거의 쓰지 않는다.
- 사례

'다람쥐 택시'를 아시나요

교통 불편 구간 쳇바퀴 돌듯 왕복
미터기 안 꺾고 반값에 불법 합승
서울시, 집중단속 벌여 21대 적발

지난달 5일 오전 8시. 서울시 관악구 신림동 금호타운아파트 입구에 택시 5대가 줄을 지어 서 있었다. 승객 한 명을 태운 택시는 곧바로 출발하지 않고 다른 승객을 기다렸다. 택시는 앞뒤 좌석을 모두 채우고 나서야 비로소 시동을 걸었다. 2호선 서울대입구역까지 손님을 태운 택시는 다시 아파트 앞으로

발될 경우 1차 위반 시 과태료 20만 원이 부과된다. 1년간 3회 이상 동일한 사례로 적발될 경우 면허가 취소된다. 다람쥐 택시는 신림동 고시촌 등 지하철역 등 대중교통 접근성이 떨어지는 곳에서 주로 영업한다. 신림동 금호타운아파트의 경우 마을버스 기점으로 출근 시간 무렵이면 버스를 기다리는 손님들이 길게 늘어선다. 서울대 입구를 비롯해 숙명여대·서울여대 등 지하철역과 멀리 떨어진 대학도 다람쥐 택시들의 주 영업장이다.

헤드라인은 앞 끝 정렬을 하고 제목은 양 끝 정렬을 하고 있다.
출처: 중앙일보 2013.12.05

② 앞 끝(왼쪽) 정렬

- 정의: 헤드라인과 제목, 그리고 기사의 모든 행이 칼럼(단)의 왼쪽을 기준으로 정렬하는 방식
- 형식과 내용: 가로 편집에서 가장 많이 사용하는 형태다.
  : 시선이 시작되는 왼쪽 상단에 헤드라인과 제목, 그리고 기사의 첫 행이 위치하기 때문에 흐름이 자연스럽다.
  : 헤드라인의 무게중심이 왼쪽으로 치우쳤기 때문에 지면에 긴장감을 유발한다.
  : 헤드라인과 제목 박스 오른쪽 부분이 자연스럽게 여백으로 남음으로써 시각적 쉼터를 제공한다.

- 다매체 다채널시대 중요도: 상
- 이유: 헤드라인과 제목이 시선의 시작 부분에 위치하기 때문에 자연스럽고 가독성이 높다.

③ 뒤 끝(오른쪽) 정렬

- 정의: 앞 끝 정렬과 반대되는 형태로 편집기자가 특별한 의도를 가지고 지면을 구성할 때 쓰는 형태
- 형식과 내용: 헤드라인과 제목이 다행일 경우 시선의 시작 부분이 들쭉날쭉하기 때문에 가독성이 떨어진다.

  : 이미지와 일체감을 주기 위해서나 레이아웃 구성상 시각적 효과를 노리기 위해 뒤 끝 맞춤을 하기도 하다.

- 다매체 다채널시대 중요도: 하
- 이유: 국내 신문서는 잘 쓰지 않는 형태로 잘못 쓰면 가독성을 떨어뜨려 혼선을 줄 수 있기 때문에 조심해야 한다.
- 사례

기사 전문(前文)과 헤드라인을 뒤 끝 정렬을 했다. 박스 디자인의 경우 이미지의 형식에 따라 전문이나 헤드라인을 뒤 끝 정렬하기도 한다.

④ 중간 정렬

- 정의: 헤드라인이나 제목을 글틀 박스의 중앙에 위치시켜 좌우 대칭을 이룸

- 형식과 내용: 헤드라인이나 제목 정렬의 전통적인 방식으로 좌우가 균형을 이루어 안정감이 있다.
  : 스트레이트성 기사의 헤드라인보다는 박스 기사의 헤드라인이나 제목에 많이 쓰인다.
- 다매체 다채널시대 중요도: 중
- 이유: 박스 기사 안에서는 헤드라인과 제목의 좌우 여백이 균형을 이루는 것이 좋다. 그래서 일부 신문사에서는 앞 끝 정렬과 중간 정렬을 혼용하기도 한다. 하지만 문제는 수용자가 혼용의 이유를 정확하게 모를 수 있다는 것이다. 자칫 혼선을 줄 위험이 있기 때문에 헤드라인과 제목 정렬을 하나로 통일하는 것이 좋다.

- 사례

재건축·재개발 용역 비리 (하)　로비에 무기력한 수사·행정당국

재건축·재개발 비리가 계속되지만 수사기관과 행정당국은 제때 대처하지 못하고 있다. 서울 서대문구 가좌동 4구역의 재개발 비리 의혹이 대표적이다. '철거왕'으로 불리는 다원그룹 이금열 회장이 수원지검에 횡령 혐의 등으로 구속기소된 것은 올해 8월이다. 하지만 경찰은 이로부터 2년여 전인 2011년 초부터 이 회장의 비리 혐의를 수사해 왔다. 왜 경찰은 이 회장을 사법처리하지 못했을까.

'철거왕' 경찰 수사 때 … 간부, 후배 불러 "이금열 봐 달라"
(2011년 10월)

박스 기사에서 헤드라인과 전문을 중간 정렬하기도 한다.
출처: 중앙일보 2013.12.05

⑤ 헤드라인 정렬 파괴

- 정의: 스토리텔링형 헤드라인을 구사하면서 지면 디자인에 따라서 여러 형태의 정렬을 혼용
- 형식과 내용: 피처스토리 페이지 등에서는 기사 내용이나 레이아웃 필요에 따라 다양한 형식을 구사할 수 있다.
  : 헤드라인 정렬 파괴는 강조 효과를 줌으로써 지면을 돋보이게 하고 수용자의 주목을 끈다.
- 다매체 다채널시대 중요도: 중
- 이유: 그러나 이러한 헤드라인 정렬 파괴는 전체 페이지네이션의 통일성과 일관성을 해칠 위험성이 있다. 악센트를 위해 쓸 경우에는 지면 전체 디자인과의 조화가 중요하다. 헤드라인과 이미지, 그리고 본문이 한 몸체로 어우러져 있어야 가독성과 변형 효과를 낼 수 있다.

2 왜 헤드라인이 중요한가?

신문은 말의 결정체이고 편집은 언어의 연금술이다. 신문은 글을 이용하여 수용자에게 정보를 전달하고 여론을 형성하는 고도로 계산된 언어행위이다. 언어는 신문의 생명인 동시에 편집의 최대 무기이다. 이러한 신문 언어는 16세기 이후로 역사의 기록자로서 사실과 진실을 추구했으며, 시대의 양심으로서 불의와 싸웠고, 세상을 변화시켜왔다. 이러한 신문의 역할 중에서 가장 중요하게 작동된 것이 헤드라인이다.

1) 헤드라인은 공중 언어이다

헤드라인은 멋진 말로 편집기자만의 언어적 유희를 즐기는 사적 영역이 아니라 정확하고 압축적인 언어로 수용자에게 정보를 전달하고 그들의 흥미를 유발하고 태도를 변화시키는 공중 언어가 되어야 한다.

언어적 유희에 빠진 공허한 헤드라인, 지나친 비약이나 상징을 동원한 생경한 헤드라인, 감정에 도취된 감탄형 헤드라인은 생명 없는 조화(造花)에 비유할 수 있다. 멋지거나 화려하지는 않지만 정보가 생생하게 살아 움직이는 역동적 헤드라인, 단순하지만 임팩트 있는 헤드라인을 구사해야 한다.

하지만 많은 편집기자들은 '멋진 헤드라인' 함정에 빠져 가장 기본적인 요소를 소홀히 하고 때로는 무시한다. 어떤 사건사고의 1차적인 사실이 방송이나 포털, 또는 모바일 등을 통해 알려졌다 하더라도 헤드라인에서 정보를 빼면 공적 언어가 아니라 시적(詩的) 언어, 또는 캠페인 언어에 불과하다. 화려한 장식에 의해 실체가 가려지는 오류를 범하게 되는 것이다.

물론 멋있는 헤드라인이 나쁘다는 것이 아니다. 편집기자들이 내용도 없이 멋만 부리는 헤드라인 작성에 빠지는 것을 경계하는 것이다. 시적 표현에 정보도 살아 숨 쉬고, 임팩트까지 갖춘 헤드라인은 모든 편집기자들이 꿈꾸는 이상일 것이다.

헤드라인 언어에도 인플레이션이 존재한다. 헤드라인에서 자주 사용되는 단어 중 '충격'은 더 이상 '충격적'이지 못하고 '신화'라는 말의 '신화'는 이미 깨졌고, '전설'이라는 단어가 주는 위대함은 오래전에 '전설'이 되어 버렸다. 시도 때도 없이 각 지면에서 '전쟁'은 벌어지고 궁할 때마다 등장하는 '명품'도 더 이상 지면에서 '품위'를 유지할 수 없다. 왜냐하면 언어가 가치를 잃고 인플레이션을 겪고 있기 때문이다. '강력'이라는 말은 '초강력'이 되어야 하고, '대형'은 순식간에 '초대형'으로 업그레이드되며, '첨단'이 어느새 '최첨단'으로 확대되었다. 이처럼 헤드라인 언어는 '더 강한 것, 더 충격적인 단어, 더 화끈한 무엇'을 찾는 언어의 4각 링으로 변질되고 있다.

헤드라인이 수용자와 상호작용을 하기 위해서는 기사의 핵심을 가장 적절하고 적확하게 표현하는 절제된 언어, 진실한 언어, 살아 있는 공적 언어가 되어야 한다.

이와 관련하여 1900년 런던의 한 신문에 게재된 불과 4줄짜리 작은 광고, 작은 글씨의 카피로만 이루어진 다음의 광고가 어떻게 수용자들을 움직였는지 살펴볼 필요가 있다. 다음은 탐험가 섀클턴(Ernest Shackleton)의 남극탐험대 모집광고 카피이다.

Men Wanted for Hazardous Journey. Small wages, bitter cold, long months of complete darkness, constant dangers, safe return doubtful. Honor and recognition in case of success.
　　　　　　　　　　　　　　　　　　　　　　　　　　　　　　－Ernest Shackleton

위험한 여행 참가자 모집. 적은 임금, 혹한과 긴 암흑의 연속, 계속되는 위험, 보장할 수 없는 안전 귀환, 그러나 성공하고 돌아올 경우 명예와 안정이 따름.　　　　　　－어니스트 섀클턴

이 광고는 왓킨스(Julian Lewis Watkins)가 저술한 『세계 100대 위대한 광고(The 100 Greatest Advertisement)』에서 첫 번째 작품으로 선정된 광고이다. 이 광고에는 멋있는 수식어도, 화려한 과장도 없다. 너무나 간결하고 직설적이며 사실적 단어 몇 개뿐이다. 이 광고가 왜 위대한 공고인지 편집기자라면 깊이 생각해볼 가치가 있을 것이다.[77]

2) 신문 헤드라인은 정치와 이데올로기의 데이터베이스다

신문 헤드라인은 역사의 목차이며, 사회의 알림판이다. 즉, 신문은 정치·경제·사회·문화·스포츠 등 그 시대, 그 사회의 가장 큰 이슈를 부각시키고, 알려주고, 기록하는 동시에, 인류의 모든 것이 압축되어 담긴 데이터베이스 같은 것이다. 신문만큼 그 시대, 그 사회가 가장 중요하게 생각하는 것, 중요하게 생각해야 하는 것, 또는 그 시대의 가치관과 사회문화적 트렌드를 신속하고 정확하게 포착하여 매일 기록하는 매체는 없다. 그 과정에서 긍정과 부정의 상반된 모습으로 존재하기도 한다.

먼저, 신문이 사회의 고발자로서 또는 역사의 기록자로서 긍정적인 역할을 살펴보자. 신문은 '사실'이 무엇인지, '진실'이 무엇인지, 왜곡되고 감춰진 사회의 치부를 파헤쳐 수용자들의 알권리를 충족시켜 주며, 사회적 합의를 이끌어 내며, 미래에 대한 비전을 제시하기도 한다. 또한 너무나 중요하지만 우리가 무관심했거나 잊고 지내온

것들에 대해 새롭게 조명하기도 한다. 신문의 기본적인 역할에 힘을 더하는 것이 헤드라인이다. 헤드라인은 '진실'이라는 무기로 '불의와의 전쟁'을 치르고 '감동'이라는 미소로 '긍정의 바이러스'를 퍼뜨린다. 이러한 헤드라인은 대체로 언어적 유희나 유행어 패러디가 아니라 진솔하지만 강렬하고, 잔잔하지만 아프고, 직설적이지만 통쾌한 경우가 대부분이다.

반면에 신문 헤드라인에는 의제설정이라는 이름으로 교묘하게 지배 이데올로기, 언론사의 고정관념, 정치적 편견 등이 개입되기도 한다.

보수신문에는 '안보제일'이라는 고정관념이 내재되어 있고 반공 이데올로기가 은폐되기도 한다. 각종 선거 때만 되면 어김없이 안보가 주요 의제로 등장하고 이념적 색깔론이 쟁점으로 부각된다. 가십 정도의 작은 뉴스가 의미 부여되어 톱기사로 확대 재생산되기도 한다.

진보 신문에서는 개혁 이데올로기를 공개적으로 내세우며 정부를 비판하고 재벌의 문제점을 고발한다. 헤드라인은 뉴스정책의 결정체로서 해당 언론사의 사시(社是)나 뉴스정책을 대변한다.

스포츠 기사에서는 보수나 진보 신문을 막론하고 승리지상주의와 민족주의가 전체를 관통한다. 2등은 기억되지 않는 승자만의 기록이 된다. 특히 한·일전 등 국가 간 맞대결은 민족주의 의제설정의 결정체로서 역사적 의미까지 결부되어 꼭 이겨야만 하는 '전쟁'으로 묘사된다.

그래서 신문 헤드라인은 전체를 있는 그대로 보여주는 파노라마TV가 아니라 언론사(메신저)가 보여주고 싶은 것만 가공해서 보여주는 창틀(frame)과 같다. 그것은 우리 사회의 전체 모습이 아니라 특정 형식으로 틀지어진 단편적인 조각에 불과하다. 말하자면 헤드라인은 메신저의 주관(의제 설정과 게이트키핑)을 전파하는 운반체이며 한 사회의 지배이데올로기를 강화하거나 약화시키려는 이념적 장치가 된다. 그러나 이러한 '행간의 의미'는 너무 교묘하고 자연스러워 수용자들은 쉽게 알아차릴 수 없다.

신문 헤드라인의 정치적·이데올로기적 기능은 이외에도 다양한 방식으로 작동한다. 신문만 보고 있으면 사회는 온통 문제투성이이고, 정치 집단은 비리의 온상이고, 재벌 집단은 개혁의 대상인 것처럼 강조된다. 헤드라인이 손쉽게 의제설정할 수 있는 극단적 이데올로기만을 부각시킨다는 비판을 피할 수 없을 것이다.

그러나 신문의 헤드라인은 긍정적이든 부정적이든 수용자의 이데올로기나 국가관, 세계관에 지속적으로 영향을 미친다는 점에서 단순한 사실의 요약이나 정보 전달 이상의 사회제도적(institution) 중요성을 갖는다. 이는 신문 헤드라인이 의도된 목적으로 사실을 왜곡하거나 의례적이거나 형식적인 수사에 그쳐서는 안 되는 이유이며 언론의 가치를 통한 사회적 책임을 다해야 하는 이유이다.

3 $^{)))}$ 가독성 높은 편집, 좋은 헤드라인의 조건

신문은 매체의 특성상 설득의 효과가 가장 높다. 특히 헤드라인은 수용자를 설득의 단계로 이끄는 가이드 역할을 하기 때문에 더욱 중요하다. 헤드라인 작성 시 참고할 만한 것이 '5I룰'이다. '5I룰'은 Idea – Information – Interest – Impact – Impulsion을 뜻하는 것으로 헤드라인은 '아이디어에서 출발하여, 정보를 담고 있으며, 재미있고, 힘이 있어 수용자 마음을 자극하여야 한다'는 것이다. 헤드라인을 뽑고 배치하는 일은 공간작업이라서 이미지(사진, 일러스트레이션, 인포그래픽 등), 기사 등과 시각적으로나 의미적으로 연관 지어 레이아웃을 해야 한다.

1) 편집의 평가 기준

사례 ❶ "와! 오늘 편집 시원해서 참 좋은데?" vs. "어? 오늘 편집 왜 이렇게 구멍이 많아… 지면이 남아도나?"

사례 ❷ "와! 오늘 재벌 때리는 헤드라인 통쾌하던데?" vs. "어? 오늘 재벌 때리는 헤드라인 누가 뽑았어… 밥줄 끊을 일 있나?"

극단적인 예이기는 하지만 뉴스룸에서 벌어지는 대립적인 말들이다. 편집기자들 입장에서는 뉴스의 종류에 따라 사진과 헤드라인, 그리고 여백을 활용한 가독성 높은 편집을 선호하지만 경영부서 입장에서는 지면의 여백이 '공간의 낭비'라고 생각할 수도 있다. 왜냐하면 지면의 공간은 곧 정보의 꼭지수와 비례하고 정보의 꼭지수는 비용과 비례한다고 생각할 수 있기 때문이다. 또한 일반 기자들 입장에서는 날선 비판적 헤드라인을 선호하지만 광고마케팅 부서 입장에서는 영업활동에 지장을 주기 때문에 가급적 친기업적인 헤드라인을 원하기도 한다.

이처럼 좋은 편집의 기준은 평가자의 입장에 따라 다르다. 헤드라인도 마찬가지다.

특히 신문의 관여자들(사주, 경영자, 일반기자, 광고주, 수용자 등)이 누구냐에 따라 좋은 편집, 좋은 헤드라인의 기준이 달라지기 때문에 계량화된 가이드라인을 정할 수 없다. 언론사 경영자에게 좋은 편집이란 신문의 열독률과 구독률을 높여 판매부수 증가와 광고효과를 높이는 것이다. 그것이 신문의 신뢰도나 인지도, 그리고 선호도를 높이는 저널리즘 효과이거나, 판매부수나 광고수익 같은 마케팅 효과이든 궁극적인 목적은 편집에서 확실하게 의제를 설정하고 그 의제를 여론화시켜 유형무형의 이익을 얻는 것이다.

반면에 편집기자에게 좋은 편집이란 헤드라인이 '쟁이(편집기자들일 일컫는 은어)'들 사이에서 유명해지거나 화제가 되고, 편집기자협회상을 수상하고 다른 편집기자들의 롤모델이 되는 경우이다. 그들 입장에서 좋은 편집과 좋은 헤드라인은 매일매일 소모품으로서의 '일회용 언어'가 아니라 평생의 작품이 되는 것이다.

수용자들에게 좋은 편집과 헤드라인은 읽기 편하고 이해하기 쉽게 정보의 지도를 잘 그려준 '내비게이션'과 같은 것이다. '정보의 내비게이션'이 길을 잘못 안내하거나 최신 정보로 업데이트가 안 된 경우 아무리 디자인적으로 훌륭하고 헤드라인이 감각적이라도 금방 외면받게 된다. 따라서 좋은 편집을 하거나 좋은 헤드라인을 작성한다는 것은 대단히 지난한 작업이다. 신문의 경영자 · 신문사 내부 구성원 · 수용자들을 충족시켜야 하기 때문이다.

그럼에도 불구하고 일반적인 의미에서 좋은 편집이 되기 위해서는 기본적인 기준이 있다.

2) '좋은 편집' 지면 전체의 기준: 주목성(attention)

편집은 수용자에게 말을 걸어 그들이 귀를 기울이고 기사를 읽게 만드는 작업이다. 즉, 다음 페이지로 넘기려는 수용자의 시선과 손가락을 멈추게 하는 것이다. 바로 'stopping power'이다.

이 첫 번째 게이트(gate)를 통과해야만 언론의 게이트키핑(gate keeping) 파워를 발휘할 수 있다. 취사선택되고, 의미가 부여되고, 틀지어진 메시지를 수용자에게 전달할 수 있기 때문이다. 두 번째 게이트에서는 수용자의 관심, 공감, 비판, 선호, 확신, 태도변화, 행동 등으로 편집의 '울림'에 대한 '떨림 현상'이 일어난다.

멀티미디어시대 이후 프런트페이지 등 주요 지면의 주목성이 주로 시각적 요소(인포그래픽이나 일러스트레이션 등)에 의존하는 경향이 있지만 헤드라인은 지면에 생명을 불어넣는 '화룡점정'과 같은 요소이다. 편집을 김춘수 시인의 '꽃'이라는 시에 비유하면 다음과 같다.

① 시각적 요소: 내가 그의 이름을 불러 주기 전에는 그는 다만 하나의 '몸짓'에 지나지 않았다.
② 헤드라인: 내가 그의 이름을 불러 주었을 때 그는 나에게로 와서 '꽃'이 되었다.
③ 메시지 효과: 우리는 모두 무엇이 되고 싶다. 나는 너에게 너는 나에게 잊혀지지 않는 하나의 '의미'가 되고 싶다.

즉, 메시지가 결여된 시각적 요소는 아름다울 수는 있지만 생명이 없는 조화(造花)에 불과한 것이다. 편집기자들이 데드라인이라는 극한상황과 맞서면서까지 '찰나의 언어'를 찾아 헤매는 까닭은 아이쇼핑(eye shopping)에 익숙한 수용자의 눈과 손을 멈추게 하는 '끌림'을 갖기 위해서이다.

3) '좋은 편집' 저널리즘 측면의 기준

(1) 정확성(accuracy)

'언론보도는 정확성이 생명이다.'
정확성은 사실(fact)에 근거해서 진실을 알리고 역사를 기록하는 편집기자에게 가장 강력한 무기인 동시에 가장 취약한 아킬레스건이 되는 양면성을 지니고 있다. 사실에 근거하기 때문에 어떠한 외압이나 비난으로부터 자유로울 수 있지만 팩트 파인딩(fact finding) 오류 땐 무거운 사회적 책임을 감수해야 한다.

(2) 신뢰성(credibility)

정확성이 편집기자의 1차적인 영역이라면 신뢰성은 미디어의 권위를 상징한다. 수많은 매체 중에서 '제호'가 주는 믿음만으로도 콘텐츠의 진실을 담보하기도 한다. 따라서 편집은 내용과 형식면에서 가치와 권위가 있어야 한다. 그것이 신뢰의 밑바탕이 되고 이 신뢰가 수용자와 사회를 움직이는 원동력이 된다.

(3) 적합성(right)

뉴스 편집은 원천 소스(source)인 기사와 사진 그리고 언론사의 뉴스 정책, 디자인

정책에 적합한 콘셉트(concept)와 아이디어라야 한다. 아무리 돋보이는 편집이라고 하더라도 전체적인 맥락 속에서 적합하지 않다면 내부 게이트키핑 과정을 거치면서 가감되고 심지어는 폐기되기도 한다. 이러한 적합성의 오류는 편집기자의 과잉 자신감이나 감정적 흥분에서 비롯된다. 편집기자는 종종 기사 메뉴를 받는 순간 이거다 싶은 '필(feel)'을 받는 경우가 있다. 이때는 이성보다 감성이 더 강하게 작동되어 이미지 과잉이나 수사의 인플레이션 함정에 빠질 수 있다. 기본적으로 갖추어야 할 정확성이 간과되고, 의미 없는 이미지가 부각되고, 자기만의 언어에 사로잡히게 된다. 뉴스 편집은 예술작품이 아니다. 일반 대중이 보고 쉽게 이해하고 느껴야 한다. 수용자가 의문부호를 다는 순간 그 헤드라인, 그 편집은 이미 죽은 것이나 다름없다.

4) '좋은 편집' 지면 제작 측면의 기준

(1) 독창성(unique)

독창성은 편집에 생명력과 상상력을 불어넣는 필요충분조건이다. 또한 경쟁신문이나 다른 매체의 '동일한 콘텐츠'와 구별짓기를 할 수 있는 차별적 요소이다. 독창성은 'something new'를 뜻하는 것으로 새로운 감각(new), 신선한 표현(fresh), 참신한 문장 등 최대 '15자 매직'을 부리는 이성적이고 감성적인 판단력의 결정체이다.

매일 마감시간이라는 괴물과 싸우다 보면 자칫 헤드라인이 상투적일 수밖에 없다. 편집기자들이 관용구처럼 사용하는 '헤드라인 공식'에 대입하면 낯익지만 진부한 표현들이 금방 쏟아져 나오기 때문이다.

여름 휴가철이면 으레 등장하는 '그 섬에 가고 싶다'라든가 돈으로 인한 갈등 기사에 감초처럼 부각되는 '쩐의 전쟁' 등 시·영화·드라마·가요 제목 등을 차용하고 패러디한 '헤드라인 공식'들이 넘쳐난다. 이러한 '헤드라인 공식'은 마감시간이라는 '초치기' 상황에서 편집기자가 역전 안타를 칠 수 있는 '최종병기'이기도 하고 안일한 자기고백이기도 하다.

신문은 제호만 가리면 무슨 신문인지 구별하기 힘들다는 비아냥거림을 받고 있다. 이러한 헤드라인 차별화 전략이 수용자의 인식을 바꾸고 매체 충성도를 높이는 역할을 하게 될 것이다.

(2) 단순성(simplicity)

광고에서 '무언가를 더하고 싶다면 빼는 방법을 배워라'라는 말이 있다. 신문 헤드라인도 마찬가지다. 장황한 수식어나 부연설명 없이 기사 전체를 관통하는 키워드를 하나의 문장으로 표현할 수 있다면 그것이 단순성이다. 헤드라인 위에 어깨 제목(kicker)을 올리고 그 밑에는 헤드라인을 설명하는 부제를 붙이고 부제 밑에는 또 그 부제를 보충하는 제목을 붙인다면 '제목 각행 독립의 법칙'을 위반하는 누더기가 된다.

(3) 임팩트(impact)

기사 내용을 어떻게 강렬하게 전달할 것인가? 헤드라인은 수용자의 이성에 호소하든지 감성을 자극하든지 강력한 '한 방'이 있어야 한다. 수많은 기사 중에서 돋보이게 하는 언어적 폭탄을 터뜨려야 한다. 물론 임팩트가 강한 기사에서 강한 임팩트의 헤드라인을 뽑을 수 있다. 특종기사이거나 폭발력 있는 인터뷰인 경우 편집기자들은 큰 고민 없이 강렬한 메시지를 완성한다. 하지만 매일 반복되는 대부분의 기사는 편집기자의 고뇌를 필요로 한다. 비유와 상징, 그리고 은유와 직유 등 기사를 압축하고 풀어내는 언어적 기교를 통해 강렬한 메시지를 만들어내야만 한다. 더 나아가 수용자가 메시지를 통해 이미지까지 연상 작용을 할 수 있게 만든다면 더 효과적이다.

(4) 감정이입(empathy)

'감정이입'은 헤드라인을 통해 수용자의 공감을 불러일으키는 것이다. 대부분의 편집에는 편집기자의 감정이 개입되기 마련이다. 이러한 감정적 요소는 지면을 풍부하게 만들기도 하고 유치한 일기장으로 전락시키기도 한다. 자칫 무미건조해질 수 있는 지면이 감성이라는 윤활유를 통해 부드럽고 활력 넘치게 되는 반면 무절제한 감정의 배설로 편집기자만의 넋두리가 된다.

예를 들면 다음과 같다.

① '감정의 덫에 갇힌 한 · 일 관계'
② '감정싸움으로 치닫는 한 · 일 관계'
③ '强 vs. 强… 막가는 한 · 일 관계'

이것은 모두 '한 · 일 관계가 이성보다는 감정에 치우쳐 대립이 격화되고 있다'라는

기사의 헤드라인이다. 하지만 이들 헤드라인을 비교해 보면 편집기자의 세심한 감정이입이 얼마나 큰 차이를 보이는지 알 수 있다. ① 번의 경우 편집기자의 절제된 감정표현이 돋보이나 임팩트가 약해 보이고 ② 번의 경우는 특별한 기교 없이 한—일 관계현상을 직설적으로 표현했으며 ③ 번은 편집기자의 감정을 최대한 이입시켜 임팩트는높였으나 품격이 떨어져 보인다.

감정이입은 기사의 성격, 페이지네이션의 위치, 기사의 밸류에 따라 달라진다. 정치면과 사회면의 감정이입 방법과 방향이 다르고 문화면과 스포츠면도 접근 방법이다르다. 결과적으로 상황과 느낌에 따른 편집기자의 절제되고 정제된 감성이 힘을 발휘한다.

[표 3]
뉴스 편집의
평가 기준

지면 전체의 기준	주목성 attention	뉴스 편집에서 가장 중요한 것은 수용자가 기사를 읽도록 만드는 것이다. 헤드라인과 레이아웃을 통해 기사의 존재감을 부각시켜야 다음 장으로 넘기려는 수용자의 시선과 손길을 사로잡을 수 있다. 이것이 바로 'stopping power'이다.
저널리즘 측면의 기준	정확성 accuracy	정확성은 언론의 존립 근거이다. 아무리 주목도가 높은 헤드라인이라 할지라도 팩트 파인딩(fact finding)이 잘못됐다면 죽은 편집이다. 팩트가 틀린 헤드라인이나 사진, 그리고 인포그래픽은 편집의 오보이며 더 나아가 법적 분쟁에 휘말릴 위험성도 있다.
	신뢰성 credibility	신뢰성은 수용자의 충성심을 유발하는 가장 중요한 요소이다. 그러기 위해서는 정확하게 정보를 전달하고 흥미롭게 지면을 구성해야 한다. 신뢰성의 출발은 1단짜리 기사 한 꼭지이다. 그 기사들이 쌓여 한 개의 지면이 되고 이 지면이 페이지네이션을 통해 브랜드 파워를 만든다.
	적합성 right	편집은 태생적으로 원천 소스(source)인 기사와 사진의 종속변수이다. 즉, 편집의 내용이 원천 소스에 적합해야 한다는 의미이다. 그리고 언론사의 뉴스 정책이나 디자인 정책에 적합한 편집 콘셉트(concept)와 아이디어여야 한다.
지면 제작 측면의 기준	독창성 unique	편집은 동일한 재료를 가지고 경쟁자와 다른 제품을 만드는 차별화 작업이다. 독창성은 편집에 생명력과 상상력을 불어 넣는 필요충분조건이다. 독창성은 'something new'를 뜻하는 것으로 새로운 감각(new), 신선한 표현(fresh), 참신한 문장 등 이성적이고 감성적인 판단력의 결정체이다.
	단순성 simplicity	편집의 강렬함은 역설적으로 가장 단순함으로부터 나온다. 사진 한 장을 부각시켜 메시지를 전달하거나 장황한 수식어 없이 기사 전체를 관통하는 키워드를 하나의 문장으로 표현할 수 있다면 그것이 단순성이다.
	임팩트 impact	'팩트는 임팩트다'라는 말이 있다. 비유와 상징, 그리고 은유와 직유 등 기사를 압축하고 풀어내는 언어적 기교와 트리밍(trimming)과 크로핑(cropping) 등 이미지 가공을 통해 강렬한 메시지를 만들어내야만 한다.
	감정이입 empathy	감정이입의 핵심은 편집기자의 헤드라인과 레이아웃이 수용자의 공감을 불러일으켜야 한다는 것이다. 편집기자만의 독백이 되면 수용자와의 상호작용이 단절된다. 이러한 감정적 요소는 지면을 풍부하게 만들기도 하지만 유치한 일기장으로 전락시킬 수도 있어 주의해야 한다.

Memo

Chapter 8

스토리텔링 편집의
논쟁거리

Contents

- 헤드라인의 '옳고 그름'에
  대하여!
- 헤드라인의 '좋고 싫음'에
  대하여!

1 헤드라인의 '옳고 그름'에 대하여!

신문 헤드라인은 살아 있는 현실언어이기 때문에 동시대의 언어습관을 대변한다. 한때 최고의 헤드라인 스타일로 인기를 끌던 것들도 현실언어가 변하면서 같이 성장하고 소멸한다. 이렇게 성장과 소멸을 거듭하는 가운데 수많은 논란거리와 논쟁거리도 만들어낸다. 헤드라인 자수(字數)부터 구어체 중심이냐 아니면 문어체 중심이냐, 또는 조어(造語) 중심이냐 등 일반 수용자들은 관심을 갖지도 않고, 설령 관심을 갖는다 해도 쉽게 알아차리지 못할 문제들을 가지고 편집기자들은 민감하게 반응하고 고민한다. 다음은 편집 현장에서 벌어지는 습관과 스타일에 대한 논쟁거리를 제시해 본다.

1) 누구를 위한 '땡땡이'인가?

신문 헤드라인은 문자로만 이루어진 단순 구조물이 아니다. 때로는 문장부호나 기호 등을 동원하여 문자 이상의 상징성과 의미를 전달하는 복합 구조물이다. 이러한 문장부호는 헤드라인에 생명력을 불어넣고, 의미를 깊게 하며, 의미의 왜곡을 방지시켜 주는 양념과 같은 역할을 한다. 하지만 조미료가 음식의 깊은 맛을 음미할 수 없게 하듯이 문장부호의 남용도 항생제와 같은 면역력을 갖게 하여 많은 부작용을 일으키고 있다.

(1) 따옴표만 있으면 만사 OK인가

우리가 흔히 말하는 '땡땡이'는 사전적 의미로는 '공사판 등에서 인부가 감독자의 눈을 피해 게으름을 피우는 일'을 뜻하지만 편집기자들 사이에서는 작은따옴표로 통한다. 작은따옴표는 '전능한 힘'을 지녀서 '날마다 땡땡이 치라'고 편집기자들을 유혹하지만 '땡땡이'는 양날의 칼과 같아서 때로는 만병통치약 같지만 부작용도 만만치 않다.

'땡땡이' 그 자체는 아무 의미가 없는 문장부호에 불과하나, 헤드라인에서의 '땡땡이'는 조미료와 같아서 의미의 폭을 넓고 깊게 해주는 역할을 한다. 마치 편집기자의 편의를 위해 만들어진 부호처럼 그 용도가 다양하다.

그렇다면 편집기자들이 매일매일 '땡땡이'를 치는 이유는 뭘까?

① 말을 줄이고 싶을 때

• '행복도시'로의 초대('행복도시'는 행정복합도시의 줄임말)

② 강조하고 싶을 때

• '사라진 고구려'
• "우리는 '스피드 경영'으로 승부했다"

③ 책임을 회피하고 싶을 때(이것은 물음표(?)와 함께 면책 수단용으로 동원된다)

• '봐주기' 청문회?
• '회초리' 맞은 여야

④ 이색적인 표현을 썼다고 생각될 때

• '풋고추'를 어찌하오리까?
• '철없는' 독감백신
• '당찬 녀석들'
• 중기 7000명 '氣−UP'송 불렀다

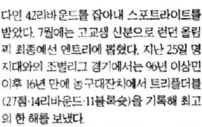

'당찬 녀석들'

고려대, 상무 109연승 제동

이승현·이종현 47점 합작
농구대잔치 첫 우승 일궈

"전희철·현주엽 못지않은 활약이 기대된다."
1975년부터 22년간 고려대 사령탑을 맡았던 박한(66) 대학농구연맹 명예회장이 고려대 '트윈 타워' 이승현(2학년·1m97cm)·이종현(1학년·2m06cm)을 보고 했던 말이다. 고려대 92학번 전희철과 94학번 현주엽 콤비가 그랬듯 이승현·이종현도 프로로 선배들을 위협할 것이라고 예상했다. 그의 예상은 맞아떨어졌다. 역대 최강의 높이를 자랑하는 고려대가 국내 공식 경기 108연승을 달리던 상무를 꺾고 농구대잔치 첫 우승을 차지했다.

고려대는 28일 수원 보훈재활체육센터에서 열린 삼성화재 2012 농구대잔치 결승에서 상무를 87-72로 물리쳤다. 고려대는 26점·8리바운드를 기록한 이승현과 21점·17리바운드를 올린 이종현이 골 밑을 완벽히 장악했다. 1학년 포워드 문성곤(1m94cm은 3점슛 4개 포함 18점을 올려 뒤를 받쳤다.

신장 합계 4m3cm의 '트윈 타워'가 프로 선수들로 구성된 상무를 앞도했다. 이종현은 지난 4월 개설고와의 연맹회장기에서 중고농구연맹 주산 집계 이후 최…

HOT STORY "일등(대)기업 못간다고 울지마라 슬퍼마라"

중기 7000명, '氣-UP'송 불렀다

직원들이 공동 제작한 희망가
중진공, 내년 공식 로고송 검토

'일등(대)기업 못간다고 울지마라 슬퍼마라, 고개숙이고 울지말고 중소기업 찾아봐라, 젊은 (벤처·중소)기업 들어가서 일등기업 만들어라, 천년간다 대기업보다 경험제형 개국공신'.

중소기업들 사이에서 한 기관의 직원들이 개인적으로 만든 '중소기업 희망가'가 화제다. 중소기업에 대한 애정이 듬뿍 담긴 이 노래는 최근 한달새 벌써 7000명에게 전파된 상태다.

17일 업계에 따르면 경기 안산 소재 중소기업진흥공단 중소기업연수원에서는 지난달 초부터 중소기업 취업이나 직무 관련 연수교육을 시작할 때 특별한 음악을 틀어놓는다…

⑤ 헤드라인의 의미를 구분지어 주는 효과

• '선동열의 힘' 한국 야구사 다시 쓴다

이와 같이 편집기자들은 마감시간과 사투를 벌이면서도 수용자들의 이성과 감성을 동시에 자극하는 멋진 헤드라인 한 줄을 뽑기 위해 종종 '땡땡이'의 유혹에 넘어간다.

그러나 '땡땡이'는 잘 치면 역전 만루 홈런이 될 수 있지만 잘못 쳤다간 병살타를 기록할 수 있기 때문에 주의를 기울어야 한다.

스캇 보라스
"'30초 기적'의 힘?···
류현진 LA 다저스맨 만들었다"

이처럼 땡땡이를 잘못 치면 헤드라인을 어지럽게 한다. 한 줄 헤드라인에 작은따옴표, 큰따옴표, 물음표 등이 함께 뒤섞여 있을 때 수용자들은 가독성에 혼란을 느끼고 헤드라인의 뜻을 정확하게 파악하지 못한다. 이런 문제는 인터뷰 기사 헤드라인을 뽑을 때 종종 나타나는데 작은따옴표를 생략하든지, 아니면 헤드라인을 처음부터 다시 생각해야 할 것이다.

억울한 '쌍피'

이 헤드라인은 편집기자의 고심이 엿보인다. 편집기자는 자동차 사고의 '쌍방피해'를 좀 더 알기 쉽고 강렬하게 표현하기 위해 고스톱 용어인 '쌍피'를 동원했다. 물론 쌍방피해를 줄인 말이다. 하지만 수용자 입장에서는 '이게 도대체 무슨 말이지?' 고개를 갸우뚱할 수도 있다. 이렇듯 무리한 '땡땡이 헤드라인'은 기사의 사실에서 멀어지게 한다. 애매모호한 표현을 '땡땡이'로 얼버무리려 한다든가 편집기자만 아는 표현을 '땡땡이'의 힘을 빌려 수용자들에게 일방적으로 강요한다면 이것은 편집기자의 직무유기며 신문의 '제1원칙'인 정확성을 해치는 자해행위가 될 것이다.

북, 세웠던 로켓 해체⋯수리하는 듯
정부 고위당국자 밝혀
"열흘 안에는 발사 힘들 것"

중앙일보는 위 헤드라인과 제목에 대해 2012년 12월 29일자 23면에 〈로켓 오보' 사과드립니다〉라는 기사를 실었다.

중앙일보는 2012년 12월 12일자 1면(왼쪽 지면)에 "북한이 로켓을 해체하고 있고 열흘 안에는 발사가 힘들 것"이라고 보도했지만 12일 오전 9시 49분 북한은 은하-3호를 발사했다. 오른쪽 지면은 13일자 1면

이 기사는 정부 당국자를 통해 11일 오전 평안북도 동창리 발사장 인근의 움직임을 취재해 작성됐습니다. 당국자들은 로켓 수리를 위한 해체 작업의 가능성은 있지만 100% 단정할 순 없다는 반응이었습니다. 그런데도 중앙일보를 비롯해 거의 대부분의 언론은 북한의 로켓 해체를 기정사실처럼 보도했습니다. 우리 당국은 미국과의 정보 공유를 통해 11일 오후 로켓 발사 움직임을 포착했지만 민감한 정보라 제때 언론에 알리지 못했다고 뒤늦게 해명했습니

　　다. 결국 북한의 움직임을 정확히 파악하지 못한 상태에서 현장 취재가 어렵다는 이유로 '아
　　니면 말고'식 보도를 한 셈입니다.

　이 중앙일보 오보의 가장 큰 문제점은 〈정부 고위당국자 "열흘 안에는 발사 힘들
것"〉이라는 큰따옴표 속 멘트이다. 취재기자와 편집기자는 이 멘트를 근거로 엄청난
오보를 낸 것이다. 이것이 큰따옴표의 함정이다. 기자가 직접 취재하지 못하는 경우
는 대부분 취재원의 말을 인용해서 기사를 작성한다. 이 인용부호 안에 있는 말은 기
자가 직접 검증할 수 없기 때문에 믿을 수밖에 없다.

　그렇다고 '큰 땡땡이'(큰따옴표)도 면죄부가 안 된다. 신문에서 큰따옴표는 통상 '누
구가의 발언'임을 표시하며, 경우에 따라서는 '사실과 다를 수 있고, 사실과 다르다 해
도 편집기자에게는 책임이 없다'는 면책성 부호이다. 그러나 수용자는 사실이 아닐 수
있다고 인식하지 않는다. 또한 신뢰성에 다소 문제가 있는 기사임을 아는 수용자들도
시간이 지나면서 큰따옴표는 기억에서 사라지고 큰따옴표 안에 있는 헤드라인만 남는
경우가 많다. 의미의 강렬함에 비해 부호는 상대적으로 사소한 부분이기 때문이다.
그러므로 헤드라인에 큰따옴표를 썼다고 책임이 줄어들거나 없어지지 않음을 명심해
야 할 것이다.

(2) 대답 없는 물음표와 느낌 없는 느낌표

　헤드라인에 붙은 물음표는 정답을 원하지 않는다. 그냥 허공을 향하여 외치는 '소리
없는 아우성'이다. 편집기자들은 민감한 사안에 대해 물음표를 던짐으로써 오보의 책
임을 회피하고 수용자들에게는 뭔가 의혹이나 숨은 진실이 있을 것 같은 뉘앙스를 풍
겨 호기심을 자극한다. 하지만 수용자 입장에선 '혹시나 하고 읽어 봤더니 역시나 별
수 없네'라고 실망감을 표시할 수도 있다. 의문형으로 끝나는 헤드라인은 대개 문패성
헤드라인이다. 이러한 문패 헤드라인은 유럽이나 미국 신문에서 기사 내용을 포괄적
으로 나타내는 주제 역할을 하며 주로 피처스토리에 쓰인다.

　마감시간은 다가오는데 기사 전체를 대변할 만한 헤드라인이 떠오르지 않을 때 '구
원투수'처럼 등장하는 헤드라인 형식이지만, 장문의 기사를 포괄적으로 표현하는 편
리함도 있다. 그러나 의문형의 남발은 진실을 왜곡할 위험성을 내포하고 있으며 아무
도 책임지지 않는 '카더라 통신'을 만들 수도 있다. 즉, 편집기자의 궁색한 의도와 수
용자의 상상력이 맞물려 다양한 '해몽'을 할 수 있게 하는 것이다.

메릴린 먼로는 공산주의자?
1955년 소련 비자 신청하자
FBI서 의심, 7년간 밀착 감시

미국 연방수사국(FBI)이 메릴린 먼로를 공산주의자로 의심해 밀착 감시해왔던 것으로 밝혀졌다.

AP통신은 1955년부터 62년 먼로가 사망할 때까지의 동향 등을 기록한 '먼로 파일'을 정보공개법에 따라 FBI로부터 입수해 공개했다. FBI의 사찰은 먼로가 동료 연예인들과 힘께 소련에 대한 입국 비자를 신청하면서 시작됐다고 한다. 특히 56년 7월 익명의 남자가 데일리뉴스에 제보 전화를 걸어와 먼로가 속한 기획사가 공산주의자들의 활동을 재정적으로 뒷받침하고 있다고 주장하면서 먼로에 대한 감시는 강화됐다. 당시 제보자는 먼로와 결혼한 아서 밀러가 공산당원이라고 주장했다고 FBI 파일은 전했다.

회드 갑부인 밴더빌트 가문의 일원이면서도 좌익 성향 때문에 상속 자격을 빼앗긴 프레드릭 밴더빌트 필드와 먼로의 친분도 파일에서 공개됐다. 62년 멕시코에서 망명 중이던 필드를 만난 먼로는 중국 공산정권에 대한 찬사와 흑인의 평등권에 대한 신념 등을 언급했다. 또 에드거 후버 FBI 국장에 대한 노골적인 반감도 드러냈다. 후버 국장 시절 FBI는 먼로뿐 아니라 찰리 채플린, 프랭크 시내트라 등 많은 연예인을 좌익으로 몰아 사찰했었다. 하지만 '먼로 파일'은 먼로가 실제로 공산주의자였는지에 대해선 명확한 결론을 내리지 못했다. 올해는 먼로가 사망한 지 50주년이 되는 해다.

워싱턴=박승희 특파원 pmaster@joongang.co.kr

출처: 중앙일보 2012.12.31

- 메릴린 먼로는 공산주의자?
- 英해리왕자는 나치?
- '맥도날드 CEO 잇단 사망' 햄버거 탓?

정말로 위의 물음표에는 해답이 없다. 아니, 어딘가에 숨어 있을 해답을 아무도 찾지 못하고 있는지 모른다. 편집기자는 허공에 의문을 던져놓고 누군가가 해답을 내놓을 때까지 기다린다.

또한 물음표는 정말 새롭고 신기한 것에 대한 기사의 헤드라인으로 유용하다. 여러 줄의 구구한 설명보다 'ㅇㅇㅇ을(를) 아십니까?'라고 물음표를 던져 수용자의 시선을 끈 뒤 부제에서 구체적인 설명을 해주는 것이 효과적이기 때문이다.

설국으로의 티샷 – '스노골프' 아시나요

출처: 중앙일보 2012.12.29

- 어디에 쓰이는 물건인고?
- '스노골프'를 아시나요?

　요즘 광고 카피를 보면 '문법파괴'와 '형식파괴'의 국적 불명 글들이 범람한다. 점잖고 예의 바른 표현들로는 도저히 인스턴트 세대에게 소구할 수 없기 때문이다. 즉, '뺑이오~'를 남발하게 되는 것이다. 신문의 헤드라인도 마찬가지다. 스포츠 · 연예 · 오락 등의 면에서는 사실에 충실한 헤드라인을 달면 수용자의 시선을 확 사로잡을 수가 없다. 이렇다 보니 호기심을 자극하는 의문형 헤드라인으로 호객행위를 한다.

　또한 물음표의 '배다른 형제'인 느낌표는 수용자들에게 편집기자의 '느낌'을 강요한다.

　이것은 주로 탄성형이나 여운형 헤드라인 형태에서 쓰이는데 수용자의 입장에서 감탄과 탄성을 자아낼 수 있다. 아름다운 절경을 스케치한 기사나 드라마같이 극적인 스포츠게임의 경우 열 마디의 수식어보다 한 마디의 감탄사가 현장의 분위기를 실감나게 전달할 수 있기 때문이다. 여운형 헤드라인의 경우 편집기자가 어떤 상황을 확정짓지 않고 여운을 남겨 수용자들에게 상상의 날개를 펴게 하는 것이다. 만약 축구국가대표 한 · 일전을 앞두고 '기성용 있음에!'라고 헤드라인을 달면 수용자들은 '프리미어리거 기성용 선수가 있기 때문에 대한민국 대표팀이 든든하다'라고 느낄 것이다. 여기에 느낌표를 달면 여운의 울림을 강하고 오래 지속시킬 수 있다.

　그러나 편집기자들이 감상에 젖어 느낌표를 남용할 때 수용자들에게는 이심전심의 감정이입이 아니라 유치찬란한 넋두리로 비칠 수 있다. 편집기자의 냉철한 이성을 통해 걸러지고 정제된 흥분만이 수용자들에게 현장의 극적인 분위기를 '느낌표'로 전달할 수 있다.

2) 漢字는 필요惡인가?

　'대한민국 4연패'

　"어? 이상하다. 분명히 우리나라가 우승을 했는데 4연패라니? 이 헤드라인 잘못 단 것 아니야?"

　이렇듯 어떤 헤드라인들은 한자로 쓰지 않으면 의미 전달이 안 되는 경우가 있다. 그렇다고 '대한민국 4連覇'라고 떡하니 한문으로 헤드라인을 달아놓으면 한자에 익숙하지 않은 젊은 세대들은 아예 해독을 못 할지도 모른다.

한글을 말할 때 한자를 빼놓고는 이야기가 안 된다. 우리 문화는 역사적으로 한자 문화권 안에서 성장과 소멸을 거듭해 왔기 때문이다. 좋건 싫건 간에 한자는 우리말 속에 깊숙이 배어 있으며, 특히 신문 헤드라인에선 더욱 유용하다. 기사의 핵심을 짧고 상징적으로 표현하는 데는 한자만큼 편리한 문자가 없기 때문이다. 한마디로 한자 헤드라인의 묘미는 '압축의 미'라고도 할 수 있겠다.

만약 한 단어로 의미가 통하는 헤드라인을 달아야 한다면 글자 하나하나마다 어의가 풍부한 한자말이 '적격'이다. '아~'나 '와!' 같은 감탄사는 한 글자로 된 우리말이지만 단순한 감탄사이지 제대로 의미를 담은 완성된 말이라고 보기는 어렵다. 하지만 한자는 단 한 글자만으로도 수많은 뜻을 표현할 수 있기 때문에 편집기자들에게는 편리한 언어적 수단이다.

문민정부 때 유행했던 '팽(烹)'도 의미가 함축된 한자 헤드라인이다. 이 글자는 한 유명 정치인의 입에서 나와 유행어가 됐던 고사성어 토사구팽(兎死狗烹)에서 따온 말이다. 이 문제의 고사성어 끝말은 1990년대 말 'IMF 경제위기' 이후 기업의 구조조정으로 인한 퇴출 사태가 잇따르자 유사한 의미 때문에 새롭게 빛을 보게 됐다. '팽'은 어려운 한자지만 강렬하고 의성어적인 억양까지 갖춰 한글로 표현해도 큰 무리가 없었다.

한글의 음과 한자의 뜻을 적절하게 조합시킨 헤드라인들도 인기다. 2002년 한 · 일 월드컵 때 스포츠신문들은 독특한 한자 조합형 헤드라인으로 수용자들의 시선을 사로잡았다. 이탈리아와의 경기를 앞두고는 '伊잡자', 프랑스가 패하자 '佛꺼졌다' 등의 한자어와 우리말의 서술어를 절묘하게 결합시켜 부드러운 구어체 바람을 일으켰다. '新들린 바벨쇼', 이승엽 '日낸다', '미국 美워' 등도 비슷한 예라고 할 수 있다.

또한 고사성어나 관용 한자의 일부 글자만 바꾸는 조어 재료로도 한자가 그만이다. 정치권의 '3金'이나 有備無患을 응용한 '有錢無罪', 多多益善을 변형한 '高高益善' 등이 그런 것들이며 '美스터리', '喜喜Rock樂' 등은 한자와 영어가 조합된 형태로 편집기자의 센스가 돋보이는 헤드라인이라고 할 수 있다. 이렇듯 한자는 한글이면 한글, 영어면 영어에 잘 어울려 헤드라인의 뜻을 넓고 깊게 해주는 조커와 같은 역할을 한다.

하지만 쓰기 편하고 뜻이 풍부하다고 해서 생경하고 난해한 한자를 남발하면 의미전달을 더 어렵게 만든다. 앞에서 언급한 '연패'라는 단어도 한글로 쓰면 의미가 혼동된다. '연달아서 패했다'는 말인지, '연달아서 우승했다'라는 말인지 분간이 안 간다.

서울우유 사랑해乳

중랑구에 우유·쌀 지원… 전염병 예방 백신기금 5000만원 전달

　또한 '서울우유 사랑해乳'도 오해를 불러일으킬 수 있다. '사랑해유'의 '유'자를 한자 '乳(젖 유)'로 써서 기교를 부렸다. 편집기자는 수용자들이 '乳'자를 '젖 유'로 다 읽고 이해한다는 가정하에 썼을 것이다. 하지만 이것은 편집기자의 공급자 중심적인 오만일 수 있다. 이해하지 못하는 수용자도 있다는 생각을 해야 한다.

佛·野·城

루아르 강변에 위치한 앙부아즈 성의 야경

프랑스 루아르, 서정적인 겨울의 이름

출처: 스포츠서울 2013.01.03.

　앞의 '佛·野·城'은 사진의 분위기를 살린 멋스러운 헤드라인이다. 본래 불야성은 등불 따위가 휘황하게 켜 있어 밤에도 대낮같이 밝은 곳을 이르는 말로 밤에도 해가 떠 있어 밝았다고 하는 중국 동래군(東萊郡) 불야현(不夜縣)에 있었다는 성(城)에서 유래한다. 편집기자는 이 사진 한 장이 주는 강렬함에 이끌려 무릎을 탁치며 '佛·野·城'이라는 헤드라인을 꺼내 들었을 것이다. 하지만 이 헤드라인에는 몇 가지 문제가 있어 보인다. 첫째, 이미 사어처럼 사용하지 않는 프랑스를 의미하는 음차어 '佛'을 써서 메시지 전달을 어렵게 하고 있다. 두 번째는 '野'의 애매모호함이다. 무엇을 전달하고자 하는 말인지 선뜻 이해가 안 된다. 세 번째는 '城'이다. 프랑스 고성을 여행한다는 의미일 텐데 부제와 기사를 읽어봐야 그 의미를 알 수 있을 것 같다. 아주 재미있고 사진과 잘 어울리는 적절한 헤드라인임에도 불구하고 메시지 전달에는 한계가 있어 보인다. 편집기자의 센스가 '너무' 돋보였다고 말할 수 있다.

서울 아파트 전세가율 55%…10년來 최대
<매매가 대비 전셋값 비율>

이 헤드라인은 편집기자의 '직무유기급'이다. 도대체 '10년來'가 무슨 말인가? 최근 '10년 이내에 최대'라는 표현을 줄여 쓰다 보니 이런 무리수를 두게 된 것이다. 편집기자의 헤드라인에 대한 진지한 고민이 더 필요해 보인다.

水盤에 올려진
명품 壽石일세

이 헤드라인은 수용자의 한자 실력을 과대평가한 듯하다. '水盤(수반)'과 '壽石(수석)'이라는 한자 자체를 읽기도 어렵거니와 의미를 이해하기도 힘들다. 물론 한자를 읽을 줄 알고 의미를 잘 아는 수용자들에게는 아주 운치 있는 헤드라인이 되겠지만 읽지도 못하는 수용자들에게는 궁금증과 답답함을 유발하는 '나쁜 헤드라인'이 되는 것이다. 편집기자의 일방적인 자아도취라고 할 수 있겠다.

이렇듯 오해의 소지가 있는 말들은 한자로 쓰든 아니면 아예 쉬운 말을 찾아 헤드라인을 바꾸는 것이 바람직할 것이다.

2) 헤드라인의 '좋고 싫음'에 대하여!

1) 신문은 유행어 천국

편집기자들은 한 줄의 헤드라인을 달기 위해 24시간 오감의 더듬이를 사방으로 뻗쳐 놓고 있다. 그들은 시대와 호흡하며 기사의 핵심을 꿰뚫고 수용자의 호기심을 자극

할 수 있는 적절한 단어를 찾고, 그 단어의 조합을 통해 하나의 메시지를 만들어내고자 노력한다. 그 단어가 얼마나 생동감 있고 시대성을 반영하고 있느냐에 따라서 메시지의 효과는 큰 차이를 보일 것이다. 굳이 '1物 1語說'을 들지 않더라도, 전달하고자 하는 의미와 의도에 가장 적합한 단어는 단 하나밖에 없다는 것을 편집기자들은 날마다 헤드라인과의 전쟁을 치르면서 경험적으로 알 수 있다. 그 단 하나의 단어를 찾기 위해 날마다 피 말리는 전쟁을 치르는 것이 편집기자들의 숙명인지도 모른다.

편집기자는 커뮤니케이션의 일반적 시각에서 보면 전달자(sender)의 위치에 서 있는 사람이다. 자신이 뽑은 헤드라인을 수용자들이 얼마나 정확하고 효율적으로 받아들일지를 생각하는 것이 멋진 헤드라인을 달기 위한 출발점이 된다. 구체적 정보가 없는 공허한 말장난들, 무슨 말을 하려는 것인지는 알겠는데 뜻이 명쾌하게 전달되지 않는 모호한 단어의 나열, 기사의 내용을 왜곡하는 엉뚱한 단어들은 헤드라인의 효과적인 커뮤니케이션을 방해하는 잡음들이다. 그러나 스마트미디어시대에는 과거의 일방적인 메시지 생산 → 전파라는 공급자 위주의 시각에서 벗어나 수용자들이 읽기 쉽고 이해하기 편한 헤드라인을 뽑고자 하는, 즉 수용자 위주의 헤드라인이 더욱 강조되고 있다. 이는 신문을 상품으로 인식함으로써 요구하게 되는 긍정적인 효과라 할 만하다.

그렇다면 여기서 말하는 '수용자 위주'의 헤드라인은 어떤 것을 말할까? 여러 가지로 정의를 내릴 수 있겠으나 현재와 같이 멀티미디어에 길들여진 젊은 층의 눈높이를 맞추기 위해서는 그들이 사용하는 유행어나 시대어를 헤드라인에 적절하게 곁들이는 것이라고 할 수 있겠다. 유행어는 시대적 상황에 따라 부침이 심한 '뜨내기 언어'들이지만 현 세대와 공감대를 형성하기에는 그만한 매개체도 없을 것이다. 이러한 신세대 용어들은 TV나 SNS 등을 통해 이미 유통되고 있는 말들로 의미전달에 위험성이 적으며 상징성이 커 잘만 활용하면 헤드라인에 활력과 친근감을 주는 장점이 있다.

하지만 이러한 유행어가 신문의 헤드라인으로 변신을 거듭하기까지는 편집기자들의 안목과 센스가 절대적으로 필요하다. 그 수많은 유행어들 중에서 하나를 '콕' 집어내 기사에 꼭 들어맞게 윤색과 각색을 하는 일 또한 쉽지 않기 때문이다.

자칫 튀는 헤드라인으로 뽑내려다 기사 내용과 동떨어진 '나대로' 헤드라인의 잘못을 저지를 수도 있다. 톡톡 튀는 헤드라인의 참신성이냐, 정보를 정확하게 전달하는 근엄성이냐는 미디어의 발달과 발맞춰서 생성 → 성장 → 소멸의 사이클을 거듭할 것이다.

(1) 유행어 패러디의 감칠맛과 가벼움

'아~ 그 섬에 가고 싶다'

여름 휴가철이면 레저면에 등장하는 단골 헤드라인이다. 수용자의 입장에서 섬에 대한 동경과 그리움을 적절하게 표현한 시적인 헤드라인이다. 하지만 이 헤드라인은 편집기자의 고뇌의 산물이 아니라 정현종 시인의 시를 패러디한 모조품이다.

편집기자들은 언어로 된 모든 구조물에서 헤드라인감을 사냥한다. 그 구조물은 대중오락부터 정치권까지 다양하고 광범위하다. 잡지 같은 출판물은 물론 영화·스포츠·음악·미술 등 대중과 관련된 모든 분야를 총망라한다.

매년 피서철만 되면 어김없이 등장하는 '그 섬에 가고 싶다'라는 레저면 헤드라인. 편집기자는 낯익고 운치 있는 이 시 제목을 다양하게 패러디함으로써 손쉽게 수용자와 소통한다.

출처: 서울신문 2012.08.30.

　특히 TV는 유행어를 만들고 전파하는 영상과 언어의 집적물이다. TV를 보지 않고는 살아가기 힘든 이 사회에서 TV를 통해 유통되는 광고는 항상 우리 주변을 따라다니게 되어 있으며, 재미있는 광고 카피는 곧 새로운 유행어가 되고, 특색 있는 광고의 이미지는 곧 사람들의 생활에 반영된다. 즉, 광고는 사회의 트렌드를 만들고 새로운 문화를 창조하는 역할을 하는 것이다. 이렇게 반복 학습을 통해 세상 사람들에게 낯익은 언어를 만들어내는 광고는 편집기자들에게 최고의 헤드라인 사냥터로 손꼽힌다.

　또한 유행가나 영화의 타이틀도 그 인지도 때문에 헤드라인에 끌어 쓸 말들이 많다. 유행어는 대중의 숨겨진 심리를 반영하는 사회의 거울이다. 신문도 대중과 호흡하며 커뮤니케이션을 한다. 대중과의 커뮤니케이션 매체는 바로 언어이다. 신문이 대중의 언어로 프러포즈를 하면 대중은 거부감 없이 마음의 문을 열기 때문에 편집기자들은 유행어의 유혹에 쉽게 빠진다. 2002년 한·일 월드컵 때 '붉은 악마'들의 카드섹션 격문은 순식간에 전 국민의 화두로 급부상했다. 특히 '꿈★은 이루어진다'는 대한민국 4강 신화와 맞물려 최고의 인기어로 전 사회로 퍼져나갔으며 '노력하면 된다'는 대명사로 통용되었다.

　하지만 이러한 시류성 헤드라인들은 대중과 호흡하고 경쾌하게 사회 현상을 꼬집을 수 있으나 남용하면 사회의 구조적인 문제들을 우스갯거리로 만들어 본질을 간과케 하는 부작용을 내포하고 있다.

(2) 외계어 습격사건

- '방가~방가'
- 부산 국제 영화제 '즐감법'
- 한밤의 '즐팅족'

　신문 헤드라인에도 국적불명의 외계어 공습이 시작됐다. 과감한 말 줄임과 문법 파괴를 미학으로 하는 이 변종 언어들은 SNS를 타고 오프라인으로까지 침투한 것이다. 미디어의 발달은 우리 언어구조를 더 쉽고, 간편한 쪽으로 발전시켜 나가고 있다.

　이러한 언어 파괴의 주범은 '팅'으로 통칭되는 온라인과 모바일이다. 인터넷 채팅이나 SNS의 실시간 메신저 등 디지털 의사소통 과정은 속도와 글자 수의 제약이 따르기 때문에 문자를 더 짧고, 더 쉽고, 더 자극적인 형태로 변화시키는 동인 역할을 하고 있다.

그렇다면 '외계어의 신문 헤드라인 습격사건' 전모는 무엇일까?

아니, 습격사건이라기보다는 신문 헤드라인에 자생한다는 표현이 더 잘 어울릴지도 모른다. 일선에서 편집을 담당하는 기자들의 연령은 평균적으로 30대 중반에서 40대 초반이다. 이들은 변화와 개혁으로 상징되는 스마트미디어세대다. 과거와의 차별화, 새로운 패러다임의 형성에 익숙한 이들이 '점령'한 편집부도 형식파괴를 강요받게 된다.

그중 가장 두드러진 변화의 물결은 헤드라인의 역동성이다. 과거 고답적이고 한자투의 문어체에서 살아 움직이는 구어체로 헤드라인의 톤을 바꿔 현실을 반영하고자한 것이다. 이들, 유비쿼터스적인 편집기자들은 스마트미디어로 무장, 온라인과 모바일, 그리고 오프라인을 넘나들며 헤드라인감을 사냥한다. 새롭고 수용자들과 호흡할만한 사냥감이 있으면 클릭 한 번으로 헤드라인의 데이터베이스에 저장을 한다. 이런과정에서 외계어도 자연스럽게 편집기자들의 클릭에 걸려들었고, 쓸 만한 헤드라인감으로 가공 과정을 거쳐 화려하게 활자화되는 것이다.

외계어의 수용과정을 보면 그동안의 획일성에 대한 거부반응이 기저에 깔려 있다. 남들과 다르고 좀 더 튀는 헤드라인으로 승부, 10~30대 스마트족들과 사상과 언어의 코드를 맞추려는 것이다.

그렇다면 트렌드 언어인 외계어의 문제점은 없을까? 가장 큰 문제점은 역설적으로 '외계어 습격사건'으로부터 우리말을 누가 지키느냐 하는 것이다. 싸구려가 된 한글 표준어는 외래어, 은어, 속어, 외계어 등에 밀려 마지막 보루라고 할 수 있는 신문에서조차 푸대접을 받고 있으며 '우리말은 박제된 교과서에만 있다'는 탄식이 들릴 만큼 저속한 말들로 인해 상처받고 있다.

신문언어 전위대인 편집기자의 딜레마는 여기서 또 시작된다.

'시대의 거울'인 신문이 '말의 유행'을 담아야 한다는 현실적인 이해와 세대 간 갈등, 언어의 황폐화를 조장한다는 비난을 어떻게 조화시켜야 할까?

2) 과대포장의 찬스와 미스

(1) 헤드라인 인플레이션

'수용자의 시선을 확 끌어 잡을 멋지고 기발한 게 뭐 없을까?'

편집기자들이 지면을 구성할 때 자신의 헤드라인이 돋보이게 하고 싶은 욕심이 앞

서다 보면 '영웅 드라마' 같은 감성에 호소하는 수사적 표현을 동원하거나 헤드라인을 키워 '규모의 경제'로 수용자들을 압도하려 든다. 특히 편집기자들은 헤드라인에 '올 인'하는 경우가 많아 이런 '언어 인플레이션' 함정에 빠지기가 더 쉽다. 그 결과 수용자들도 헤드라인의 불감증에 빠져 웬만한 표현에는 감동도, 흥분도 하지 않게 되었다.

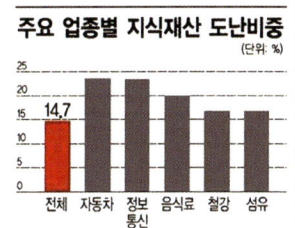

기술도둑, 절반은 車·통신서 훔쳐갔다

#1. 일본과 중국에 화학제품을 수출하는 중소기업 A사 임직원들은 최근 원료제조기술 유출 건으로 심각한 피해를 겪고 있다. 3개월 전 퇴직한 이모씨가 재직 시 알고 지내던 중국기업에 관련 기술을 유출시켜 수억원의 피해를 입은 것이다.

#2. 철강업계 대기업 B사는 경쟁사 C사와의 수주 경쟁에서 계속 밀리고 있다. 연구개발 업무에 관여했던 김모 과장이 올 초 B사의 기술을 빼낸 뒤 자취를 감춰버렸고 관련 기술을 C사에 거액을 받고 팔아넘겼기 때문이다.

주요 업종별 지식재산 도난비중 (단위: %)

- ⊙ '기술도둑, 절반은 車-통신서 훔쳐갔다'

이 헤드라인은 '기술 유출'을 '훔쳐갔다'라는 자극적인 표현으로 수용자의 시선을 끌고 있다. 헤드라인뿐만 아니라 검정 바탕에 흰 글씨로 표현해 강렬함을 더했다.

과거의 수용자들은 눈으로 읽고 가슴으로 느꼈으나 현재의 비주얼 마니아들은 먼저 가슴으로 느끼고 눈으로 보는 감성세대이다. 편집기자들은 그들의 눈높이에 맞게 컷과 헤드라인을 포지셔닝(positioning)시키고자 한다. 포지셔닝을 하려면 먼저 그들의 트렌드를 읽어야 하며 그들의 트렌드가 감각과 감성이라면 헤드라인도 그들의 눈높이에 맞게 소구해야 할 것이다.

이러한 트렌드의 집착은 종종 대형 활자와 자극적인 표현으로 나타나는데, 특히 스포츠면이나 연예 섹션 페이지 등에서 두드러진다. 이 같은 지면들은 수용자들이 신문을 읽는 것이 아니라 느끼게끔 헤드라인을 뽑고 있다. 이 경우 '정보가 먼저냐, 정서적 자극이 먼저냐'는 딜레마에 빠질 수 있으나 읽히지 않는 헤드라인보다는 수용자의 시선을 잡아둘 수만 있다면 팩트에 어긋나지 않는 다소 과장된 어법을 써도 괜찮을 것이다. 스포츠·연예·레저면 자체가 현장의 생생한 느낌을 전달하는 면이기 때문에 헤드라인 또한 역동적이어야 완벽한 하모니를 이룰 수 있기 때문이다.

하지만 페이지네이션(pagination)의 성격에 따라서는 흥분할 때와 냉정할 때를 구분해야 한다. 정치나 경제 스트레이트면의 경우 기사를 돋보이게 하기 위해 터무니없이 큰 컷이나 자극적인 과장어법은 사실을 왜곡시킬 위험이 있으며 수용자들에게 뉴스기피증을 일으키는 요인으로 작용한다.

출처: 아시아경제 2012.12.15.

⊙ 꽝꽝 언 투표일…내일 '목도리 대선'

이 지면은 헤드라인은 최소화시키고 목도리를 부각시켰다. 또한 날씨와 투표율을 이미지화해 상관관계를 강조하고 있다. 전체적으로 호기심을 자극하지만 자칫 지면이 혼란스러울 수 있는 단점을 가지고 있다.

(2) 스포츠 면은 전쟁 중

- '국민 영웅' 박태환 세계신 금물살
- 이승엽－심정수 대포 전쟁
- 대포 군단 vs. 소총 부대
- '북한 미녀군단'

- 그라운드의 승부사
- 30m 대포알숏 등

이와 같이 스포츠면은 매일 전쟁 중이다. 스포츠 자체가 승패를 가르는 전쟁의 축소판이기에 편집기자들은 대포와 소총 등으로 지면을 융단폭격, 수용자의 마음을 점령하고자 한다. 더 강렬하고 더 짜릿한 말이 없을까? 편집기자들은 스포츠면 앞에만 서면 이성은 한없이 작아지고 원초적인 감각들이 불쑥불쑥 고개를 내민다. 이것은 수용자를 호객하는 편집기자의 숙명일까?

항생제에 면역력이 생긴 환자가 웬만한 고단위 처방에도 효과를 보지 못하듯이 감정을 폭발시키는 강렬한 언어의 마술에 빠져들던 수용자들 또한 점잖고 시적인 헤드라인을 달아놓으면 왠지 싱거워한다. 누가 먼저랄 것도 없이 편집기자와 수용자는 가장 자극적인 용어에 포커스를 맞춘다. 편집기자가 헤드라인 전쟁의 주범이라면 수용자들은 이 전쟁의 공범인 셈이다. 그들은 감정을 공유할 수 있는 공통분모를 찾으려 그라운드에서 다이아몬드에서 아니면 4각의 링에서 피아를 구분한다. 그 공간에 회색지대는 존재하지 않는다. '네가 죽어야 내가 산다'는 냉혹한 전쟁논리만 편집기자의 마우스를 통해 전파된다. 이기면 영웅이고 패하면 역적인 살벌한 지면의 2분법. 이 단순논리를 통해 수용자들은 카타르시스를 느낀다. 이 전쟁에서는 어제의 영웅이 오늘은 역적이 되고 수많은 별들이 명멸한다.

편집기자는 헤드라인을 통하여 영웅을 만들어내고 수용자들은 이 영웅과 동일시하려는 내면의 욕구가 신문의 상업성과 맞아떨어져 '스타 저널리즘'으로 나타난다. 수용자들의 이러한 동일시 태도는 개인뿐만 아니라 모든 사회 그리고 모든 역사의 시기에서도 존재한다. 하루에도 생각이 수백 번씩 뒤바뀌고 덧없는 환상과 씁쓰레한 환멸감을 번갈아 맛보고 매사에 열등감과 패배감을 맛볼 수밖에 없는 소시민의 삶 속에서 스포츠라는 전쟁터에서 울리는 승전가는 엄청난 대리만족을 가져다준다.

스포츠 영웅은 이러한 소시민들에게 딱 들어맞는 신화이다. 화려한 스타탄생 뒤의 가난하고 육체적 한계를 딛고 일어선 감동 스토리까지 곁들여진다면 스포츠 영웅은 국민적 합의를 이끌어낼 수 있는 세대 간, 계층 간 커뮤니케이터 역할까지 하는 것이다.

박세리 선수가 1997년 LPGA 메이저 대회에서 연못에 빠진 볼을 멋지게 탈출시켜 영광의 우승 트로피를 거머쥐었을 때 신문들은 일제히 '여왕 탄생'으로 헤드라인을 뽑았다. 박세리의 영웅 신화는 편집기자들의 펜 끝에서 만들어져 외환위기의 전 국민에게 꿈과 희망을 주는 레토릭(rhetoric)이 되었다. 이렇듯 편집기자는 스포츠의 승패를 전쟁용어에 감정이입시켜 날마다 수용자에게 카타르시스라는 선전포고를 한다.

그러나 편집기자의 전쟁용어를 통한 영웅탄생 화법 뒷면에는 언어의 경직화라는 역기능도 분명히 존재한다. 역사적으로 살펴보면 일제시대에 발달한 군사문화는 이러한 전쟁용어의 도입을 불러왔으며 1960년대부터 1980년대 군사정권을 거치면서 더욱 성장, 발전해왔다. 다른 한편으로는 '반드시 이겨야 한다'는 성적 지상주의가 전쟁용어의 남발을 가져왔다. 우리나라 선수들이나 감독들의 인터뷰를 보면 "죽을 각오로 싸우겠다" 등의 섬뜩한 표현을 쓴다.

하지만 2002년 한·일 월드컵 영웅인 히딩크 전 감독의 화법은 확실히 달랐다. "앞으로의 경기를 이길 수 있겠느냐"는 질문에 상투적인 강렬한 표현 대신에 "나는 아직 배고프다" 등의 비유와 상징이 뛰어난 완곡어법을 썼다. 히딩크 감독의 인터뷰는 사생결단식의 한국적인 스포츠 문화와 '즐기는 가치'를 찾는 외국 스포츠 문화의 차이가 확연하게 구분되는 일화이다.

스포츠는 현재도 계속되고 있으며 앞으로도 승자와 패자를 가리는 영원한 진행형일 것이다. 그렇다면 편집기자의 전쟁용어 사용은 어떻게 될까? '영웅 탄생 신화'의 저자라는 찬사부터 언어의 파괴자라는 오명까지 해답 없는 문제를 풀며 여전히 제목의 칼날을 갈고 있지 않을까?

(3) 헤드라인 다이어트

- BK 5K 'OK'
- BK 'KK쇼'

이게 도대체 무슨 말인가?

프로야구 김병현 선수가 메이저리그에서 'BK'란 닉네임으로 맹활약할 때 스포츠면을 장식했던 추억의 헤드라인들이다. 이 헤드라인은 김병현 선수가 타자를 상대로 삼진(K: struck out을 뜻하는 영문 이니셜)을 다섯 개 잡았다는 의미다. 하지만 야구를 잘 알지 못하는 일반 수용자는 이게 도대체 무슨 말인지 알 길이 없다. 수용자를 무시한 편집기자들의 일방적인 헤드라인이라고 할 수 있다.

이처럼 신문 헤드라인도 다이어트 후유증이 심각하다. 과도한 글자 수 다이어트로 전 세대가 공감하는 헤드라인이 위협받고 있다. 프로야구와 프로축구 등 해외파 선수들의 선전과 실시간 미디어의 발달로 스포츠 국경이 무너진 요즘, 제목 또한 허리띠를

조여 경기장에서 사용하는 짧고 상징적인 전문용어들을 헤드라인으로 사용하고 있다. 이렇다 보니 헤드라인은 더욱 암구호 같아지고 오직 마니아들만을 위한 협의의 메시지로 역할이 축소되고 있는 느낌이다.

'비율빈(필리핀)', '오지리(오스트리아)', '불란서(프랑스)', '화란(네덜란드)', '나성(로스앤젤레스)'……

한때 신문제목에 자주 등장하던 나라와 도시 이름의 음차어(音借語)들이다. 만약 월드컵축구 경기에서 네덜란드가 오스트리아를 꺾고 4강에 올랐다는 기사를 1단 제목으로 뽑을 때 어떻게 해야 하나?

'네덜란드, 오스트리아 꺾고 4강'

정답이다. 하지만 가장 작은 제목 서체인 11.5pt로 1단에 들어갈 수 있는 제목 자수 한계인 11자를 넘겨 버린다. 편집기자는 고민에 빠진다. 상식 책 속에서나 존재하는 나라 이름, 즉 '화란, 오지리 꺾고 4강'이라고 뽑는다면 수용자들이 과연 이해할 수 있을까? '네덜란드, 墺 꺾고 4강'은 더더욱 어렵다. 미국·일본·독일·영국 등의 국가이름은 한자음 표현이 우리말처럼 정착이 되었지만 몇몇 국가는 생경하다.

편집기자는 글자 수와의 전쟁을 매 순간 치열하게 치른다. '한 자라도 더 줄일 수 없을까?' 문법이 허용하는 범위 내에서 고민을 한다. 종종 그 고민은 무리수를 낳고 무리수는 생경하고 조잡한 헤드라인이나 제목을 뽑게 만든다. 외국어가 익숙한 글로벌 세대에게는 한자어 세대의 음차어보다는 좀 길지만 국가 이름을 풀네임(full name)으로 써주는 것이 더 좋을 것이다.

카자흐스탄·키르기스스탄·투르크메니스탄·우즈베키스탄 등도 골칫거리다. 국명도 낯설거니와 제목으로 쓰려면 너무 길다. 편집기자들은 카자흐·키르기스·우즈벡 등으로 과감하게 잘라 부른다. 원래는 Kazakh+stan, Uzbek+stan인데 국가라는 접미사를 빼고 몸통만 부르는 것이다.

또한 잘 알려진 국가의 이름은 줄여 써도 의미 전달에 큰 문제가 없으나 국제무대에 자주 등장하지 않는 아프리카나 동유럽국가 이름들을 쓸 때는 '글자 수의 경제학'보다는 의미전달에 1차적인 목표를 두어야 할 것이다.

스포츠 이벤트 이름도 마찬가지다. 유니버시아드를 'U대회', 세계청소년축구대회를 '세계J축구' 등으로 줄여 쓰며 우루과이라운드는 'UR'로 홀쭉이가 되어 버렸다. 국내 시민단체나 정당의 이름도 얼핏 보면 도무지 알 수가 없다. 기사를 읽어 보면 무슨 단체인지 알겠는데 제목만 놓고 볼 때는 아리송한 '살빼기'가 많기 때문이다.

'경실련(경제정의실천연합회)', '지노위(지방노동위원회)', '부방위(부패방지위원회)'등 은어 같은 축약어가 지면에 춤을 춘다. 하지만 아무리 다이어트가 좋다지만 건강을 해쳐가면서 살을 빼면 독이 될 것이다. 신문의 헤드라인과 제목도 마찬가지다. 과감한 압축은 지면의 경제성을 살릴 수는 있지만 의미전달에 있어 장애요소로 작용할 수 있다.

언어는 살아 움직이는 유기체와 같다. 시대와 환경에 따라서 생성 → 발전 → 소멸의 과정을 거친다. 제목도 독자의 눈높이에 맞게 옷을 갈아입는다. 시대와 독자의 눈높이에 맞지 않는 제목은 1차적으로는 정확하고 신속한 의미전달에 실패하는 것이고, 2차적으로는 새로운 신조어를 만들어내는 데도 뒤진다고 할 수 있다.

엔의 저주
세계 換亂

게임규칙 지켜라, 정치쟁점화 말라 美·獨 아우성

환란(換亂)은 외국환 난리(外國換 亂離)의 줄임말로서 근심과 재앙을 통틀어 이르는 '환란(患亂)'의 발음을 빌려 강렬하게 메시지를 전달하고 있다. 또한 미국과 독일 한자로 줄여 '美'와 '獨'으로 줄여 썼다.

작년 CB·BW 발행 급감

CB(Convertible Bond)는 전환사채, BW(Bond with Warrant)는 신주인수권부채권의 줄임말이다.

'朴地不動' 공무원
〈박근혜 정부〉

원래는 복지부동(伏地不動)에서 나온 말로서 어떤 단체나 조직에서 무사안일(無事安逸)에 젖어 능동적으로 움직이지 않고 소극적으로 행동하는 말로 쓰인다. 이 용어는 1993년 김영삼 정부 때 유행하던 말로 그 후로는 '복(伏)'자 대신 다른 상징적인 말을 넣어 다양하게 패러디하고 있다.

한수원 부패 소탕戰, 눈에 불켰다

한수원은 '한국수력원자력'의 줄임말이다. 과도한 헤드라인의 다이어트는 의미전달을 어렵게 한다.

靑의 사면 강행? 믿는구석 있나

굳이 줄이지 않아도 될 단어를 멋 부리기 위해 줄이는 경우도 있다. 청와대를 '靑'으로 축약한 곳도 편집기자가 멋을 부리기 위한 의도이며 헤드라인의 긴장감을 높이는 효과도 가져오고 있다.

공약 이행 전략짜랴
청문회 방어하랴
택시법 새 카드내랴

골치與…

이 헤드라인은 글자 수를 줄이기 위한 다이어트에 초점을 맞췄다기보다는 발음에 무게중심을 두었다. 여러 가지 골치 아픈 여당의 모습을 헤드라인으로 표현한 것이다. 그러나 수용자 입장에서 보면 무슨 말인지는 알겠는데 너무 작위적이고 생경하다. 아주 자연스럽다기보다는 억지스럽다는 느낌이 먼저 든다.

사고 90% 막고, 年 480억시간 체증 해소… '깜놀 행진곡'

이 헤드라인에서는 '깜놀'이라는 말이 눈에 띈다. 이게 도대체 무슨 말일까? 아마 사이버 세상에 떠도는 가십이나 인터넷 커뮤니티를 잘 이용하지 않는 수용자들은 전혀 이해하지 못할 말이다. 흔히 인터넷상에서 '깜놀'은 '깜짝 놀라다'라는 의미로 쓰인다.

3) 카피라이터가 별건가

'노모 No more'

박찬호 선수가 LA다저스에서 한창 주가를 올리고 있던 시절, 노모 히데오라는 또 한 명의 동양인 투수가 있었다. 그 당시 노모는 박찬호의 기세에 눌려 방출 위기에 몰려 있었는데 국내 언론들은 박찬호의 승전보와 맞물려 노모의 트레이드 기사를 연일 비중 있게 다뤘다. 매일 상투적인 제목의 홍수 속에서 가장 돋보인 제목 중의 하나가 '노모 No more'였다. 노모와 No more라는 말이 동음이의어 같은 효과와 언어의 리듬이 살아 있는 훌륭한 조어였다.

편집기자들은 순간적인 기지와 재치로 카피라이터 뺨치는 멋진 신조어를 만들어내기도 한다. 카피라이터들이 만들어내는 유행어가 직설적이고 트렌드를 반영하는 언어의 유희에 가깝다면 편집기자의 조어는 은유와 상징을 통한 촌철살인을 무기로 한다. 신문이라는 매체가 비판적이고 대안 제시를 제1의 소명으로 삼기 때문에 기사 전체를 한마디로 아우르는 고도의 상징성이 필요한 것이다.

편집기자가 만들어낸 대표적인 선거관련 조어로는 '與小野大', '與都野村', '풀뿌리 민주주의' 등이 있는데, 이 말들은 이제 조어라기보다 하나의 보통명사로 굳어진 단어들이다.

이와 같이 그동안의 조어는 사자성어 등을 기사 내용에 맞게 한자의 음이나 뜻을 바꿔 만드는 것이 대부분이었으나 요즘은 한자어 대신에 영어를 그 자리에 넣어 젊은 세대의 감각에 어필하고 있다.

'No출 금지' 여름 섹션 페이지에 실렸던 감각적인 표현이다. 노출의 '노' 대신에 영어의 'No'를 넣어 의미를 한층 강화시키고 있다. 제목은 본문의 의미를 전달하는 데 있어 문자로서의 역할뿐 아니라 하나의 이미지로도 작용한다. 단순히 '노출 금지'라고 제목을 달았다면 섹션 페이지에 어울리지 않게 강압적이고 상투적인 표현이 되었을 텐데 'No'를 통해 전환시킴으로써 재미있는 그래픽 요소로 인식하게 만들고 있다.

하지만 신조어를 만드는 것은 독자들에게 거부감을 줄 우려가 있어 신중해야 한다. 신조어가 생경하고 보편성이 떨어지는 편집기자만의 독백에 머문다면 독자들의 신뢰와 호응을 얻기가 힘들 것이다. 따라서 신조어가 유행어로 전파되기 위해서는 간결하고 세태를 풍자하는 날카로움이 있어야 하고 독창적이어야 한다.

그러나 엄밀히 따지자면 신문에서 말하는 신조어란 기존 낱말을 창조적으로 합성한 것이다. 그래도 편집기자들은 '편집증' 환자처럼 새로운 말들을 만들고 합성하기 위해 언어의 창고를 기웃거리며 기꺼이 생명의 태엽을 풀어낸다.

4개월새 146조원… 유로존 '돈의 귀환'
<2012년 9∼12월>

편집기자들은 이미 잘 알려진 유행어를 패러디해 메시지를 빠르고 친숙하게 전달하고자 한다. 편집기자가 새로운 유행어를 창조하면 좋겠지만 신문매체의 특성상 반복과 지속 노출이 어렵기 때문에 헤드라인이 유행어로 발전하기는 매우 힘든 구조이다. 따라서 편집기자들은 짧고 강렬하게 메시지를 소구하기 위해 유행어 패러디를 즐긴다.

"아직 내가 대통령이다" 밀어붙인 셀프사면

'셀프사면'은 편집기자가 고심 끝에 내놓은 히트작이다. 이명박 대통령의 임기 말 특별사면에 대한 냉소와 비판을 함축한 조어이다. 물론 이 조어도 기존에 있던 '셀프서비스'를 패러디한 것이지만 새롭고 힘이 느껴진다. 하지만 문제는 보편타당성이 있느냐 하는 것이다. 과연 이 '셀프사면'이라는 조어가 모든 수용자를 설득시킬 수 있는지 물음표를 달아야 한다. 편집기자의 딜레마는 여기서 또 생겨난다. 모든 수용자가 쉽게 이해할 수 있는 헤드라인은 너무 평범하고 조어를 만들면 이해와 설득의 과정이 한번 더 필요하기 때문에 힘들고 까다로운 작업이다.

[표 1]
신문의 헤드라인과
제목의 신조어 조건

구 분	내 용	중요도	비 고
간 결	· 조어는 짧아야 한다: 말이 늘어지면 임팩트가 약해 수용자의 눈길을 끌지 못한다. · 뜻이 분명해야 한다: 수용자를 고민하게 만들면 안 된다. 메시지가 명확해서 수용자들이 한눈에 의미를 파악하고 기사를 읽게 만들어야 한다.	상	· 신문 매체는 일회성이 강하다. 광고나 방송처럼 반복해서 메시지를 전달할 수 없기 때문에 상대적으로 생명력이 짧다.
풍 자	· 최고의 조어는 빗대어 꼬집는 표현이다: 직설적인 조어는 최소한의 의미만을 내포하지만 풍자적인 조어는 다양하게 의미를 확대 해석할 수 있기 때문에 열독의 즐거움을 줄 수 있다. · 조어의 품위는 신문의 품격이다: 저급한 풍자는 신문의 격을 떨어뜨리고 오해를 살 수 있다. 은유와 상징을 동원한 품위를 살려야 한다.	상	· 신문 편집은 마감이라는 시간적 제약과 싸우는 작업이다. 짧은 시간에 파격적인 조어를 만들기가 쉽지 않다. 따라서 이미 유행하는 조어를 패러디하는 경우가 많다.

시 사	• 시대를 조망하고 현실을 반영해야 한다: 시대라는 날줄과 현실이라는 씨줄로 조어를 만들지 않으면 울림과 떨림이 없는 공허한 메아리와 같다. • 모든 미디어의 유행어를 알아야 한다: 모든 미디어가 '컨버전스(convergence)'라는 이름으로 경계가 파괴되고 있다. 유행어를 패러디하고 응용하면 더 멋진 조어를 만들 수 있다.	상	
전 파	• 광고 카피처럼 생명력을 얻어야 한다: 내 동료와 다른 신문에서 따라 써줘야 한다. 그리고 더 나아가서는 방송이나 광고 카피에서도 응용하게 해야 한다. • 카피라이터가 되어야 한다: 이제 단순한 스트레이트성 메시지만을 전달하던 시대는 지났다. 모든 편집기자는 카피라이터가 되어 기사 내용을 강렬하게 압축하고 빠르게 전달해야 한다.	하	
파 격	• '짝퉁'으로는 히트작을 만들 수 없다: 수용자들은 '짝퉁'에 익숙하지만 '짝퉁'을 신뢰하지는 않는다. 조어도 마찬가지다. 유행어를 패러디하면 쉽게 메시지를 전달할 수 있지만 기발하지는 않다. • 산고(産苦)를 겪어야 파격이 나온다: 편집기자의 파격과 아이디어와 창의력이 녹아 있어야 생명력을 갖는다.	중	

4) 헤드라인의 문법 파괴

'김호전감독의 귀환'

이 헤드라인만을 놓고 볼 때 수용자들은 '스포츠나 영화감독 중에 김호전이라는 사람이 있구나?'라고 착각할 것이다. 물론 그날 지면에는 '프로축구 김호 전 수원감독'의 사진이 함께 실렸기 때문에 오해의 소지는 덜했지만 헤드라인만을 따로 떼어놓고 보면 잘못된 띄어쓰기 하나가 가독성과 정확성, 그리고 이해도를 심각하게 훼손하고 있음을 알 수 있다. 편집 현장에서는 헤드라인이나 제목의 띄어쓰기를 파괴하고, 조사나 종결어미 등을 생략한 경우가 많다. 헤드라인의 긴장감을 높이고 자수를 줄이기 위한 하나의 고육책이었다. 그런데 문제는 지면의 여유가 있는데도 편집기자들은 문법을 파괴한다는 것이다. 물론 제목에 조사가 주렁주렁 붙어 있으면 간결미와 긴박성을 해치기 때문에 의도적으로 없애는 경우가 많다. 그러나 조사를 생략함으로써 긴박성은 생길지 모르나 비빔밥에 참기름을 넣지 않은 것처럼 문장이 매끄럽지 못하고 윤기가 떨어진다. 이런 관행은 납활자 시절에 글자의 장평을 임의로 조절할 수 없어 '1칼럼(단)에 4호 제목은 12자' 등으로 고정시켜 가독성보다는 의미전달에 무게를 두었기 때문이다.

또한 의미전달 중심의 한문투 제목에서 조사가 생략되면 더 이상 우리 한글이 아니라 한문이 되는 모순에 빠진다. 과거에는 신문제목을 한자로 대부분 표기했기 때문에 의미전달에 큰 문제가 없었을지 모르나, 현재와 같은 한글 전용 체제에서는 의미의 혼동도 가져올 수 있다. 한문에는 시제와 격이 없기 때문에 일제시대에는 되레 신문제목의 한자단어 사이사이에 조사를 조그맣게 넣던 관행이 있었다.

술어가 생략된 제목도 수용자에게 '생각하게 하는 고통'을 주기는 마찬가지다. 영자신문의 제목에도 술어가 생략되는 경우가 많다고 생각하는 것은 오해다. 영자신문의 제목은 완전 문장에서 be동사와 관사만 생략된 기본적으로 완전한 문장형이다. 주어와 술어가 편리한 대로 생략되는 우리 신문의 제목과는 다르다.

오늘도 편집기자들은 손가락셈을 하며 최적의 글자 수 안에서 헤드라인을 뽑기 위해 심혈을 기울인다. 그들은 '제목에도 명품이 있다'라는 사명감에서 은유와 상징을 통한 언어의 압축으로 자존심을 곧추세우려 한다.

하지만 문법파괴라는 독자들의 따가운 눈총과 '편집은 아무나 하나?'라는 편집기자 자존심 사이의 괴리감을 어떻게 줄이느냐가 시대적 과제인 것 같다.

5) 헤드라인이 물구나무서면 안 되나요?

'요코(よこ: 가로)'와 '다데(たて: 세로)'를 아시나요?

수습기자 시절 무슨 뜻인지 몰라 데스크 눈치만 살피던 씁쓸한 기억들. 이렇듯 세로쓰기 시절에 입사한 편집기자들이라면 '요코'와 '다데'에 대한 아련한 추억을 가지고 있을 것이다.

'요코 헤드라인'이 지면의 균형을 잡아주는 무게 추 역할을 했다면 '다데(세로 컷)'는 지면의 조커 역할로 역동성을 강조할 때 쓰였다. 세로쓰기 시절, 고층 빌딩에 내걸린 현수막처럼 시꺼먼 먹 바탕에 백자로 헤드라인을 기다랗게 박으면 흑백의 조화로 강렬한 시각적 효과를 거두었다. 세로쓰기 편집의 묘미는 바로 가로 헤드라인과 세로 헤드라인의 절묘한 조화라고 할 수 있다. 날줄과 씨줄이 어우러져 천의무봉한 옷감이 만들어지듯 가로와 세로의 황금분할은 꼬불꼬불한 기사의 흐름이 미로 속으로 빠지지 않도록 길라잡이 역할을 해주었고 기사의 경중을 자연스럽게 구분 지었다.

1990년대 중반 모든 신문들이 가로쓰기 편집으로 패러다임의 대전환이 있기 전, 100여 년 동안 세로쓰기가 편집의 대세를 이루었다. 세로쓰기와 가로쓰기의 필요충분적인 동거는 우리 한글의 우수성과도 연관이 있다. 한글의 이웃 글자들은 태생적인 한계로 가로와 세로쓰기가 병립할 수 없다. 영어는 세로쓰기를 하면 가독성에 많은 문제점이 생겨 금기시하고 있고, 일본어는 가로쓰기를 할 경우 예쁘지 않아 세로쓰기 전용을 하고 있다. 하지만 한글은 가로와 세로를 혼용할 수 있는 우리만의 자랑이다.

출처: 아시아경제 2012.12.21.

　그런데 본문이 가로쓰기로 바뀜에 따라 자연스럽게 신문에서 세로 헤드라인이 자취를 감추게 되었다. 신문의 제작여건이나 가독성에는 특별한 문제가 없어 보이는데도 전 신문들이 암묵적인 동의를 이뤄 세로 헤드라인을 지면에서 퇴출시켜 버린 것이다. 물론 지금도 섹션 페이지 등에서 가끔 가로 헤드라인을 달기도 하나 그야말로 장식에 불과하다.

　이 같은 흐름은 우리나라 신문들이 가로쓰기 체제로 전환을 하면서 USA Today의 모듈러 디자인(modular design)을 모범답안으로 삼았기 때문이다. 모듈러 디자인은 USA Today의 등장이 몰고 온 신문의 시각혁명 일환으로 시각디자인 계통으로부터 신문에 도입된 것이다. 신문의 시각 혁명은 읽는 신문에서 보는 신문으로의 전환을 의미하며 영상시대에 TV와의 대결에서 신문이 승리하기 위한 대안으로 시작되었다. 이러한 모듈러 디자인은 철저하게 헤드라인 개념을 강조하는데 헤드라인은 항상 본문의 맨 위에 위치해야 하며 중간 제목 등을 금지하고 있다.

일본 신문의 영향력 아래에 있던 우리 신문이 갑작스럽게 미국식으로 옷을 갈아입다 보니 우리 실정에 맞는 독특한 신문 편집 시스템을 만들기보다는 손쉽게 USA Today 모듈러 디자인을 그대로 답습해 한글의 장점마저도 무시하고 가로쓰기 전용으로 못을 박아버린 듯한 느낌이다.

그렇다면 세로 헤드라인은 가독성을 해치고 가로쓰기 편집 시스템에는 어울리지 않는 구시대의 유물일까? 논란의 여지는 있겠지만 가로쓰기 체제에서도 세로 헤드라인을 적절하게 배치하면 헤드라인의 충돌을 방지할 수 있고 지면의 역동성과 다양성도 얻을 수 있을 것 같다.

특히 어떤 지면에서 강조하고 싶은 포인트 박스 등을 세로 헤드라인으로 장식하면 계단식 가로 헤드라인의 단조로움으로부터 탈피할 수 있을 것이다.

▶▶ **미 주**

1) 황주성 외(2010). 『디지털 컨버전스 기반의 미래 연구(Ⅱ): 총괄 보고서』. 서울: 정보통신정책연구원의 재구성

2) 황주성 외(2010). 『디지털 컨버전스 기반의 미래 연구(Ⅱ): 총괄 보고서』. 서울: 정보통신정책연구원의 재구성

3) 김지현 (2011). 『스마트 시대 콘텐츠 시장 지각 변동』. kt경제경영연구소의 재구성

4) 공훈의(2010). 『소셜미디어시대 보고 듣고 뉴스하라』. 서울: 한스미디어의 재구성

5) 이민웅(2008). 『저널리즘의 본질과 실천』. 파주: 나남

6) 양재찬(2009). 「경제기사의 뉴스 가치에 대한 기자와 수용자의 인식 유형과 상호지향성 연구」. 한국외국어대학교 박사학위 논문의 재구성

7) 이상국·김용길·김주태·윤여광(2006). 『신문, 세상을 편집하라: 신문 편집의 이론과 실제』. 서울: 한국편집기자협회의 재구성; 김진홍·조용철·송정민(2003). 『취재보도론』. 서울: 법문사의 재구성; 양재찬(2009). 「경제기사의 뉴스 가치에 대한 기자와 수용자의 인식 유형과 상호지향성 연구」. 한국외국어대학교 박사학위 논문의 재구성

8) Tai, Z. & Chang, T. K.(2002). "The globalness and the Pictures in their heads: a comparative analysis of audience interest, editor, perceptions and newspaper coverage". *Gazette*, 64(3)

9) 스티븐 로젠바움(2011). 『큐레이션: 정보과잉시대의 돌파구』. 서울: 명진출판사

10) 스티븐 로젠바움(2011). 『큐레이션: 정보 과잉 시대의 돌파구』. 서울: 명진출판사의 재구성

11) 스티븐 로젠바움(2011). 『큐레이션: 정보 과잉 시대의 돌파구』. 서울: 명진출판사

12) 이용직(2012). 「정보 수집을 넘어 선별로: 소셜 큐레이션의 본질과 활용 방안」. 『마이크로소프트웨어』 통권 347호의 재구성

13) 스티븐 로젠바움(2011). 『큐레이션: 정보 과잉 시대의 돌파구』. 서울: 명진출판사의 재구성

14) Shoemaker, P. J.(1991). *Gatekeeping*. Thousand Oaks, CA: Sage

15) Shoemaker, P. J.(1991). *Gatekeeping*. Thousand Oaks, CA: Sage의 재구성

16) Shoemaker, P. J.(1991). *Gatekeeping*. Thousand Oaks, CA: Sage의 재구성

17) Shoemaker, P. J. & Reese, S. D.(1991). Mediating the message: theories of influences on mass media content. *New York: Harper*

18) 박효균(2000). 「인터넷 신문의 발전과 단계별 특성에 관한 연구: Pavlik의 발전모형을 기초로 하여」. 고려대학교 대학원, 석사학위논문의 재구성

19) 김익현(2003). 『인터넷 신문과 온라인 스토리텔링』. 서울: 커뮤니케이션북스

20) Bolter, J. & Grussin, R.(1999). *Remediation; Understanding New Media*. Cambridge, MA: The MIT Press

21) 박성희(2005). 「포털뉴스 제공자와 이용자 간 상호지향성 연구」. 『한국언론정보학보』, 통권 30호

22) 임종수(2004). 「미디어로서의 포털: 포털, 저널리즘의 변화」. 한국언론학회 가을학술대회 발표의 재구성

23) 임종수(2004). 「미디어로서의 포털: 포털, 저널리즘의 변화」. 한국언론학회 가을학술대회 발표

24) 임종수(2005). 「포털 미디어 재매개에서의 뉴스 소비: 하나의 탐색적 연구」. 『한국방송학보』 19권 2호의 재구성

25) 곽정호(2000). 「포털 사이트 시장의 현황과 향후 전망」. 『정보통신 정책』, 12-6호의 재구성

26) 방영덕(2008). 「인터넷 뉴스의 게이트키핑(gatekeeping) 연구」. 고려대학교 석사학위 논문의 재구성

27) 김태윤(2012). 「빅데이터 시대 맞춤형 해결사가 뜬다」. 『이코노미스트』, No.1137

28) 김태윤(2012). 「빅데이터 시대 맞춤형 해결사가 뜬다」. 『이코노미스트』, No.1137의 재구성

29) Mckinsey Global Institute(2011). *Big data: The next frontier for innovation, competition, and productivity*

30) 박현아(2014). 「빅데이터 시장 현황과 콘텐츠 산업 분야에 대한 시사점」. 『코카포커스』, 2013-11호, 통권 77호

31) 김지숙(2013). 「빅데이터 활용과 분석기술 고찰」. 고려대학교 석사학위 논문의 재구성

32) 박현아(2014). 「빅데이터 시장 현황과 콘텐츠 산업 분야에 대한 시사점」. 『코카포커스』, 2013-11호, 통권 77호의 재구성

33) 박재영·이완수(2008). 「역피라미드 구조와 내러티브 스타일에 대한 기자와 에디터의 인식」. 『한국언론학보』 52권 6호의 재구성

34) 박재영(2006). 「뉴스평가지수 개발을 위한 국내신문 1면 머리기사 분석」. 한국의 뉴스미디어의 재구성

35) Bird, E. S., & Dardenne, R. W.(1997). "Myth, chronicle and story: Exploring the narrative qualities of news". In D. Berkowitz, *Social meanings of news: A text-reader*. London: SAGE의 재구성

36) 박재영·이완수(2008). 「역피라미드 구조의 한계에 대한 논의」. 『커뮤니케이션이론』 4권 2호의 재구성

37) 신명선·박재영(2004). 『신문기사의 텍스트 언어학적 분석』. 미디어연구소의 재구성

38) Clark, R. P., & Scanlan, C. (2001). *American's best newspaper writing: A collection of ASNE prise winners*. New Work: Bedford

39) 서상희(2010). 「신문기사 스타일이 독자의 기사 인식에 미치는 영향」. 경북대학교 석사학위 논문

40) 박재영·이완수(2008). 「역피라미드 구조의 한계에 대한 논의」. 『커뮤니케이션이론』 4권 2호

41) 유선영·이오현(2001). 『새로운 신문기사 스타일: 역피라미드 스타일의 한계와 대안』. 한국언론재단 연구서의 재구성

42) Kovach, B., & Rosenstiel T. (2001). *The element of journalism*. New York: Crown

43) 박재영·이완수(2008). 「역피라미드 구조와 내러티브 스타일에 대한 기자와 에디터의 인식」. 『한국언론학보』 52권 6호

44) 남재일(2004). 「한국 신문의 객관주의 아비투스」. 고려대학교 박사학위 논문

45) 송상근·박재영(2009). 『뉴 스토리 뉴 스타일』. 파주: 나남의 재구성

46) Franklin, B., Hamer, M., Hanna, M., Kinsey, M., & Richardson, J. E. (2005). *Key concepts in journalism studies*. London: SAGE

47) 박재영·이완수(2008). 「역피라미드 구조의 한계에 대한 논의」. 『커뮤니케이션이론』 4권 2호의 재구성

48) Beasley, B. (1998). "Journalists' attitudes toward narrative writing". *Newspaper Research Journal*, 19

49) 박재영·이완수(2008). 「역피라미드 구조와 내러티브 스타일에 대한 기자와 에디터의 인식」. 『한국언론학보』 52권 6호의 재구성

50) Kennedy, G., Moen, D. R., & Ranly, D. (1993). *Beyond the inverted pyramid: Effective writing for newspaper, magazine and specialized publication*. New York: Crown

51) 박재영(2006). 「뉴스평가지수 개발을 위한 국내신문 1면 머리기사 분석」. 한국의 뉴스미디어의 재구성

52) Fedler, F., Bender, J. R., Davenport, L., & Drager, M, W. (2005). *Reporting for the media*. New York: Oxford University

53) Bloom, S. G. (2002). *Inside the writer's mind: Writing narrative journalism*. Ames, Iowa: Iowa State Press

54) 박재영·이완수(2008). 「역피라미드 구조와 내러티브 스타일에 대한 기자와 에디터의 인식」. 『한국언론학보』 52권 6호

55) Bird, E. S., & Dardenne, R. W. (1997). "Myth, chronicle and story: Exploring the narrative qualities of news". In D. Berkowitz, *Social meanings of news: A text-reader*. London: SAGE의 재구성

56) 김예란(2003). 『경성뉴스와 연성뉴스, 그 효용과 실제』. 미디어연구소

57) 박재영(2006). 「뉴스평가지수 개발을 위한 국내신문 1면 머리기사 분석」. 한국의 뉴스미디어

58) 유선영·이오현(2001). 『새로운 신문기사 스타일: 역피라미드 스타일의 한계와 대안』. 한국언론재단 연구서의 재구성

59) 서상희(2010). 「신문기사 스타일이 독자의 기사 인식에 미치는 영향」. 경북대학교 석사학위 논문의 재구성

60) 서상희(2010). 「신문기사 스타일이 독자의 기사 인식에 미치는 영향」. 경북대학교 석사학위 논문의 재구성

61) 경향신문 2010년 10월 5일자

62) 2010년 7월8일 오마이뉴스 주최 '세계시민기자 포럼' 요약 재정리

63) 서상희(2010). 「신문기사 스타일이 독자의 기사 인식에 미치는 영향」. 경북대학교 석사학위

64) 안수찬(2007). 『스트레이트를 넘어 내러티브로: 한국형 이야기 기사쓰기』. 한국언론재단의 재구성

65) 박재영·이완수(2008). 「역피라미드 구조와 내러티브 스타일에 대한 기자와 에디터의 인식」. 『한국언론학보』 52권 6호의 재구성

66) 양문석(2001). 「수용자 스키마가 미디어 프레임 평가에 미치는 영향 연구」. 성균관대학교 박사학위 논문의 재구성

67) 조병량 외(2010). 『광고 카피의 이론과 실제』. 서울: 나남의 제3장(이희복: 카피와 커뮤니케이션)을 신문에 맞게 재구성

68) Whiteman, R. F., & Boase, P. H. (1983). *Communication Speech: Principal and Contexts*. Macmillan Publishing Co

69) 조병량 외(2010). 『광고 카피의 이론과 실제』. 서울: 나남의 제3장(이희복: 카피와 커뮤니케이션)을 신문에 맞게 재구성

70) Lippmann, W. (1965). Public opinion, 1922, reprint, N.Y.: Free Press, p. 223.In L. Bryson(Ed.), The communication of ideas. New York: Harper의 재구성

71) 양문석(2001). 「수용자 스키마가 미디어 프레임 평가에 미치는 영향 연구」. 성균관대학교 박사학위 논문

72) 조병량 외(2010). 『(카피라이터 출신 교수들이 쓴)광고카피의 이론과 실제』. 파주: 나남의 재구성

73) 전현주(2007). 「Storytelling의 표현 기법을 적용한 '대학로 문화공간' 활성화 방안 디자인에 관한 연구」. 홍익대학교 석사학위 논문

74) 김옥영(2011). 「'스토리' 아니고 '스토리텔링'인 까닭」. 『문화저널』 5월호의 재구성

75) 안종배(2012). 『스마트시대 콘텐츠마케팅론』. 서울: 박영사의 재구성

76) 오택섭(2009). 「멀티미디어로서의 신문」. 2009신문뉴미디어엑스포

77) 조병량 외(2010). 『(카피라이터 출신 교수들이 쓴)광고카피의 이론과 실제』. 파주: 나남

▶▶ **그 밖에 도움받은 자료들**

• 강은미(2000). 『디자인이 신문 얼굴을 바꾼다』. 서울: LG상남언론재단

• 권기덕 등(2010). 「스마트폰이 열어가는 미래」. 『CEO Information』, 제741호. 삼성경제연구소

• 김경희(2008). 「포털뉴스의 의제설정과 뉴스가치: 포털뉴스와 인쇄신문의 비교 분석」. 『한국언론학보』, 52권 3호

• 김사승(2008). 『디지털테크놀로지와 저널리즘』. 서울: 커뮤니케이션북스

• 김수연(2011). 『뉴스의 심장이 뛰게 하라』. 서울: 커뮤니케이션북스

• 김영한(2008). 『스토리로 승부하라』. 서울: 새빛

• 김우택(2007). 「포털 사이트 뉴스 서비스의 게이트키핑(gatekeeping) 특성 연구」. 고려대학교 석사학위 논문

• 김위근(2010). 「신문, 디지털테크놀로지에 사활을 걸다」. kt경제경영연구소

• 김주영(2010). 「스마트 시대의 프린트 미디어 전략」. kt경제경영연구소
• 러셀 H. 콜리(1998). 『DAGMAR 광고이론』. 서울: 커뮤니케이션북스
• 박선홍·최윤호·이병철·김주태·신영호·이승건(2001). 『신문편집』. 서울: 한국편집기자협회
• 박현수(2005). 『탐사저널리즘과 CAR실무』. 서울: 커뮤니케이션북스
• 성동규(2006). 「인터넷 뉴스 미디어 이용 현황과 이용실태 및 문제점에 관한 연구」. 서울: 한국인터넷진흥원
• 세버린·탠카드(2004). 『커뮤니케이션이론』. 서울: 나남
• 송현지(2012). 「스토리텔링 개념을 이용한 디지털미디어 공간 특성 연구」. 서울대학교 석사학위 논문
• 엠 그리핀(2012). 『첫눈에 만한 커뮤니케이션 이론』. 서울: 커뮤니케이션북스
• 오진환(1990). 『매스커뮤니케이션』. 서울: 나남
• 유선영(1995). 「새로운 신문기사 쓰기」. 한국언론연구원
• 유승현(2012). 「인터넷포털의 미디어화(Mediatization)에 관한 연구」. 한양대학교 대학원 박사학위 논문
• 윤여광(2005). 「한국 언론의 스포츠 영웅에 대한 보도 특성과 수용자 인식 연구」. 경희대학교 박사학위 논문
• 윤여광(2011). 「스마트시대 크로스미디어의 통합마케팅」. 방송통신전파진흥원
• 윤여광(2013). 「인포테인먼트를 위한 신문 편집의 스토리텔링 연구」. 한국엔터테인먼트산업학회 논문지, 제7권 제2호
• 윤여광(2014). 「'다매체다채널'미디어 환경 변화에 따른 캐릭터 산업의 가치 네트워크 분석」. 한국엔터테인먼트산업학회 논문지, 제8권 제1호
• 이배영·임준수·맹태균·한경석·강상대(2003). 『멋진 편집 좋은 신문』. 서울: 한울아카데미
• 이병철(2006). 『CAR, 데이터베이스로 취재하기』. 서울: 커뮤니케이션북스
• 이재경(2006). 「한민신문의 대통령 취재 관행 비교: 조선일보와 뉴욕타임스」. 『언론과 사회』 14권 4호
• 이재경(2008). 「한국의 저널리즘과 사회갈등: 갈등 유발형 저널리즘을 극복하려면」. 『커뮤니케이션이론』. 12월호
• 이학준(2012). 「디지털 큐레이션 "어렵지 않아요~」. 전자신문. 2012.03.06
• 이희복(2011). 『이 교수의 카피교실』. 서울: 한울아카데미
• 임준수(1995). 『신문은 편집이다: 편집기자 30년의 메모』. 서울: 나남
• 임헌우·한상만(2007). 『새로운 편집 디자인』. 서울: 나남
• 정두남 (2010). 「스마트TV의 등장에 따른 미디어산업 구조변화에 관한 연구 I」. 서울: 한국방송광고공사
• 정지선(2011). 「新가치창출 엔진, 빅데이터의 새로운 가능성과 대응 전략」. 한국정보화진흥원
• 제닝스 브라이언트·수잔 톰슨(2005). 『미디어 효과의 기초』. 파주: 한울아카데미
• 조수선(2004). 「온라인 신문의 편집 효과 연구」. 서울: 미디어연구소
• 최정예·김성룡(2005). 『스토리텔링과 내러티브』. 서울: 글누림
• 한정일(2011). 「뉴스캐스트, 인터넷, 종이신문의 기사 선정, 제목 선정에 대한 기술적(descriptive)연구 : 네이버 뉴스캐스트 사례를 중심으로」. 성균관대학교 언론정보대학원 석사학위 논문
• 황주성 외 (2009). 「디지털 컨버전스와 공간인식의 변화」. 서울: 정보통신정책연구원
• 황준호 (2010). 「스마트 TV가 방송시장에 미치는 영향」. 『KISDI 프리미엄 리포트』 10-03

• Alexis S. Tan(1985). *Mass communication theories and research*. New York: Willey
• Berlo, David K. (1960). *The Process of Communication: An Introduction to the Theory and Practice*. New York: Holt, Rinehart and Winston
• Bond, F. (1961). *An Introduction to Journalism*. New York: MacMillan
• Breed, W.(1995). Social control in the newsroom: A functional analysis. Social Forces, 33
• Christensen, C. (2006). *Newspaper Next: Blueprint for Transformation*. American press Institute
• Gans, H. (1979). Deciding What's news. New York: Vintage
• Lasswell, H. (1984). The structure and function of communication in society
• Metzler, K. (1986). *News gathering*(2nd edition). Englewood Cliffs, New Jersey: Prentice-Hall
• Mencher, M. (1994). *News reporting and writing*. Madison, WC: Brown & Benchmark
• Reese, S. D. (1997). The news paradigm and the ideology of objectivity. In D. Berkowitz (Ed.). *Social meaning of news: A text-reader*. Thousand Oaks: Sage
• Rich, C. (1994). *Writing and reporting news: A coaching method*. Belmont, CA: Wadsworth Publishing
• Roschco, B. (1975). *News making*. University of Chico Press, Chicago
• Scheufele, D.(1999). Framing as a theory of media effects. *Journal of Communication*, Winter
• Shoemaker, P. J., & Reese, S. D. (1996). *Mediating the message: Theories of influences on mass media content*. New York: Longman
• Tuchman, G. (1972, January). Objectivity as strategic ritual. *American Journal of Sociology*, 77

• Whate, D. M.(1950). The gatekeeper: A case study in the selection of news. Journalism Quarterly, 27
• Wright, C. R. (1986). Mass communication: A sociological perspective. New York: Random House

에필로그:
강판을 하고 나서!

'편집기자는 최후의 기자이자 최초의 독자다'라는 말이 있습니다. 신문 제작 과정상 모든 뉴스는 편집이라는 마지막 게이트(gate)를 거쳐 편집기자의 손을 떠나는 순간 비로소 완전한 상품이 되기 때문입니다. 따라서 편집기자는 상품으로서의 뉴스를 완성시킴과 동시에 완성된 뉴스를 처음으로 평가하는 위치에 있게 됩니다. 편집기자는 뉴스의 공급자 편에서 뉴스를 완성으로 이끄는 마지막 기자이면서 동시에 수용자 편에서 뉴스의 완성도를 검증하는 최초의 독자인 셈입니다.

그런데 '편집기자'란 직업은 '취재기자'에 비해서 그 업무와 역할에 대한 정보를 구하기가 쉽지 않습니다. 네이버 등에 도움을 청해 봐도 '기사 가치를 측정하고 기사를 배열하는 최후의 게이트키퍼'라는 원론적인 답변밖에 들을 수 없습니다. 그래서 '편집이란 퍼즐게임 같은 것'이라고 막연하게 생각할 수도 있습니다. 수많은 뉴스 조각 중에서 몇 개의 조각을 골라 알맞은 위치에 끼워 맞추는 단순 작업 정도로 생각하는 것이죠. 기껏해야 6~7꼭지밖에 안 되는 기사 조각을 가로 36cm, 세로 51cm 지면 위에 조립하는 것이 우습게 보이기까지 합니다. 그래서 후배들은 종종 편집을 만만하게 생각하고 지원하기도 합니다.

그러나 입사 후 '편집의 저주'는 시작됩니다. 간단한 퍼즐게임처럼 보였던 편집은 그들을 보기 좋게 배신하고 밤낮으로 괴롭힙니다. '취재기자보다는 쉽겠지!'라는 희망사항은 무참히 날아가고 '정신적 중노동'에 시달리게 됩니다. 편집은 판단력과 통찰력, 그리고 언어 감각과 디자인 능력까지 요구하기 때문입니다.

그들은 제목이 안 달린 기사를 받을 때, 아무것도 없는 흰 레이아웃 용지를 펼쳤을 때 절망과 맞닥뜨리곤 합니다. 헤드라인은 어떻게 뽑고 사진은 어디다 배치하며 기사는 어떻게 흘릴까 처음부터 막막하기만 합니다. 퍼즐게임이 아니라 미로찾기와도 같습니다.

편집의 쓴맛은 한 번에 그치지 않습니다. 처음에 만만하게 덤볐던 것이 얼마나 바보스러웠나 싶을 정도로 호된 신고식은 계속됩니다. '제목 뽑으랴, 레이아웃하랴, 조판하랴' 어느 것 하나 쉬운 것이 없습니다. 그들의 수습기간은 진퇴양난의 연속입니다. 제목들은 하루에도 몇 번씩 죽음을 맛보고, 연습지면은 융단폭격을 맞은 듯 찢기고 덧붙여집니다. 이렇게 그들의 지면을 초토화시키는 데스크(편집부장)는 저승사자처럼 무섭습니다. 팩트에 어긋난 제목을 달면 '도대체 팩트파인딩(fact finding)도 안 했느냐'며 호통을 치고 엉성하게 레이아웃을 하면 '이런 신문을 누가 읽겠느냐'며 혼을 냅니다.

이렇듯 '수습'이라는 6개월간의 모진 시험과 연단을 통해 그들은 진정한 대한민국 신문의 편집기자가 됩니다.

그리고 그들은 깨닫게 됩니다.

편집기자란 단순히 기사와 사진을 짜 맞추는 '기능공'이 아니라 기사의 마지막에 시대의 숨결을 불어넣는 '메신저'라는 것을!

그리고 그들은 기억됩니다.

편집기자는 헤드라인 한 줄로 세상을 변화시키는 '전사'라고!

그리고 그들은 자랑하게 됩니다.

편집기자는 멋진 디자인으로 독자들을 아름답게 한 '예술가'라고!